Qur'ān-Wissenschaften

Amen Dali

Titel: Qur'ān-Wissenschaften

Autor: Amen Dali

ISBN: 978-3-943812-39-8

Gesamtherstellung: Imak, Istanbul.

Erstauflage: Dezember 2019

Weitere Informationen unter:

www.darulkitab.de

Inhaltsverzeichnis

1 Grundsätze der Wissenschaft (Mabādi' al-'Ulūm)

In den Islamwissenschaften ist es Brauch, zu Beginn der Erörterung einer Wissenschaft einleitende Grundsätze zu behandeln. Diese Grundsätze geben einen ersten Überblick über die Wissenschaft, sodass der Student deren wichtigsten Aspekte kennenlernt. Dabei zählen die Gelehrten zehn Grundsätze auf:

1. Definition
2. Bezeichnungen
3. Gegenstand
4. Begründer
5. Nutzen
6. Stellenwert
7. Verhältnis
8. Quellen
9. Urteil
10. Themen

Diese zehn Grundsätze einer jeden Wissenschaft werden wir nun im Folgenden auf die Qur'ān-Wissenschaften anwenden.

1.1 Definition

Der Ausdruck 'Ulūm al-Qur'ān ist eine Genitivverbindung aus den Begriffen „Wissenschaften“ und „Qur'ān“. Um diesen Begriff zu verstehen, betrachten wir die beiden Bestandteile vorerst einzeln, um sie danach als Fachausdruck zu erläutern.

1.1.1 'Ulūm

„'Ulūm“ ist der Plural von „'Ilm“. Über eine Sache 'Ilm zu besitzen bedeutet, sie sicher so zu verstehen, wie sie wirklich ist.[1]

[1] Radhan, Einführung in die Grundlagen des Fiqh, S. 33. Darulkitab 2015.

1.1.2 Qur'ān

1.1.2.1 Sprachliche Bedeutung

Der Begriff „Qur'ān" basiert entweder auf dem Verb „qara'a", „lesen" und bedeutet sprachlich das „Vorgetragene" bzw. „Vorgelesene", oder aber auf dem Verb „qarana", „zusammenfügen", wonach er als „(das) Zusammenfügen" übersetzt werden kann, besteht Aḷḷāhs Buch doch aus vielen aneinandergereihten Suren und 'Āyāt.[2]

Die Ansicht, dass der Begriff auf einer Ableitung beruht, ist stärker als die Meinung des 'Imām Aš-Šāfiʿiyy, wonach es sich wie bei „Taurāh" (Thora) und „'Inǧīl" (Evangelium) um einen Eigennamen handele.

1.1.2.2 Gesetzliche Bedeutung

In der Islamwissenschaft versteht man unter dem Begriff Qur'ān[3]:

1. das unverfälschte Wort Aḷḷāhs ﷻ, so wunderbar und unnachahmlich, dass Er Selbst dazu herausfordert, eine vergleichbare Sūrah hervorzubringen, und sei sie nur so lang wie die kürzeste
2. das, was dem Propheten[4] Muḥammad ﷺ über den Engel Ǧibrīl (Gabriel)[5] eingegeben wurde,
3. das, was in den ʿuṯmānischen Muṣḥaf niedergeschrieben steht,
4. das, was uns in Mutawātir-Form überliefert wurde und

---

[2] Radhan, Die qur'ānischen Lesarten – Qur'ān-Historie und Orientalismus, Kapitel 2.1.

[3] Ebd. Radhan, Die qur'ānischen Lesarten – Qur'ān-Historie und Orientalismus, Kapitel 2.2.

[4] Es sei angemerkt, dass der Begriff „Nabiyy", der im Deutschen mit „Prophet" wiedergegeben wird, im 'Islām nicht für jemanden steht, der die Zukunft kennt oder sich dadurch auszeichnet, vielmehr ist ein „Nabiyy" jemand, dem Aḷḷāh Offenbarung (Waḥy) eingegeben hat.

[5] Dieser Name kommt in den qur'ānischen Qirā'āt in folgenden Versionen vor:

1. Wie oben erwähnt (Nāfiʿ, 'Abū ʿAmr, Ibn ʿĀmir, Ḥafṣ, 'Abū Ǧaʿfar, Yaʿqūb und al-Yazīdiyy) 2. Ǧabrīl جبريل (Ibn Kaṯīr und Ibn Muḥaiṣin in einer von zwei Versionen) 3. Ǧabra'īl جبرئيل (Ḥamzah, Kisā'iyy, Ḫalaf, al-'Aʿmaš und eine Version bei Šuʿbah) 4. Ǧabra'il جبرَئل (2. Version von Šuʿbah) 5. Die Folgenden sind nur Šāḏḏ-Qirā'āt: Ǧabrā'il جبرائل (al-Ḥasan) 6. Ǧabra'ill جبرئلّ (Ibn Muḥaiṣin)

5. Worte, deren Lesung an sich bereits einen Gottesdienst darstellen.

Unter „Mutawātir“ versteht man, dass eine Information von einer von Anfang bis Ende geschlossenen Überlieferungskette (’Isnād oder Sanad) überliefert wird, wobei in jeder Generation so viele Menschen diese Information weitergaben, dass mit Sicherheit ausgeschlossen werden kann, dass sie sich alle auf eine Lüge einigen konnten oder alle denselben Fehler begingen.[6]

Mit dieser Definition wird der der Qur’ān vom Ḥadīṯ Qudsiyy (Heiliger Ḥadīṯ) abgegrenzt. Zwar handelt es sich beim Ḥadīṯ Qudsiyy um Worte Aḷḷāhs, doch werden sie nicht rezitiert und gelten nicht als Wunder wie der Qur’ān.

1.1.2.3 Namen des Qur’ān

Aḷḷāh benannte den Qur’ān mit verschiedenen Namen. Dazu gehören:

- Al-Kitāb (das Buch)

ذَٰلِكَ ٱلْكِتَٰبُ لَا رَيْبَ ۛ فِيهِ ۛ هُدًى لِّلْمُتَّقِينَ ۝٢

„Dieses Buch, an dem es keinen Zweifel gibt, ist eine Rechtleitung für die Gottesfürchtigen.“ (Al-Baqarah 2:2)

- Kalām Aḷḷāh (Worte Aḷḷāhs)

وَإِنْ أَحَدٌ مِّنَ ٱلْمُشْرِكِينَ ٱسْتَجَارَكَ فَأَجِرْهُ حَتَّىٰ يَسْمَعَ كَلَٰمَ ٱللَّهِ ثُمَّ أَبْلِغْهُ مَأْمَنَهُۥ ۚ ذَٰلِكَ بِأَنَّهُمْ قَوْمٌ لَّا يَعْلَمُونَ ۝٦

„Und wenn jemand von den Götzendienern dich um Schutz bittet, dann gewähre ihm Schutz, bis er das Wort Aḷḷāhs hört.“ (At-Taubah 9:6)

- Al-Furqān (die Unterscheidung)

تَبَارَكَ ٱلَّذِى نَزَّلَ ٱلْفُرْقَانَ عَلَىٰ عَبْدِهِۦ لِيَكُونَ لِلْعَٰلَمِينَ نَذِيرًا ۝١

[6] Ebd. S. 17

„Segensreich ist Derjenige, Der Seinem Diener die Unterscheidung offenbart hat, damit er für die Weltenbewohner ein Warner sei." (Al-Furqān 25:1)

- Ad-Dikr (das Gedenken)

إِنَّا نَحْنُ نَزَّلْنَا ٱلذِّكْرَ وَإِنَّا لَهُۥ لَحَٰفِظُونَ ۝٩

„Gewiss, Wir sind es, die Wir die Ermahnung offenbart haben, und Wir werden wahrlich ihr Hüter sein." (Al-Ḥiğr 15:9)

- Al-Muṣḥaf

Dieser Name wurde weder im Qur'ān noch in der Sunnah des Propheten erwähnt. Er wurde jedoch von den Gefährten verwendet.

1.1.2.4 Der Glaube eines Muslims hinsichtlich des Qur'ān bzw. der Worte Aḷḷāhs

Die 'Ahl as-Sunnah wa al-Ğamā'ah folgen bezüglich des Glaubens über die Worte Aḷḷāhs der 'Aqīdah der Gefährten und allen, die ihnen folgen. Diese besagt, dass der Qur'ān die unerschaffenen Worte Aḷḷāhs sind. Sie bestätigen damit Aḷḷāhs Eigenschaft des Sprechens, wie es der Erhabene im Qur'ān und der Prophet in der Sunnah erwähnten.

Einige Sekten, wie z. B. die Mu'tazilah, widersprechen dieser Glaubenslehre. Sie behaupten, der Qur'ān sei ein Geschöpf Aḷḷāhs und nicht Seine unerschaffenen Worte.

Dass Aḷḷāh spricht, belegen u. a. folgende 'Āyāt aus dem Qur'ān:

۞ تِلْكَ ٱلرُّسُلُ فَضَّلْنَا بَعْضَهُمْ عَلَىٰ بَعْضٍ مِّنْهُم مَّن كَلَّمَ ٱللَّهُ

„Dies sind die Gesandten; einige von ihnen haben Wir vor anderen bevorzugt. Unter ihnen gibt es manche, zu denen Aḷḷāh gesprochen hat". (Al-Baqarah 2:253).

وَكَلَّمَ ٱللَّهُ مُوسَىٰ تَكْلِيمًا ۝١٦٤

„Und zu Mūsā hat Aḷḷāh unmittelbar gesprochen" (an-Nisā' 4:164).

وَلَمَّا جَآءَ مُوسَىٰ لِمِيقَٰتِنَا وَكَلَّمَهُۥ رَبُّهُۥ

„Als nun Mūsā zu Unserer festgesetzten Zeit kam und sein Herr zu ihm sprach." (Al-'A'rāf 7: 143)

Der Prophet bestätigte diese Eigenschaft Aḷḷāhs:

فَضْلُ كَلَامِ اللَّهِ عَلَى سَائِرِ الْكَلَامِ، كَفَضْلِ اللَّهِ عَلَى خَلْقِهِ

„Die Stellung der Worte Aḷḷāhs gegenüber der Worte anderer ist wie die Stellung Aḷḷāhs gegenüber Seiner gesamten Schöpfung."[7]

Auch von den Gefährten bzw. Gefährtinnen wurde überliefert, dass der Qur'ān aus den Worten Aḷḷāhs besteht. So sagte 'Ā'išah betreffend die Offenbarung über die Lüge, die man über sie verbreitete:

وَاللَّهِ مَا كُنْتُ أَظُنُّ أَنَّ اللَّهَ مُنْزِلٌ فِي شَأْنِي وَحْيًا يُتْلَى، وَلَشَأْنِي فِي نَفْسِي كَانَ أَحْقَرَ مِنْ أَنْ يَتَكَلَّمَ اللَّهُ فِيَّ بِأَمْرٍ يُتْلَى

„Bei Aḷḷāh, ich habe nicht damit gerechnet, dass Aḷḷāh meinen Freispruch als Offenbarung herabsendet, die rezitiert wird. Denn ich dachte nicht, dass ich es wert sei, dass Aḷḷāh über mich spricht, sodass es dann rezitiert wird."[8]

Auch 'Abū Bakr aṣ-Ṣiddīq beschrieb den Qur'ān als Worte Aḷḷāhs. Er hatte den Leuten aus Quraiš folgende Verse vorgelesen:

الٓمٓ ۝ غُلِبَتِ ٱلرُّومُ ۝

„Alif-Lām-Mīm. Die Römer sind besiegt worden." (Ar-Rūm 30:1-2)

فَقَالُوا: كَلَامُكَ هَذَا أَمْ كَلَامُ صَاحِبِكَ؟ قَالَ: لَيْسَ بِكَلَامِي وَلَا كَلَامُ صَاحِبِي؛ وَلَكِنَّهُ كَلَامُ اللَّهِ عَزَّ وَجَلَّ

Da fragten sie ihn:

„Sind das deine Worte oder die Worte deines Freundes?" Er sagte: „Es sind weder meine Worte noch die Worte meines Freundes, sondern die Worte Aḷḷāhs."[9]

1.1.2.5 Der Unterschied zwischen Qur'ān und Ḥadīṯ

Sowohl der Qur'ān als auch der Ḥadīṯ des Propheten gehören zu Aḷḷāhs Offenbarung. Allerdings gibt es Unterschiede.

---

[7] Ad-Dārimiyy, ḥasan.

[8] Buḫāriyy und Muslim.

[9] Al-Baihaqiyy in al-'Asmā' w aṣ-Ṣifāt.

Beim Ḥadīṯ unterscheidet man zwischen Ḥadīṯ an-Nabawiyy und Ḥadīṯ al-Qudsiyy.

Unter „Ḥadīṯ an-Nabawiyy" versteht man, was dem Propheten an Aussagen, Taten, Billigungen und Missbilligungen und Eigenschaften zugeschrieben wird.

Der „Ḥadīṯ al-Qudsiyy" hingegen bezeichnet Äußerungen, die der Prophet Al̤l̤āh zuschreibt. Insofern ist der Prophet hier der Überlieferer der Aussagen Al̤l̤āhs.[10]

Zwischen dem Qur'ān und al-Ḥadīṯ al-Qudsiyy bestehen mehrere Unterschiede:

1. Der Qur'ān ist eine Herausforderung[11], ein Ḥadīṯ al-Qudsiyy nicht.
2. Der Qur'ān wird ausschließlich Al̤l̤āh zugeschrieben. So sagt man: „Al̤l̤āh sagt/spricht." Beim Ḥadīṯ al-Qudsiyy ist der Propheten der Überlieferer. So sagt man u. a.: „Der Prophet berichtete über Al̤l̤āh."
3. Während der Qur'ān in seiner Gesamtheit in Tawātur-Form, also mehrfach überliefert ist, wurden die Ḥadīṯ al-Qudsiyy mehrheitlich als 'Āḥād, d. h. einfach überliefert.
4. Der Qur'ān stammt sowohl im Wortlaut als auch in der Bedeutung von Al̤l̤āh. Der Ḥadīṯ al-Qudsiyy hingegen nur in der Bedeutung; der Wortlaut ist (nach einer Ansicht) vom Propheten.
5. Das Rezitieren des Qur'ān ist eine Form der Anbetung Al̤l̤āhs, wobei der Erhabene jeden einzelnen Buchstaben zehnfach belohnt.
6. Das rituelle Gebet ist nur mit Rezitation des Qur'ān gültig. Al-Ḥadīṯ al-Qudsiyy wird im Gebet nicht gelesen und wird auch außerhalb des Gebets nicht mit Taǧwīd rezitiert.

---

[10] Al-Qaṭṭān, Mabāḥiṯ fī 'Ulūm al-Qur'ān. S. 19.

[11] S. 1. Punkt unter Kapitel 1.1.2.2, Gesetzliche Bedeutung.

1.1.3 ʿUlūm al-Qur'ān

Nach der Betrachtung der beiden Bestandteile wenden wir uns wir nun dem zusammengesetzten Fachbegriff „ʿUlūm al-Qur'ān" zu.

Er umfasst eine ganze Ansammlung von Wissenschaften, die sich mit dem Qur'ān befassen, und zwar bezüglich Offenbarung, Übermittlung, Lesung, Offenbarungsgründe und -orte etc.[12]

Diese Teildisziplinen können in zwei Arten unterteilt werden:

1. Eigenständige Disziplinen:

Damit sind jene Teildisziplinen gemeint, die sich nicht mit anderen Wissenschaften überschneiden. Dazu gehören die Wissenschaft über die Offenbarungsorte und -zeiten wie die Einteilung in mekkanische und medinensische Suren, sowie die Offenbarungssprachen, die Verszählung, die Rezitationsregeln u. v. m.

2. Überschneidende Disziplinen

Das sind diejenigen Teildisziplinen, die nicht nur in den Qur'ān-, sondern auch in anderen Islamwissenschaften untersucht werden.

Hierbei sind wiederum zwei Kategorien zu unterscheiden:

- Wissenschaften, die den Qur'ān als literarischen Text untersuchen. Dazu zählen sämtliche Wissenschaften der Arabistik, wie Grammatik, Rhetorik, etc.
- Wissenschaften, die den Qur'ān als Gesetzestext untersuchen. Dazu zählen alle Rechtswissenschaften, wie Fiqh, 'Uṣūl al-Fiqh etc.

1.2 Termini

Die Wissenschaft ʿUlūm al-Qur'ān wird unter den Gelehrten unterschiedlich benannt. Zu den Termini gehören:

- ʿIlm al-Qur'ān (Wissenschaft des Qur'ān)
- ʿIlm al-Kitāb bzw. ʿUlūm al-Kitāb (Wissenschaft des Buches)

[12] Aṭ-Ṭayyār, al-Muḥarrar fī ʿUlūm al-Qur'ān, S. 23 Markaz ad-Dirāsāt wa al-Maʿlūmāt al-Qur'āniyyah 2008.

- 'Ilm at-Tanzīl bzw. 'Ulūm at-Tanzīl (Offenbarungswissenschaft)
- 'Uṣūl at-Tafsīr (Grundlagen des Tafsīr). Manche Gelehrte nutzen diesen Ausdruck als Synonym für 'Ulūm al-Qur'ān. Andere wiederum meinen damit nur eine Teildisziplin.

1.3 Gegenstand

Erkenntnisgegenstand der Qur'ān-Wissenschaften ist der Qur'ān. Er wird – wie aus der Definition hervorgeht – unter unterschiedlichen Gesichtspunkten untersucht.

1.4 Begründer

Begründer dieser Wissenschaft als gesonderte Disziplin soll 'Aliyy Ibn 'Ibrāhīm Ibn Sa'īd, gest. 430 n. H., gewesen sein. Er ist unter dem Namen al-Ḥūfiyy bekannt.

1.5 Nutzen

'Ulūm al-Qur'ān ist von immenser Bedeutung für das richtige Verständnis des Qur'ān, ja ist es unmöglich, ihn ohne diese Wissenschaft zu verstehen, schließlich basiert darauf die Qur'ān-Exegese bzw. der Tafsīr.

1.6 Stellenwert

Der Stellenwert einer Wissenschaft hängt von deren Erkenntnisgegenstand ab. Daraus wird deutlich, wie hoch der Stellenwert der Qur'ān-Wissenschaften ist, ist doch ihr Erkenntnisgegenstand nichts Geringeres als das Wort Aḷḷāhs.

1.7 Verhältnis zu anderen Islamwissenschaften

Die Qur'ān-Wissenschaften sind eng mit anderen Islamwissenschaften verbunden, von denen viele von ihren Erkenntnissen abhängig sind, wie 'Aqīdah, Fiqh, 'Uṣūl al-Fiqh u. a. Auf der anderen Seite ist für das Studium der Qur'ān-Wissenschaften die Arabistik unerlässlich.

1.8 Quellen

Selbstverständlich ist die Hauptquelle der Qur'ān-Wissenschaften der Qur'ān selbst. Hinzu kommen die Sunnah, bestehend aus den Aussagen, Taten und Billigungen und Missbilligungen des Propheten, sowie auch die Aussagen der Ṣaḥābah und Tābiʿūn.

1.9 Urteil

Das Erwerben dieses Wissens ist Farḍ Kifāyah. Dabei handelt es sich um Pflichten, die nicht jeder Einzelne ausführen muss, sondern lediglich eine ausreichende Anzahl von Individuen. Kommt dieser Kollektivpflicht niemand nach, liegt die Sünde auf allen, die dazu in der Lage gewesen wären.

1.10 Themen

Die Qur'ān-Wissenschaften umfassen zahlreiche Themen, wobei sich die Gelehrten über die genaue Anzahl nicht einig sind. As-Suyūṭiyy erwähnte in seinem Werk al-'Itqān fī ʿUlūm al-Qur'ān achtzig Themen. Dazu gehören beispielsweise:

- Mekkanische und medinensische Offenbarungen
- Tagsüber und nachts Offenbartes
- Auf der Reise und am Wohnsitz Offenbartes
- Irdisches und Himmlisches
- Erstes und Letztes
- Wiederholtes
- Offenbarungsgründe
- Namen der Suren
- Anzahl der Suren und 'Āyāt
- Rezitationsregeln
- Offenbarungssprachen
- Beginn und Ende der Suren
- Gleichnisse
- Gelübde

- Dialektik
- Etc.

2 Entstehungsgeschichte der Qur'ān-Wissenschaften

Die Qur'ān-Wissenschaften entstanden mit dem Beginn der Offenbarung, gewann man doch von Anfang an dafür relevante Erkenntnisse. Schon die ersten 'Āyāt fallen unter Themen dieser Wissenschaft:

- Erstes Offenbartes
- Lesung
- Offenbarungsart
- Offenbarungsort
- Offenbarungszeit

Der Prophet selbst wies auf einige Disziplinen der Qur'ān-Wissenschaften hin. So bat er bspw. Aḷḷāh, seinem Gefährten Ibn ʿAbbās Wissen über den Qur'ān zu geben. Sein Bittgebet lautete: „Oh Aḷḷāh gibt ihm Wissen in der Religion und bringe ihm die Deutung bei."[13]

Ebenso rief der Prophet dazu auf, den Qur'ān zu lernen und zu lehren. Und er sagte:

خَيْرُكُمْ مَنْ تَعَلَّمَ القُرْآنَ وَعَلَّمَهُ

„Die besten unter euch sind diejenigen, die den Qur'ān lernen und lehren."[14]

2.1 Entstehungsphasen der Qur'ān-Wissenschaften

Die Geschichte der Qur'ān-Wissenschaften ist eng mit der Geschichte des Tafsīr verbunden. Schließlich wurden in den Erläuterungen von Anfang an qur'ānwissenschaftliche Methoden angewandt. Dies erklärt auch, warum sich die Autoren klassischer Werke über die Qur'ān-Wissenschaften – wie z. B. As-Suyūṭiyy – auf Tafsīrwerke beriefen.

Daher geht mit der historischen Betrachtung der Qur'ān-Wissenschaften parallel eine Betrachtung der Tafsīrwerke einher.

---

[13] 'Aḥmad, ähnlicher Wortlaut ist bei Buḫāriyy.

[14] Buḫāriyy.

2.1.1 1. Phase: Vom Beginn bis zum Ende des zweiten Jahrhunderts nach Hiğrah

In dieser Zeit der ersten drei Generationen bildete die mündliche Überlieferung durch die Tābiʿīn von den Ṣaḥābah, durch die Tābiʿ at-Tābiʿīn von den Tābiʿīn usw. die Grundlage der Qur'ān-Wissenschaften. Allerdings gab es daneben schon damals zu wichtigen Themen dieser Wissenschaft vereinzelte Niederschriften. Sie sind in drei Arten zu unterteilen:

2.1.1.1 Tafsīr-Werke

In dieser frühen Phase gab es zwei Kategorien von Tafsīr-Werken.

Da waren einerseits welche, die nur einen Teil des Qur'ān erläuterten – u. a. die Schrift von Muğāhid Ibn Ğabr, der den Tafsīr seines Lehrers Ibn ʿAbbās niederschrieb –, sowie Sammlungen von Erläuterungen mehrerer Gelehrter, wie bspw. das Werk von Sufyān aṯ-Ṯauriyy. Beides sind keine vollständigen, den ganzen Qur'ān erläuternde Tafsīre.

Auf der anderen Seite gab es Erläuterungen, die den gesamten Qur'ān behandelten, wie z. B. die Tafsīre von aḍ-Ḍaḥḥāk Ibn Muzāḥim, Muqātil Ibn Sulaymān, Zāḥim, Muqātil Ibn Sulaymān, Yaḥyā Ibn Salām al-Baṣriyy u. v. m.

Sowohl in den umfassenden wie auch den partiellen Tafsīrwerken werden Bereiche aus der Qur'ān-Wissenschaften angeschnitten. So gelten sie zwar nicht als explizite Fachbücher, zählen jedoch zu den ersten Niederschriften, in denen solche Themen behandelt wurden, u. a. die Offenbarungsanlässe und -orte u. v. m.

2.1.1.2 Qur'ān-Wissenschaftliche Literatur

Neben den Tafsīren gab es aber auch gesonderte Werke, die einzelne Themen der Qur'ān-Wissenschaften behandelten. Eine Auswahl davon wird im Folgenden aufgelistet:

2.1.1.2.1 Über mekkanische und medinensische Suren

Unter dem Titel „Nuzūl al-Qur'ān"[15] schrieben nachstehende Gelehrte zu diesem Thema:

- Al-Ḥasan al-Baṣriyy
- Aḍ-Ḍaḥḥāk Ibn Muzāḥim
- ʿIkrimah
- Az-Zuhriyy

Diese nur wenige Seiten umfassenden Schriften enthielten Überlieferungen von Ibn ʿAbbās, Qatādah, ʿAliyy Ibn 'Abī Ṭalḥah und anderen.

2.1.1.2.2 Über die Abrogation

Über an-Nāsiḫ wa al-Mansūḫ gibt es u. a. Werke von folgenden Gelehrten:

- Qatādah
- Az-Zuhriyy
- ʿAṭā' Ibn Muslim

2.1.1.2.3 Über die ähnlichen 'Āyāt

Damit sind Verse gemeint, die sich im Aufbau ähneln und daher beim Auswendiglernen eine besondere Herausforderung darstellen. Darüber schrieb al-Kisā'iyy ein Werk.

2.1.2 2. Phase: Vom dritten Jahrhundert nach Hiǧrah bis zur Erscheinung des Werks „Al-Burhān fī ʿUlūm al-Qur'ān" von az-Zarkašiyy

In dieser Phase häuften sich sowohl die Tafsīre wie auch die Werke über die verschiedenen Qur'ān-Wissenschaften.

Beispiele für Tafsīr-Werke dieser Zeit:

[15] Wortwörtlich: „Die Herabsendung des Qur'ān".

- Aṭ-Ṭabariyy, Ǧāmiʿ al-Bayān fī Ta'wīl al-Qur'ān
- Ibn ʿAṭiyyah, al-Muḥarrar al-Waǧīz
- Al-Qurṭubiyy, al-Ǧāmiʿ li 'Aḥkām al-Qur'ān
- Abū Ḥayyān, al-Baḥr al-Muḥīṭ
- Ibn Kaṯīr, Tafsīr al-Qur'ān al-ʿAẓīm

Beispiele für Schriften über die Qur'ān-Wissenschaften:

- Abū ʿUbaid al-Qāsim Ibn Sallām, Faḍā'il al-Qur'ān
- Ibn Qutaibah, Ta'wīl Muškil al-Qur'ān
- Aṭ-Ṭaḥāwiyy, 'Aḥkām al-Qur'ān

Anders als zuvor wurden in dieser Phase die Tafsīr-Werke nun nach qur'ānwissenschaftlichen Themen aufgebaut, wie z. B. Tafsīr, Lesarten, Grammatik, Gebote etc. Andere wiederum behielten den klassischen Aufbau gemäß den Suren bei und wiesen an den entsprechenden Stellen auf die qur'ānwissenschaftlichen Aspekte hin.

Ebenso gab es nun Werke, die mehrere Themen der Qur'ān-Wissenschaften behandeln. Dazu gehören:

- „Fahm al-Qur'ān" von Al-Ḥāriṯ al-Muḥāsibiyy
- „At-Tanbīh ʿalā Faḍl ʿUlūm al-Qur'ān" von Abū al-Qāsim al-Ḥasan Ibn Muḥammad Ibn al-Ḥasan Ibn Ḥabīb,
- „Funūn al-Qur'ān" von Ibn al-Ǧauziyy,

Charakteristisch ist dabei, dass einige Veröffentlichungen mit dem Namen „ʿUlūm al-Qur'ān" versehen wurden, obwohl es sich eher um Tafsīre handelt. Wohl enthalten sie eine Anzahl an Themen aus den Qur'ān-Wissenschaften, ohne sich ihr jedoch explizit zu widmen.

Als Pionier hinsichtlich des Verfassens von Werken über die diese Wissenschaft gilt daher al-Ḥāriṯ al-Muḥāsibiyy mit seinem „Fahm al-Qur'ān".

Doch auch in dieser Epoche wurde kein Werk überliefert, das sämtliche Themen der Qur'ān-Wissenschaften abdeckt.

2.1.3 3. Epoche: Von der Erscheinung des „Al-Burhān fī 'Ulūm al-Qur'ān" von az-Zarkašiyy bis zur Erscheinung des „al-'Itqān fī 'Ulūm al-Qur'ān" von as-Suyūṭiyy

Auch in dieser Epoche wurden sowohl Tafsīrwerke als auch Schriften zu den einzelnen Disziplinen der Qur'ān-Wissenschaften verfasst. Es gab auch Bemühungen, mehrere Themen zu bündeln, doch das erste umfassende Werk, das sämtliche Themen der Qur'ān-Wissenschaften beinhaltet, ist sicherlich dasjenige von az-Zarkašiyy.

Als nächster Meilenstein in den Qur'ān-Wissenschaften gilt das Werk „al-'Itqān fī 'Ulūm al-Qur'ān" von as-Suyūṭiyy.

3 Waḥy – Die Offenbarung

3.1 Sprachliche Bedeutung

Unter „Waḥy“ versteht man in der arabischen Sprache „verborgene Übermittlung von Wissen“ und „schneller Hinweis“. Dies kann u. a. in Form von Gesten, Eingebung und Hinweisen geschehen.

Im Qur'ān werden unterschiedliche Formen des Waḥy beschrieben:

- Dem Menschen wird etwas eingegeben:

وَأَوۡحَيۡنَآ إِلَىٰٓ أُمِّ مُوسَىٰٓ أَنۡ أَرۡضِعِيهِۖ

„Und Wir gaben der Mutter Mūsās ein: „Stille ihn.“ **(Al-Qaṣaṣ 28:7)**

- Einem Tier wird etwas eingegeben:

﴿وَأَوۡحَىٰ رَبُّكَ إِلَى ٱلنَّحۡلِ أَنِ ٱتَّخِذِي مِنَ ٱلۡجِبَالِ بُيُوتٗا وَمِنَ ٱلشَّجَرِ وَمِمَّا يَعۡرِشُونَ ٦٨﴾

„Und dein Herr hat der Biene eingegeben: „Nimm dir in den Bergen Häuser, in den Bäumen und in dem, was sie an Spalieren errichten.“ **(An-Naḥl 16:68)**

- Ein schneller Hinweis durch Gesten:

﴿فَخَرَجَ عَلَىٰ قَوۡمِهِۦ مِنَ ٱلۡمِحۡرَابِ فَأَوۡحَىٰٓ إِلَيۡهِمۡ أَن سَبِّحُواْ بُكۡرَةٗ وَعَشِيّٗا ١١﴾

„So kam er zu seinem Volk aus dem Gebetsraum heraus und gab ihnen dann zu verstehen: ‚Preist morgens und abends‘“ **(Maryam 19:11)**

- Einflüsterung durch den Teufel:

وَإِنَّ ٱلشَّيَٰطِينَ لَيُوحُونَ إِلَىٰٓ أَوۡلِيَآئِهِمۡ لِيُجَٰدِلُوكُمۡۖ وَإِنۡ أَطَعۡتُمُوهُمۡ إِنَّكُمۡ لَمُشۡرِكُونَ

„Die Satane geben ihren Schützlingen in der Tat ein, mit euch zu streiten. Wenn ihr ihnen gehorcht, seid ihr fürwahr Götzendiener.“ **(Al-'An'ām 6:121)**

- Engeln wird etwas eingegeben:

إِذۡ يُوحِي رَبُّكَ إِلَى ٱلۡمَلَٰٓئِكَةِ أَنِّي مَعَكُمۡ فَثَبِّتُواْ ٱلَّذِينَ ءَامَنُواْۚ

„Als dein Herr den Engeln eingab: „Gewiss, Ich bin mit euch. So festigt diejenigen, die glauben!“ **(Al-'Anfāl 8:12)**

3.2 Fachspezifische Definition

In den Qur'ān-Wissenschaften versteht man unter Waḥy:

Aḷḷāhs Übermittlung von dem, was Er an Rechtleitung bekanntgeben möchte, an seine auserwählten Diener, auf verborgene und schnelle Art und Weise.[16]

3.3 Ebenen der Offenbarung

Aḷḷāh nennt im Qur'ān unterschiedliche Arten der Offenbarung. Sie sind in folgender 'Āyah zusammengefasst:

﴿وَمَا كَانَ لِبَشَرٍ أَن يُكَلِّمَهُ ٱللَّهُ إِلَّا وَحۡيًا أَوۡ مِن وَرَآيِٕ حِجَابٍ أَوۡ يُرۡسِلَ رَسُولًا فَيُوحِيَ بِإِذۡنِهِۦ مَا يَشَآءُۚ إِنَّهُۥ عَلِيٌّ حَكِيمٌ ٥١﴾

„Und es steht keinem menschlichen Wesen zu, dass Aḷḷāh zu ihm spricht, außer durch Eingeben (von Offenbarung) oder hinter einem Vorhang, oder indem Er einen Boten sendet, der (ihm) dann mit Seiner Erlaubnis (als Offenbarung) eingibt, was Er will. Gewiss, Er ist Erhaben und Allweise." (Aš-Šūrā 42:51)

Dementsprechend sind drei Ebenen der Offenbarung zu unterscheiden:

1. Die Eingebung
2. Die direkte Ansprache hinter einem Vorhang
3. Die Entsendung eines Boten

3.3.1 Die Eingebung an die Engel

An vielen Stellen im Qur'ān wird erwähnt, dass Aḷḷāh zu den Engeln spricht. Bspw. sagt Er hier:

﴿وَإِذۡ قَالَ رَبُّكَ لِلۡمَلَٰٓئِكَةِ إِنِّي جَاعِلٌ فِي ٱلۡأَرۡضِ خَلِيفَةً ٣٠﴾

„Und als dein Herr zu den Engeln sagte: „Ich bin dabei, auf der Erde einen Statthalter einzusetzen."" (Al-Baqarah 2:30)

---

[16] Al-Qaṭṭān, Mabāḥiṯ fī 'Ulūm al-Qur'ān, S. 27.

Im folgendem Ḥadīṯ wird die Eingebung von Offenbarung an die Engel erläutert. Der Prophet ﷺ sagte:

إِذَا أَرَادَ اللَّهُ أَنْ يُوحِيَ بِالْأَمْرِ تَكَلَّمَ بِالْوَحْيِ، أَخَذَتِ السَّمَوَاتُ مِنْهُ رَجْفَةٌ أَوْ قَالَ رَعْدَةٌ شَدِيدَةٌ خَوْفَ أَمْرِ اللَّهِ، فَإِذَا سَمِعَ بِذَلِكَ أَهْلُ السَّمَوَاتِ صَعِقُوا وَخَرُّوا لِلَّهِ سُجَّدًا، فَيَكُونُ أَوَّلَ مَنْ يَرْفَعُ رَأْسَهُ جِبْرَائِيلُ، فَيُكَلِّمُهُ اللَّهُ مِنْ وَحْيِهِ بِمَا أَرَادَ، ثُمَّ يَمُرُّ جِبْرَائِيلُ عَلَى الْمَلَائِكَةِ كُلَّمَا مَرَّ بِسَمَاءٍ سَأَلَهُ مَلَائِكَتُهَا مَاذَا قَالَ رَبُّنَا يَا جِبْرَائِيلُ؟ فَيَقُولُ جِبْرَائِيلُ قَالَ الْحَقَّ وَهُوَ الْعَلِيُّ الْكَبِيرُ، قَالَ: فَيَقُولُونَ كُلُّهُمْ مِثْلَ مَا قَالَ جِبْرَائِيلُ، فَيَنْتَهِي جِبْرَائِيلُ بِالْوَحْيِ حَيْثُ أَمَرَهُ اللَّهُ

„Wenn Aḷḷāh eine Angelegenheit offenbaren möchte, spricht Er die Offenbarung aus. Sodann ergreift die Himmel das Zittern aus Furcht vor Aḷḷāh. Wenn es die Leute des Himmels gehört haben, sind sie wie vom Donner getroffen und werfen sich nieder. Der erste, der danach seinen Kopf erhebt, ist Ǧibrīl. Sodann sagt ihm Aḷḷāh die Offenbarung. Daraufhin geht er (Ǧibrīl) zu den Engeln. Jedes Mal, wenn er an einem Himmel vorbeikommt, fragen ihn die Engel: ‚Was sagte unser Herr?' Er sagt: ‚Die Wahrheit, und Er ist der Erhabene und Große.' Sodann wiederholen alle Engel, was Ǧibrīl sagt. Dann übermittelt Ǧibrīl die Offenbarung an dem Ort, wohin Aḷḷāh, Mächtig und Majestätisch ist Er, ihn damit entsandte."[17]

3.3.2 Die Eingebung von Offenbarung an die Propheten

Den Propheten wird auf unterschiedliche Art und Weise offenbart:

3.3.2.1 Durch einen Traum

'Ā'išah sagte:

أَوَّلُ مَا بُدِئَ بِهِ رَسُولُ اللَّهِ صَلَّى اللهُ عَلَيْهِ وَسَلَّمَ مِنَ الْوَحْيِ الرُّؤْيَا الصَّالِحَةُ فِي النَّوْمِ، فَكَانَ لَا يَرَى رُؤْيَا إِلَّا جَاءَتْ مِثْلَ فَلَقِ الصُّبْحِ

„Die Offenbarung begann beim Propheten mit dem guten Traum im Schlaf. So ist jeder Traum, den er sah, so wahr geworden wie der Anbruch des Morgens."[18]

Auch Aḷḷāhs Bericht über die Geschichte des Propheten 'Ibrāhīm mit seinem Sohn 'Ismā'īl belegt die Eingebung im Traum:

﴿فَبَشَّرْنَٰهُ بِغُلَٰمٍ حَلِيمٍ ۝١٠١ فَلَمَّا بَلَغَ مَعَهُ ٱلسَّعْىَ قَالَ يَٰبُنَىَّ إِنِّىٓ أَرَىٰ فِى ٱلْمَنَامِ أَنِّىٓ أَذْبَحُكَ فَٱنظُرْ مَاذَا تَرَىٰ ۚ قَالَ يَٰٓأَبَتِ ٱفْعَلْ مَا تُؤْمَرُ ۖ سَتَجِدُنِىٓ إِن شَآءَ ٱللَّهُ مِنَ ٱلصَّٰبِرِينَ ۝١٠٢ فَلَمَّآ أَسْلَمَا وَتَلَّهُۥ لِلْجَبِينِ ۝١٠٣

[17] Aṭ-Ṭabarāniyy.

[18] Buḫāriyy und Muslim.

وَنَٰدَيْنَٰهُ أَن يَٰٓإِبْرَٰهِيمُ ﴿١٠٤﴾ قَدْ صَدَّقْتَ ٱلرُّءْيَآ ۚ إِنَّا كَذَٰلِكَ نَجْزِى ٱلْمُحْسِنِينَ ﴿١٠٥﴾ إِنَّ هَٰذَا لَهُوَ ٱلْبَلَٰٓؤُا۟ ٱلْمُبِينُ

﴿١٠٦﴾ وَفَدَيْنَٰهُ بِذِبْحٍ عَظِيمٍ ﴿١٠٧﴾﴾

„Da verkündeten Wir ihm einen nachsichtigen Jungen. Als dieser das Alter erreichte, dass er mit ihm laufen konnte, sagte er: „Oh mein lieber Sohn, ich sehe im Schlaf, dass ich dich schlachte. Schau jetzt, was du (dazu) meinst.“ Er sagte: „Oh mein lieber Vater, tu, was dir befohlen wird. Du wirst mich, wenn Aḷḷāh will, als einen der Standhaften finden.“ Als sie sich beide ergeben gezeigt hatten und er ihn auf die Seite der Stirn niedergeworfen hatte, riefen Wir ihm zu: „Oh Ibrāhīm, du hast das Traumgesicht bereits wahr gemacht.“ Gewiss, so vergelten Wir den Gutes Tuenden. Das ist wahrlich die deutliche Prüfung. Und Wir lösten ihn mit einem großartigen Schlachtopfer aus.“ (Aṣ-Ṣāffāt 37:101-107)

ʼIsmāʽīls Aufforderung: „Oh mein lieber Vater, tu, was dir befohlen wird“ belegt, dass es sich um eine Offenbarung handelte, die ʼIbrāhīm umsetzen sollte.

3.3.2.2 „Hinter einem Vorhang“

Diese Art der Offenbarung schildert Aḷḷāh im Zusammenhang mit dem Propheten Mūsā. Er sagt:

وَلَمَّا جَآءَ مُوسَىٰ لِمِيقَٰتِنَا وَكَلَّمَهُۥ رَبُّهُۥ قَالَ رَبِّ أَرِنِىٓ أَنظُرْ إِلَيْكَ ۚ قَالَ لَن تَرَىٰنِى وَلَٰكِنِ ٱنظُرْ إِلَى ٱلْجَبَلِ فَإِنِ ٱسْتَقَرَّ مَكَانَهُۥ فَسَوْفَ تَرَىٰنِى ۚ فَلَمَّا تَجَلَّىٰ رَبُّهُۥ لِلْجَبَلِ جَعَلَهُۥ دَكًّا وَخَرَّ مُوسَىٰ صَعِقًا ۚ فَلَمَّآ أَفَاقَ قَالَ سُبْحَٰنَكَ تُبْتُ إِلَيْكَ وَأَنَا۠ أَوَّلُ ٱلْمُؤْمِنِينَ ﴿١٤٣﴾

„Als nun Mūsā zu Unserer festgesetzten Zeit kam und sein Herr zu ihm sprach, sagte er: ‚Mein Herr, zeige (Dich) mir, dass ich Dich anschaue!‘ Er sagte: "Du wirst Mich nicht sehen. Aber schau den Berg an! Wenn er fest an seiner Stelle bleibt, dann wirst du Mich sehen." Als nun sein Herr dem Berg offenbar erschien, ließ Er ihn in sich zusammensinken, und Musa fiel bewusstlos nieder. Als er dann (wieder) zu sich kam, sagte er: "Preis sei

Dir! Ich wende mich in Reue Dir zu, und ich bin der erste der Gläubigen."" (Al-'Aʿrāf 7: 143)

Auch dem Propheten wurde „hinter einem Vorhang" – also unsichtbar – offenbart, nämlich während der Himmelsreise (Miʿrāǧ).

3.3.2.3 Durch Engel

Neben der direkten Eingebung durch Aḷḷāh in Form von Träumen bzw. „hinter einem Vorhang", gibt es auch die indirekte Offenbarung über die Engel, und zwar zwei Arten:

- 1. Die erste Art: Diese ist für den Propheten am schwersten. Der Prophet sagte dazu:

أَحْيَانًا يَأْتِينِي مِثْلَ صَلْصَلَةِ الجَرَسِ، وَهُوَ أَشَدُّهُ عَلَيَّ، فَيُفْصَمُ عَنِّي وَقَدْ وَعَيْتُ عَنْهُ مَا قَالَ، وَأَحْيَانًا يَتَمَثَّلُ لِيَ المَلَكُ رَجُلًا فَيُكَلِّمُنِي فَأَعِي مَا يَقُولُ

قَالَتْ عَائِشَةُ رَضِيَ اللَّهُ عَنْهَا: وَلَقَدْ رَأَيْتُهُ يَنْزِلُ عَلَيْهِ الوَحْيُ فِي اليَوْمِ الشَّدِيدِ البَرْدِ، فَيَفْصِمُ عَنْهُ وَإِنَّ جَبِينَهُ لَيَتَفَصَّدُ عَرَقًا

„Gelegentlich erscheint es mir wie das Läuten der Glocken. Dies ist für mich die schwerste Art. Er geht von mir weg, nachdem ich alles, was er mir sagte, verinnerlicht habe. Und manchmal erscheint er mir in der Gestalt eines Menschen. Er spricht mit mir, sodass ich alles verinnerliche, was er sagte."

ʿĀ'išah sagte: „Ich sah ihn, wie er an einem sehr kalten Tag Offenbarung erhielt und seine Stirn schweißüberströmt war."[19]

- Die zweite Art: Wie im Ḥadīṯ erwähnt, erschien ihm der Engel auch in Gestalt eines Menschen. Auf diese Art wurde jedoch nicht der Qur'ān, sondern die Sunnah offenbart, wie z. B. im berühmten Ḥadīṯ, in welchem Ǧibrīl die Säulen des Islam und des 'Īmān sowie den 'Iḥsān und einige Vorzeichen des Tages der Auferstehung erwähnte.

[19] Buḫāriyy und Muslim.

4 Übermittlungsgeschichte des Qur'ān (Ǧamʿ al-Qur'ān)

4.1 Die Phasen der Herabsendung

4.1.1 Die Niederschrift auf die wohlbehütete Tafel

Diese Tafel, auf der alles geschrieben steht, was bis zum Tag der Auferstehung geschehen wird, befindet sich bei Aḷḷāh. Er sagt darüber:

مَّا فَرَّطْنَا فِى ٱلْكِتَٰبِ مِن شَىْءٍ

„Wir haben im Buch nichts vernachlässigt." (6:38)

Ibn ʿAbbās sagte zur Bedeutung dieser 'Āyah:

ما تَرَكْنا شَيْئًا إلا قَدْ كَتَبْناهُ في أُمِّ الكِتابِ

„Wir haben nichts ausgelassen, ohne es im ursprünglichen Buch aufzuzeichnen."[20]

Aḷḷāh ordnete dem Schreibrohr diese Aufzeichnung fünfzigtausend Jahre vor Erschaffung von Himmel und Erde an:

كَتَبَ اللهُ مَقَادِيرَ الْخَلَائِقِ قَبْلَ أَنْ يَخْلُقَ السَّمَاوَاتِ وَالْأَرْضَ بِخَمْسِينَ أَلْفَ سَنَةٍ

ʿAbduḷḷāh Ibn ʿAmr Ibn al-ʿĀṣ sagte: Ich habe gehört, wie der Gesandte Aḷḷāhs sagte: „Aḷḷāh hat für Seine Geschöpfe fünfzigtausend Jahre bevor Er die Himmel und die Erde erschuf, ihre Bestimmungen festgelegt."[21]

Bei der ersten „Herabsendung" des Qur'ān handelt es sich um diese Niederschrift auf die wohlbehütete Tafel. Folgende 'Āyah belegt dies:

وَإِنَّهُۥ فِىٓ أُمِّ ٱلْكِتَٰبِ لَدَيْنَا لَعَلِىٌّ حَكِيمٌ

„Und gewiss, er ist in der Urschrift des Buches bei Uns wahrlich erhaben und weise." (Az-Zuḫruf 43:4)

Ebenso sagt Aḷḷāh:

بَلْ هُوَ قُرْءَانٌ مَّجِيدٌ ﴿٢١﴾ فِى لَوْحٍ مَّحْفُوظٍۭ ﴿٢٢﴾

[20] Tafsīr aṭ-Ṭabariyy (9/234, Edition Ḥaǧar), Tafsīr Ibn 'Abī Ḥātim 7259.

[21] Ṣaḥīḥ Muslim.

„Nein! Vielmehr ist es ein ruhmvoller Qur'ān, auf einer wohlbehüteten Tafel"} (Al-Burūğ 85:21-22)

Das im Arabischen für „wohlbehütet" verwendete Wort „maḥfūẓ" kann als „maḥfūẓ**in**" gelesen werden, dann ist die Eigenschaft der Tafel zugeschrieben, d. h., die Tafel und somit alles, was darauf ist, ist wohlbehütet.

In einer anderen Mutawātir-Qirā'ah wird „maḥfūẓ**un**" gelesen. In diesem Fall bezieht sich die Eigenschaft auf das, was die Tafel beinhaltet, also auf den Qur'ān selbst.

4.1.2 Die Herabsendung in den untersten Himmel

In der zweiten Phase wurde er vollständig und auf einmal zum „Haus der Macht"[22] (arab. Bayt al-ʿIzzah) herabgesandt. Dies belegen folgende 'Āyāt, in denen von einer einzigen Herabsendung die Rede ist:

1. Duḫān 44:3

إِنَّآ أَنزَلۡنَٰهُ فِي لَيۡلَةٖ مُّبَٰرَكَةٍۚ

{„Wir haben es[23] wahrlich in einer gesegneten Nacht herabgesandt."}

2. Qadr 97:1

إِنَّآ أَنزَلۡنَٰهُ فِي لَيۡلَةِ ٱلۡقَدۡرِ ١

{Wir haben ihn[24] ja in der Nacht der Bestimmung[25] hinabgesandt.}

3. Baqarah 2:185

شَهۡرُ رَمَضَانَ ٱلَّذِيٓ أُنزِلَ فِيهِ ٱلۡقُرۡءَانُ هُدٗى لِّلنَّاسِ

{Der Monat Ramadan (ist es), in dem der Qur'ān als Rechtleitung für die Menschen herabgesandt worden ist.}

Und Ibn ʿAbbās sagte:

[22] Auch: Stärke, Ehre.

[23] D. h. das Buch, der Qur'ān.

[24] Den Qur'ān.

[25] Das arabische Wort für „Bestimmung" lautet „Qadr". In dieser Nacht wird das Schicksal der Geschöpfe für ein Jahr festgelegt. Sie ist eine der letzten zehn Nächte des Fastenmonats Ramaḍān.

فُصِلَ الْقُرْآنُ مِنَ الذِّكْرِ فَوُضِعَ فِي بَيْتِ الْعِزَّةِ فِي السَّمَاءِ الدُّنْيَا فَجَعَلَ جِبْرِيلُ عَلَيْهِ السَّلَامُ يَنْزِلُ عَلَى النَّبِيِّ صَلَّى اللهُ عَلَيْهِ وَسَلَّمَ يُرَتِّلُهُ تَرْتِيلًا

„Der Qur'ān wurde der wohlbehüteten Tafel entnommen[26] und in das Haus der Macht im untersten Himmel gesetzt. Danach stieg Ǧibrīl mit ihm nach und nach zum Propheten ﷺ hinab und trug ihn wohlgeordnet vor.“[27]

Der Qur'ān wurde also auf einmal in „Bayt al-ʿIzzah“ (Haus der Macht) hinabgesandt. Dann begann die Offenbarung.

4.1.3 Die Herabsendung auf den Propheten ﷺ

Diese sich über etwa 23 Jahre hinziehende Phase, in welcher der Qur'ān dem Gesandten Aḷḷāhs nach und nach offenbart wurde, wird in folgender 'Āyah beschrieben:

وَقُرْءَانًا فَرَقْنَٰهُ لِتَقْرَأَهُۥ عَلَى ٱلنَّاسِ عَلَىٰ مُكْثٍ وَنَزَّلْنَٰهُ تَنزِيلًا ﴿١٠٦﴾

„Einen Qur'ān haben Wir (offenbart, den Wir in Abschnitte) unterteilt (haben), damit du ihn den Menschen in Abständen vorträgst; und Wir haben ihn wahrlich nach und nach offenbart.“ (Al-'Isrā' 17:106)

Auch die oben erwähnte Überlieferung von Ibn ʿAbbās beweist, dass der Qur'ān nach und nach auf den Gesandten Aḷḷāhs ﷺ hinabgesandt wurde. Ǧibrīl stieg mit den von Aḷḷāh ﷻ gesprochenen Worten auf die Erde hinab. Weder Ǧibrīl noch Muḥammad ﷺ wirkten in irgendeiner Form auf diese Worte ein.[28]

---

[26] Wörtlich: getrennt.

[27] ***Ṣaḥīḥ*** (Ibn Ḥaǧar in Fatḥ al-Bārī 14/184). as-Sunan al-Kubrā von an-Nasā'iyy 5/7 Nr. 7991, al-Ḥākim in al-Mustadrak 7/8 Nr. 2835 und 9/493 Nr. 4182, aṭ-Ṭabarāniyy in al-Muʿǧam al-Kabīr 10/178 Nr. 12212, Muṣannaf Ibn 'Abī Šaybah 7/191.

[28] Radhan, Die qur'ānischen Lesarten – Qur'ān-Historie und Orientalismus, Kapitel 3.2.3.

5 Mekkanische und medinensische Suren

Diese Teildisziplin der Qur'ān-Wissenschaften befasst sich mit den Offenbarungsorten und -Zeiten.

5.1 Unterscheidungsansätze

Es gibt unterschiedliche Ansätze, zwischen den mekkanischen und medinensischen Suren bzw. Versen zu unterscheiden.

1. Mekkanisch sind die Suren, die in Mekka und Umgebung – bspw. ʿArafah, Minā und al-Ḥudaibiyah – offenbart wurden. Medinensisch sind diejenigen, die in Medina und Umgebung – bspw. 'Uḥud und Qubā' – offenbart wurden.
2. 'Āyāt, die mit „Oh ihr Menschen" beginnen sind mekkanisch und 'Āyāt, die mit „Oh ihr, die ihr glaubt" beginnen, sind medinensisch.
3. Vor der Hiğrah offenbarte Suren sind mekkanisch und danach offenbarte medinensisch.

Die ersten beiden Unterscheidungsmerkmale sind nicht geeignet.

Denn einerseits wurden manche Suren bzw. Verse auf Reisen oder bei Aufenthalten außerhalb von Mekka und Medina offenbart und würden so nicht berücksichtigt. Und Suren, die zwar in Mekka, jedoch erst nach der Hiğrah offenbart wurden, würden dann fälschlicherweise als mekkanisch eingestuft.

Andererseits beginnt ja bei weitem nicht jeder Vers bzw. jede Sūrah mit „Oh ihr Menschen" und „Oh ihr, die ihr glaubt". Kommt dazu, dass einige 'Āyah mit der Aussage „Oh ihr Menschen" beginnen, obwohl sie medinensisch sind, so z. B.:

يَٰٓأَيُّهَا ٱلنَّاسُ ٱعْبُدُوا۟ رَبَّكُمُ ٱلَّذِى خَلَقَكُمْ وَٱلَّذِينَ مِن قَبْلِكُمْ لَعَلَّكُمْ تَتَّقُونَ ﴿٢١﴾

„Oh ihr Menschen! Dient eurem Herrn, Der euch und diejenigen vor euch erschaffen hat, auf dass ihr gottesfürchtig werden möget!" (Al-Baqarah 2:21)

Daher bevorzugen viele Qur'ān-Wissenschaftler den dritten Ansatz, nämlich die zeitliche Unterscheidung zwischen den vor und nach der

Hiǧrah offenbart Suren. Dies ist die stringente Art der Unterscheidung. Auf diese Weise werden Suren und Āyāt, die zwar in Mekka, aber erst nach der Hiǧrah offenbart wurden zu den medinensischen gerechnet. Ein Beispiel:

﴿إِنَّ ٱللَّهَ يَأۡمُرُكُمۡ أَن تُؤَدُّواْ ٱلۡأَمَٰنَٰتِ إِلَىٰٓ أَهۡلِهَا وَإِذَا حَكَمۡتُم بَيۡنَ ٱلنَّاسِ أَن تَحۡكُمُواْ بِٱلۡعَدۡلِۚ إِنَّ ٱللَّهَ نِعِمَّا يَعِظُكُم بِهِۦٓۗ إِنَّ ٱللَّهَ كَانَ سَمِيعَۢا بَصِيرٗا ٥٨﴾

„Aḷḷāh befiehlt euch, anvertraute Güter ihren Eigentümern (wieder) auszuhändigen.“ (An-Nisā’ 4:58)

Dieser Vers wurde im Jahr der Befreiung Mekkas in Mekka offenbart.[29]

5.2 Erkenntnismethoden

Man erkennt die mekkanischen und medinensischen Suren auf zwei Arten:

1. Anhand der Überlieferung durch einen Gefährten. Denn als Zeugen der Offenbarung kannten sie deren Gegebenheiten.

   Existiert von den Gefährten keine entsprechende Überlieferung, nutzt man die Aussagen der Tābiʿīn, insbesondere derjenigen, die für die Beschäftigung mit dem Tafsīr bekannt waren, wie z. B. Muǧāhid.
2. Durch die Betrachtung der Charakteristika der mekkanischen und medinensischen Sūrah.

5.3 Charakteristika und Themen der mekkanischen und medinensischen Suren

Sowohl die mekkanischen als auch die medinensischen Sūrah weisen spezifische Besonderheiten auf, durch welche sie sich voneinander unterscheiden. Die Qur’ān-Wissenschaftler fanden folgende Merkmale.

[29] Siehe al-Ǧudai', al-Muqaddimāt al-'Asāsiyyah S. 57, aṭ-Ṭayyār, al-Muḥarrar fī 'Ulūm al-Qur'ān, S. 104 und al-Qaṭṭān, Mabaḥiṯ fī 'Ulūm al-Qur'ān, S.57.

5.3.1 Mekkanische Charakteristika

1. Die Sūrah enthält eine Niederwerfung.
2. Die Sūrah enthält den Ausdruck „Keineswegs“. Dieser kommt in der zweiten Hälfte des Qur'ān erwähnt, nämlich dreiunddreißig Mal in fünfzehn Suren.
3. Die Sūrah enthält die Aussage „Oh ihr Menschen“, nicht aber „Oh ihr, die ihr glaubt“. Ausnahme: Sūrah al-Ḥağğ, wo in 'Āyah 77 die Aussage „Oh ihr, die ihr glaubt“ erwähnt wird. Viele Wissenschaftler betrachten allerdings selbst diesen Vers als mekkanisch.
4. In der Sūrah werden Geschichten der vorangegangen Völker erzählt. Ausnahme: Sūrah al-Baqarah.
5. In der Sūrah werden 'Ādam und 'Iblīs erwähnt. Ausnahme: Sūrah al-Baqarah.
6. Eine Besonderheit im Aufbau der mekkanischen Suren ist die Kürze ihrer 'Āyāt.
7. Die Sūrah beginnt mit Buchstaben, wie z. B. „'Alif-Lām-Mīm“, „' Alif-Lām-Ra“, „Ḥā-Mīm“ usw. Ausnahmen: Al-Baqarah und 'Āli ʿImrān.

Unterschiedliche Ansichten gibt es hierbei bezüglich der Sūrah ar-Raʿd.

Ebenso unterscheiden sich die mekkanischen Sūrah von den medinensischen durch die Themen, die behandelt werden.

5.3.2 Themen der mekkanischen Sūrah

1. Der Aufruf zum Monotheismus und die Bestätigung der Glaubensgrundlagen.
2. Die Festsetzung der Grundlagen der islamischen Gebote und des islamischen Charakters.
3. Die Geschichten über die vorangegangen Völker.

5.3.3 Medinensische Charakteristika

1. Die Sūrah enthält eine Pflicht oder ein Strafmaß.
2. Die Sūrah erwähnt die Eigenschaften der Heuchler. Ausnahme: Sūrah al-ʿAnkabūt.
3. In der Sūrah wird eine Diskussion mit den Leuten des Buches erwähnt.
4. Die ʾĀyāt der medinensischen Suren sind in der Regel länger als die mekkanischen.

5.3.4 Themen der medinensischen Suren

1. Die Erläuterung der Gottesdienste und der Gebote.
2. Das Ansprechen der Christen und Juden und ihre Einladung zum Islam.
3. Die Aufdeckung der Intrigen der Heuchler.

5.4 Nutzen dieser Teildisziplin

Das Wissen, ob eine Sūrah mekkanisch oder medinensisch ist, hilft dem Wissenschaftler in verschiedener Hinsicht:

1. Er kann Nāsiḫ und Mansūḫ unterscheiden.
2. Die Kenntnis der Offenbarungssituation führt zum richtigen Verständnis des Qur'ān. Schließlich wurden die mekkanischen Suren offenbart, während die Muslime unterdrückt wurden, die medinensischen hingegen in einer Zeit, als sie ihren gesellschaftlichen Höhepunkt erreicht hatten.
3. Man lernt, welche Methoden der Daʿwah der Prophet in welcher Situationen nutzte.

5.5 Listen der mekkanischen und medinensischen Suren

Vorab sei erwähnt, dass unter den Qur'ān-Wissenschaftlern bezüglich dieser Einteilung kein Konsens besteht.

5.5.1 Mekkanische Suren

al-'An'ām	al-'A'rāf	Yūnus	Hūd	Yūsuf
'Ibrāhīm	al-Ḥiğr	an-Naḥl	al-'Isrā'	al-Kahf
Maryam	Ṭāhā	al-'Anbiyā'	al-Mu'minūn	al-Furqān
aš-Šu'arā'	an-Naml	al-Qaṣaṣ	al-'Ankabūt	ar-Rūm
Luqmān	as-Sağdah	Saba'	Fāṭir	Yāsīn
aṣ-Ṣāffāt	Ṣād	az-Zumar	Ġāfir	Fuṣṣilat
aš-Šūrā	az-Zuḫruf	ad-Duḫān	al-Ğāṯiyah	al-'Aḥqāf
Qāf	aḏ-Ḏāriyāt	aṭ-Ṭūr	an-Nağm	al-Qamar
al-Mulk	Al-Qalam	al-Ḥāqqah	al-Ma'āriğ	Nūḥ
al-Ğinn	al-Muzzammil	al-Muddaṯṯir	al-Qiyāmah	al-Mursalāt
an-Naba'	an-Nāzi'āt	'Abasa	at-Takwīr	al-Infiṭār
al-Inšiqāq	al-Burūğ	aṭ-Ṭāriq	al-'A'lā	al-Ġāšiyah
al-Fağr	al-Balad	aš-Šams	al-Lail	aḍ-Ḍuḥā
aš-Šarḥ	at-Tīn	al-'Alaq	al-Qadr	al-Qāri'ah
al-Humazah	al-Fīl	Quraiš	al-Kāfirūn	al-Masad

Tabelle 1: Liste der mekkanischen Suren.

Bei diesen in Tabelle 1 erwähnten Suren gibt es so gut wie keine Meinungsverschiedenheit. Anders verhält es sich bei folgender Tabelle. Nach korrekter Ansicht gehören sie zu den mekkanischen Suren.[30]

al-Fātiḥah	ar-Ra'd	al-Ḥağğ	ar-Raḥmān	al-Wāqi'ah

[30] Al-Ğudai', al-Muqaddimāt al-'Asāsiyyah S. 63ff.

at-Taġābun	al-'Insān	az-Zalzalah	al-ʿĀdiyāt	at-Takāṯur
al-ʿAṣr	al-Māʿūn	al-Kauṯar		

Tabelle 2: Liste der mekkanischen Suren, bei denen Uneinigkeit herrscht.

5.5.2 Medinensische Suren

In folgender Tabelle sind die Suren aufgelistet, die bei der Mehrzahl der Qur'ān-Wissenschaftler als medinensisch gelten.

al-Baqarah	'Āli ʿImrān	an-Nisā'	al-Mā'idah	al-'Anfāl
at-Taubah	an-Nūr	al-'Aḥzāb	Muḥammad	al-Fatḥ
al-Ḥuǧurāt	al-Ḥadīd	al-Muǧādilah	al-Ḥašr	al-Mumtaḥinah
al-Ǧumuʿah	al-Munāfiqūn	aṭ-Ṭalāq	at-Taḥrīm	an-Naṣr

Tabelle 3: Liste der medinensischen Suren.

Unterschiedliche Meinungen gibt es bezüglich folgender Suren:

al-Muṭaffifīn	al-Falaq	an-Nās
aṣ-Ṣaff	al-Bayyinah	

Tabelle 4: Liste der medinensischen Suren, bei denen Uneinigkeit herrscht.

5.6 Medinensische Einschübe in mekkanischen Suren

Eine Sūrah wird als mekkanisch bezeichnet, wenn die Mehrheit ihrer 'Āyāt mekkanisch ist. Dies schließt jedoch nicht aus, dass auch medinensische Verse darin enthalten sind.

Folgende 'Āyāt sind medinensisch, befinden sich aber in mekkanischen Sūrah:[31]

1. Sūrah Hūd:

[31] Al-Ǧudaiʿ, al-Muqaddimāt al-'Asāsiyyah S. 67

﴿وَأَقِمِ ٱلصَّلَوٰةَ طَرَفَيِ ٱلنَّهَارِ وَزُلَفًا مِّنَ ٱلَّيۡلِۚ إِنَّ ٱلۡحَسَنَٰتِ يُذۡهِبۡنَ ٱلسَّيِّـَٔاتِۚ ذَٰلِكَ ذِكۡرَىٰ لِلذَّٰكِرِينَ ١١٤﴾

„Und verrichte das Gebet an beiden Enden des Tages und in Stunden der Nacht. Die guten Taten lassen die bösen Taten vergehen. Das ist eine Ermahnung für diejenigen, die (Aḷḷāhs) gedenken.“ (Hūd 11:114)

2. Sūrah an-Naḥl:

﴿وَإِنۡ عَاقَبۡتُمۡ فَعَاقِبُواْ بِمِثۡلِ مَا عُوقِبۡتُم بِهِۦۖ وَلَئِن صَبَرۡتُمۡ لَهُوَ خَيۡرٞ لِّلصَّٰبِرِينَ ١٢٦﴾

„Und wenn ihr bestraft, so bestraft im gleichen Maß, wie ihr bestraft wurdet. Wenn ihr aber geduldig seid, so ist das wahrlich besser für die Geduldigen. (An-Naḥl 16:126)

3. Sūrah al-'Isrā'

﴿وَيَسۡـَٔلُونَكَ عَنِ ٱلرُّوحِۖ قُلِ ٱلرُّوحُ مِنۡ أَمۡرِ رَبِّي وَمَآ أُوتِيتُم مِّنَ ٱلۡعِلۡمِ إِلَّا قَلِيلٗا ٨٥﴾

„Sie fragen dich nach dem Geist. Sag: Der Geist ist vom Befehl meines Herrn, euch aber ist vom Wissen gewiss nur wenig gegeben.“ (Al-'Isrā' 17:85)

4. Sūrah al-Ḥağğ

﴿وَمِنَ ٱلنَّاسِ مَن يَعۡبُدُ ٱللَّهَ عَلَىٰ حَرۡفٖۖ فَإِنۡ أَصَابَهُۥ خَيۡرٌ ٱطۡمَأَنَّ بِهِۦۖ وَإِنۡ أَصَابَتۡهُ فِتۡنَةٌ ٱنقَلَبَ عَلَىٰ
وَجۡهِهِۦ خَسِرَ ٱلدُّنۡيَا وَٱلۡأٓخِرَةَۚ ذَٰلِكَ هُوَ ٱلۡخُسۡرَانُ ٱلۡمُبِينُ ١١﴾

„Und unter den Menschen gibt es manchen, der Aḷḷāh nur am Rande dient. Wenn ihn etwas Gutes trifft, ist er damit beruhigt, doch wenn ihn eine Versuchung trifft, macht er eine Kehrtwende. Er verliert das Diesseits und das Jenseits. Das ist der deutliche Verlust.“ (Al-Ḥağğ 22:11)

﴿۞هَٰذَانِ خَصۡمَانِ ٱخۡتَصَمُواْ فِي رَبِّهِمۡۖ فَٱلَّذِينَ كَفَرُواْ قُطِّعَتۡ لَهُمۡ ثِيَابٞ مِّن نَّارٖ يُصَبُّ مِن فَوۡقِ
رُءُوسِهِمُ ٱلۡحَمِيمُ ١٩ يُصۡهَرُ بِهِۦ مَا فِي بُطُونِهِمۡ وَٱلۡجُلُودُ ٢٠ وَلَهُم مَّقَٰمِعُ مِنۡ حَدِيدٖ ٢١ كُلَّمَآ أَرَادُوٓاْ أَن
يَخۡرُجُواْ مِنۡهَا مِنۡ غَمٍّ أُعِيدُواْ فِيهَا وَذُوقُواْ عَذَابَ ٱلۡحَرِيقِ ٢٢﴾

Das sind zwei Widersacher, die miteinander über ihren Herrn streiten. Für diejenigen nun, die ungläubig sind, werden Gewänder aus Feuer zugeschnitten; über ihre Köpfe wird heißes Wasser gegossen. Dadurch

wird zum Schmelzen gebracht, was sie in ihrem Bauch haben, und ebenso die Haut. Und für sie gibt es Keulen aus Eisen. Jedes Mal, wenn sie vor Kummer aus ihm herauskommen wollen, werden sie dahin zurückgebracht, und (es wird zu ihnen gesagt): ‚Kostet die Strafe des Brennens!'" (Al-Ḥağğ 22:19-22)

﴿أُذِنَ لِلَّذِينَ يُقَٰتَلُونَ بِأَنَّهُمۡ ظُلِمُواْۚ وَإِنَّ ٱللَّهَ عَلَىٰ نَصۡرِهِمۡ لَقَدِيرٌ ٣٩ ٱلَّذِينَ أُخۡرِجُواْ مِن دِيَٰرِهِم بِغَيۡرِ حَقٍّ
إِلَّآ أَن يَقُولُواْ رَبُّنَا ٱللَّهُۗ وَلَوۡلَا دَفۡعُ ٱللَّهِ ٱلنَّاسَ بَعۡضَهُم بِبَعۡضٖ لَّهُدِّمَتۡ صَوَٰمِعُ وَبِيَعٞ وَصَلَوَٰتٞ وَمَسَٰجِدُ
يُذۡكَرُ فِيهَا ٱسۡمُ ٱللَّهِ كَثِيرٗاۗ وَلَيَنصُرَنَّ ٱللَّهُ مَن يَنصُرُهُۥٓۚ إِنَّ ٱللَّهَ لَقَوِيٌّ عَزِيزٌ ٤٠﴾

„Erlaubnis (zum Kampf) ist denjenigen gegeben, die bekämpft werden, weil ihnen ja Unrecht zugefügt wurde – und Aḷḷāh hat wahrlich die Macht, ihnen zu helfen –, (ihnen), die zu Unrecht aus ihren Wohnstätten vertrieben wurden, nur weil sie sagen: Unser Herr ist Aḷḷāh. Und wenn Aḷḷāh nicht die einen Menschen durch die anderen abgewehrt hätte, so wären fürwahr Mönchsklausen, Kirchen, Bethäuser und Gebetsstätten zerstört worden, in denen Aḷḷāhs Name häufig genannt wird. – Und Aḷḷāh wird ganz gewiss denjenigen helfen, die Ihm helfen. Aḷḷāh ist wahrlich Stark und Allmächtig." (Al-Ḥağğ 22:39-40)

5. Sūrah Yāsīn

﴿إِنَّا نَحۡنُ نُحۡيِ ٱلۡمَوۡتَىٰ وَنَكۡتُبُ مَا قَدَّمُواْ وَءَاثَٰرَهُمۡۚ وَكُلَّ شَيۡءٍ أَحۡصَيۡنَٰهُ فِيٓ إِمَامٖ مُّبِينٖ ١٢﴾

„Gewiss, Wir sind es, Die Wir die Toten wieder lebendig machen. Und Wir schreiben auf, was sie vorausgeschickt haben und (auch) ihre Spuren. Alles haben Wir in einem deutlichen Verzeichnis erfasst." (Yāsīn 36:12)

6. Sūrah az-Zumar

﴿۞قُلۡ يَٰعِبَادِيَ ٱلَّذِينَ أَسۡرَفُواْ عَلَىٰٓ أَنفُسِهِمۡ لَا تَقۡنَطُواْ مِن رَّحۡمَةِ ٱللَّهِۚ إِنَّ ٱللَّهَ يَغۡفِرُ ٱلذُّنُوبَ جَمِيعًاۚ إِنَّهُۥ
هُوَ ٱلۡغَفُورُ ٱلرَّحِيمُ ٥٣ وَأَنِيبُوٓاْ إِلَىٰ رَبِّكُمۡ وَأَسۡلِمُواْ لَهُۥ مِن قَبۡلِ أَن يَأۡتِيَكُمُ ٱلۡعَذَابُ ثُمَّ لَا تُنصَرُونَ
٥٤ وَٱتَّبِعُوٓاْ أَحۡسَنَ مَآ أُنزِلَ إِلَيۡكُم مِّن رَّبِّكُم مِّن قَبۡلِ أَن يَأۡتِيَكُمُ ٱلۡعَذَابُ بَغۡتَةٗ وَأَنتُمۡ لَا
تَشۡعُرُونَ ٥٥﴾

„Sag: Oh Meine Diener, die ihr gegen euch selbst maßlos gewesen seid, verliert nicht die Hoffnung auf Aḷḷāhs Barmherzigkeit. Gewiss, Aḷḷāh vergibt die Sünden alle. Er ist ja der Allvergebende und Barmherzige. Und wendet euch eurem Herrn reuig zu und seid Ihm ergeben, bevor die Strafe über euch kommt, worauf euch keine Hilfe zuteilwerden wird. Und folgt dem Besten von dem, was zu euch von eurem Herrn (als Offenbarung) herabgesandt worden ist, bevor die Strafe plötzlich über euch kommt, ohne dass ihr merkt," (Az-Zumar 39:53-55)

﴿وَمَا قَدَرُوا۟ ٱللَّهَ حَقَّ قَدْرِهِۦ وَٱلْأَرْضُ جَمِيعًا قَبْضَتُهُۥ يَوْمَ ٱلْقِيَـٰمَةِ وَٱلسَّمَـٰوَٰتُ مَطْوِيَّـٰتٌۢ بِيَمِينِهِۦ ۚ سُبْحَـٰنَهُۥ
وَتَعَـٰلَىٰ عَمَّا يُشْرِكُونَ ﴿٦٧﴾﴾

„Sie haben Aḷḷāh nicht eingeschätzt, wie es Ihm gebührt, wo die ganze Erde am Tag der Auferstehung in Seiner Hand gehalten wird und (auch) die Himmel in Seiner Rechten zusammengefaltet sein werden. Preis sei Ihm! Erhaben ist Er über das, was sie (Ihm) beigesellen." (Az-Zumar 39:67)

7. Sūrah aš-Šūrā

﴿۞ وَلَوْ بَسَطَ ٱللَّهُ ٱلرِّزْقَ لِعِبَادِهِۦ لَبَغَوْا۟ فِى ٱلْأَرْضِ وَلَـٰكِن يُنَزِّلُ بِقَدَرٍ مَّا يَشَآءُ ۚ إِنَّهُۥ بِعِبَادِهِۦ خَبِيرٌۢ
بَصِيرٌ ﴿٢٧﴾﴾

„Und würde Aḷḷāh Seinen Dienern die Versorgung großzügig zuteilen, würden sie auf der Erde Ungerechtigkeit verüben. Aber Aḷḷāh lässt im richtigen Maß herabkommen, was Er will. Er hat Kenntnis von Seinen Dienern und sieht sie wohl." (Aš-Šūrā 42:27)

8. Sūrah al-'Aḥqāf

﴿قُلْ أَرَءَيْتُمْ إِن كَانَ مِنْ عِندِ ٱللَّهِ وَكَفَرْتُم بِهِۦ وَشَهِدَ شَاهِدٌ مِّنۢ بَنِىٓ إِسْرَٰٓءِيلَ عَلَىٰ مِثْلِهِۦ فَـَٔامَنَ
وَٱسْتَكْبَرْتُمْ ۚ إِنَّ ٱللَّهَ لَا يَهْدِى ٱلْقَوْمَ ٱلظَّـٰلِمِينَ ﴿١٠﴾﴾

„Sag: Was meint ihr, wenn er doch von Aḷḷāh ist und ihr ihn aber verleugnet, während ein Zeuge von den Kindern 'Isrā'īls etwas bezeugt, was ihm gleich ist, und so glaubt er an ihn, während ihr euch hochmütig

verhaltet? Gewiss, Aḻḻāh leitet das Volk der Ungerechten nicht recht." (Al-'Aḥqāf 46:10)

9. Sūrah at-Taġābun

﴿يَٰٓأَيُّهَا ٱلَّذِينَ ءَامَنُوٓاْ إِنَّ مِنۡ أَزۡوَٰجِكُمۡ وَأَوۡلَٰدِكُمۡ عَدُوّٗا لَّكُمۡ فَٱحۡذَرُوهُمۡۚ وَإِن تَعۡفُواْ وَتَصۡفَحُواْ وَتَغۡفِرُواْ فَإِنَّ ٱللَّهَ غَفُورٞ رَّحِيمٌ ١٤﴾

„Oh die ihr glaubt, unter euren Gattinnen und euren Kindern gibt es welche, die euch feind sind; so seht euch vor ihnen vor. Wenn ihr aber verzeiht, nachsichtig seid und vergebt – gewiss, so ist Aḻḻāh Allvergebend und Barmherzig." (At-Taġābun 64:14)

5.7 Mekkanische Verse in medinensischen Suren

Zu den mekkanischen 'Āyāt in medinensischen Suren gehört folgende Aussage Aḻḻāhs in Sūrah al-'Anfāl:

﴿وَإِذۡ يَمۡكُرُ بِكَ ٱلَّذِينَ كَفَرُواْ لِيُثۡبِتُوكَ أَوۡ يَقۡتُلُوكَ أَوۡ يُخۡرِجُوكَۚ وَيَمۡكُرُونَ وَيَمۡكُرُ ٱللَّهُۖ وَٱللَّهُ خَيۡرُ ٱلۡمَٰكِرِينَ ٣٠﴾

„Und als diejenigen, die ungläubig sind, gegen dich Ränke schmiedeten, um dich festzusetzen oder zu töten oder zu vertreiben. Sie schmiedeten Ränke, und (auch) Aḻḻāh schmiedete Ränke. Aber Aḻḻāh ist der beste Ränkeschmied." (Al-'Anfāl 8:30)

Muqātil sagte: „Sie (die 'Āyah) wurde in Mekka offenbart, denn offensichtlich berichtet sie über die Polytheisten in Dār an-Nadwah, als sie ihre Intrigen gegen den Propheten hegten, vor dessen Hiǧrah."[32]

Auch folgende 'Āyah gilt als mekkanisch:

﴿۞أَلَمۡ يَأۡنِ لِلَّذِينَ ءَامَنُوٓاْ أَن تَخۡشَعَ قُلُوبُهُمۡ لِذِكۡرِ ٱللَّهِ وَمَا نَزَلَ مِنَ ٱلۡحَقِّ وَلَا يَكُونُواْ كَٱلَّذِينَ أُوتُواْ ٱلۡكِتَٰبَ مِن قَبۡلُ فَطَالَ عَلَيۡهِمُ ٱلۡأَمَدُ فَقَسَتۡ قُلُوبُهُمۡۖ وَكَثِيرٞ مِّنۡهُمۡ فَٰسِقُونَ ١٦﴾

„Ist es denn nicht Zeit für diejenigen, die glauben, dass ihre Herzen demütig werden vor Aḻḻāhs Ermahnung und vor dem, was von der

---

[32] Al-Qaṭṭān, Mabāḥiṯ fī 'Ulūm al-Qur'ān, S. 51.

***Wahrheit herabgekommen ist, und dass sie nicht wie diejenigen sind, denen zuvor die Schrift gegeben wurde, es ihnen aber zu lang gedauert hat, und so ihre Herzen sich verhärtet haben? Und viele von ihnen sind Frevler.“** (Al-Ḥadīd 57:16)*

5.8 Medinensische 'Āyāt, die in Mekka offenbart wurden

Dazu gehört der Vers:

﴿يَٰٓأَيُّهَا ٱلنَّاسُ إِنَّا خَلَقۡنَٰكُم مِّن ذَكَرٖ وَأُنثَىٰ وَجَعَلۡنَٰكُمۡ شُعُوبٗا وَقَبَآئِلَ لِتَعَارَفُوٓاْۚ إِنَّ أَكۡرَمَكُمۡ عِندَ ٱللَّهِ أَتۡقَىٰكُمۡۚ إِنَّ ٱللَّهَ عَلِيمٌ خَبِيرٞ ١٣﴾

***„Oh ihr Menschen, Wir haben euch ja von einem männlichen und einem weiblichen Wesen erschaffen, und Wir haben euch zu Völkern und Stämmen gemacht, damit ihr einander kennenlernt. Gewiss, der Geehrteste von euch bei Al̲l̲āh ist der Gottesfürchtigste von euch. Gewiss, Al̲l̲āh ist Allwissend und Allkundig.“** (Al-Ḥuǧurāt 49:13)*

Diese 'Āyah wurde in Mekka am Tage der Befreiung Mekkas offenbart, also nach der Hiğrah.

5.9 Mekkanische 'Āyāt, die in Medina offenbart wurden

Dazu gehört Sūrah al-Mumtaḥinah, die in Medina offenbart wurde, aber die Botschaft an die Polytheisten in Mekka enthält.[33]

5.10 „Mekka-ähnliche“ Āyāt in medinensischen Suren

Damit sind Verse gemeint, die in ihrer Form den mekkanischen ähneln. Beispiel:

﴿وَإِذۡ قَالُواْ ٱللَّهُمَّ إِن كَانَ هَٰذَا هُوَ ٱلۡحَقَّ مِنۡ عِندِكَ فَأَمۡطِرۡ عَلَيۡنَا حِجَارَةٗ مِّنَ ٱلسَّمَآءِ أَوِ ٱئۡتِنَا بِعَذَابٍ أَلِيمٖ ٣٢﴾

[33] Al-Qaṭṭān, Mabāḥiṯ fī 'Ulūm al-Qur'ān, S. 52.

„Und als sie sagten: ‚Oh Aḷḷāh, wenn dies tatsächlich die Wahrheit von Dir ist, dann lasse auf uns Steine vom Himmel regnen, oder bringe schmerzhafte Strafe über uns!‘“ (Al-’Anfāl 8:32)

Hier wird die Strafe herbeigerufen. Dies pflegten die Polytheisten in Mekka zu tun.

5.11 „Medina-ähnliche“ Āyāt in mekkanischen Suren

Beispiel:

﴿ٱلَّذِينَ يَجْتَنِبُونَ كَبَٰٓئِرَ ٱلْإِثْمِ وَٱلْفَوَٰحِشَ إِلَّا ٱللَّمَمَ ۚ إِنَّ رَبَّكَ وَٰسِعُ ٱلْمَغْفِرَةِ ۚ هُوَ أَعْلَمُ بِكُمْ إِذْ أَنشَأَكُم
مِّنَ ٱلْأَرْضِ وَإِذْ أَنتُمْ أَجِنَّةٌ فِى بُطُونِ أُمَّهَٰتِكُمْ ۖ فَلَا تُزَكُّوٓا۟ أَنفُسَكُمْ ۖ هُوَ أَعْلَمُ بِمَنِ ٱتَّقَىٰٓ ﴿٣٢﴾﴾

„Diejenigen, die schwerwiegende Sünden und Abscheulichkeiten meiden, außer leichten Verfehlungen... Gewiss, dein Herr ist Allumfassend in (Seiner) Vergebung. Er weiß sehr wohl über euch Bescheid, als Er euch aus der Erde hervorgebracht hat und als ihr Keimlinge in den Leibern eurer Mütter gewesen seid. So erklärt nicht euch selbst für lauter. Er weiß sehr wohl, wer gottesfürchtig ist.“ (an-Nağm 53:32)

As-Suyūṭiyy sagt: „Jede Abscheulichkeit hat ein bestimmtes Strafmaß zur Folge und die Folge jeder schwerwiegenden Sünde ist das Höllenfeuer. Die leichten Verfehlungen liegen außerhalb der Sünden mit einem Strafmaß. Doch zur Zeit der in Mekka offenbarten Suren gab es noch kein Strafmaß oder dergleichen.“[34]

5.12 Was von Mekka nach Medina überbracht wurde

Das ist z. B. Sūrah al-’A‘lā. So sagte al-Bara’ Ibn ‘Āzib: „Die ersten Gefährten, die zu uns auswanderten, waren Muṣ‘ab Ibn ‘Umair und Ibn ’Umm Maktūm. Sie brachten uns den Qur’ān bei. Danach kamen ‘Āmmār, Bilāl und Sa‘d. Nach ihnen kam ‘Umar in einer Gruppe von zwanzig Personen. Dann kam der Prophet. Ich sah die Leute in Medina nie

[34] As-Suyūṭiyy, al-’Itqān, Band 1, S. 18.

erfreuter als durch dessen Ankunft. Er kam als ich Sūrah ‚Preise den Namen deines höchsten Herrn‘ lernte.“

Zu dieser Kategorie gehören alle Suren, die von den Muhāǧirīn übermittelt wurden.

5.13 Was von Medina nach Mekka überbracht wurde

Dazu gehört der Beginn der Sūrah At-Taubah. Denn der Prophet setzte ’Abū Bakr als Führer für die Ḥaǧǧ-Reise im neunten Jahr n. H. ein. Als die ersten ’Āyāt von Sūrah at-Taubah offenbart wurden, entsandte der Prophet ʿAliyy Ibn ’Abī Ṭālib zu ’Abū Bakr, damit er sie den Polytheisten vortrage. So trug er sie ihnen vor und gab bekannt, dass ab diesem Jahr kein Polytheist mehr pilgern durfte.[35]

5.14 Was tagsüber und was nachts offenbart wurde

Der größte Teil des Qur’ān wurde bei Tage offenbart, doch einiges auch nachts. Dazu gehört z. B. das Ende von Sūrah ’Āli ʿImrān.

‘Ā’išah berichtete, dass Bilāl zum Propheten kam, um ihn über den Beginn der Faǧr-Gebetszeit zu unterrichten, und ihn weinend vorfand. Er fragte: „Warum weinst du o Gesandter Al̤l̤āhs?“ Er antwortete: „Warum soll ich nicht weinen, wo mir doch diese Nacht offenbart wurde:

﴿إِنَّ فِي خَلْقِ ٱلسَّمَٰوَٰتِ وَٱلْأَرْضِ وَٱخْتِلَٰفِ ٱلَّيْلِ وَٱلنَّهَارِ لَءَايَٰتٍ لِّأُو۟لِى ٱلْأَلْبَٰبِ ١٩٠﴾

„In der Schöpfung der Himmel und der Erde und in dem Unterschied von Nacht und Tag liegen wahrlich Zeichen für diejenigen, die Verstand besitzen.“ (’Āli ʿImrān 3:190)

Ein weiteres Beispiel für nächtliche Offenbarungen sind folgende Āyāt in Sūrah at-Taubah:

﴿وَعَلَى ٱلثَّلَٰثَةِ ٱلَّذِينَ خُلِّفُوا۟ حَتَّىٰٓ إِذَا ضَاقَتْ عَلَيْهِمُ ٱلْأَرْضُ بِمَا رَحُبَتْ وَضَاقَتْ عَلَيْهِمْ أَنفُسُهُمْ وَظَنُّوٓا۟
أَن لَّا مَلْجَأَ مِنَ ٱللَّهِ إِلَّآ إِلَيْهِ ثُمَّ تَابَ عَلَيْهِمْ لِيَتُوبُوٓا۟ إِنَّ ٱللَّهَ هُوَ ٱلتَّوَّابُ ٱلرَّحِيمُ ١١٨﴾

[35] Al-Qaṭṭān, Mabāḥiṯ fī ʿUlūm al-Qur’ān, S. 53.

„Aḷḷāh hat die Reue des Propheten, der Auswanderer und der Helfer angenommen, die ihm in der Stunde der Bedrängnis folgten, nachdem die Herzen einer Gruppe von ihnen beinahe abgeschweift wären. Hierauf hat Er ihre Reue angenommen – gewiss, Er ist zu ihnen Gnädig und Barmherzig –, und (die Reue) der Dreien, die zurückgelassen wurden, bis die Erde ihnen eng wurde bei all ihrer Weite und ihre Seelen ihnen eng wurden und sie wussten, dass es vor Aḷḷāh keine (andere) Zuflucht gibt als zu Ihm. Hierauf wandte Er Sich ihnen verzeihend zu, damit sie bereuen. Gewiss, Aḷḷāh ist der Reue-Annehmende und Barmherzige.“ (At-Taubah 9:118)

Kaʿb sagte: „So offenbarte Aḷḷāh die Annahme unserer Reue im letzten Drittel der Nacht.“[36]

5.15 Was im Sommer und was im Winter offenbart wurde

In der qur'ānwissenschaftlichen Literatur wird als Beispiel für im Sommer Offenbartes die letzte 'Āyah der Sūrah an-Nisā' erwähnt.

Aḷḷāh spricht:

﴿يَسۡتَفۡتُونَكَ قُلِ ٱللَّهُ يُفۡتِيكُمۡ فِي ٱلۡكَلَٰلَةِۚ إِنِ ٱمۡرُؤٌاْ هَلَكَ لَيۡسَ لَهُۥ وَلَدٞ وَلَهُۥٓ أُخۡتٞ فَلَهَا نِصۡفُ مَا تَرَكَۚ
وَهُوَ يَرِثُهَآ إِن لَّمۡ يَكُن لَّهَا وَلَدٞۚ فَإِن كَانَتَا ٱثۡنَتَيۡنِ فَلَهُمَا ٱلثُّلُثَانِ مِمَّا تَرَكَۚ وَإِن كَانُوٓاْ إِخۡوَةٗ رِّجَالٗا وَنِسَآءٗ
فَلِلذَّكَرِ مِثۡلُ حَظِّ ٱلۡأُنثَيَيۡنِۗ يُبَيِّنُ ٱللَّهُ لَكُمۡ أَن تَضِلُّواْۗ وَٱللَّهُ بِكُلِّ شَيۡءٍ عَلِيمُۢ ١٧٦﴾

„Sie fragen dich um Belehrung. Sag: „Aḷḷāh belehrt euch über den Erbanteil seitlicher Verwandtschaft. Wenn ein Mann umkommt, der keine Kinder hat, aber eine Schwester, dann steht ihr die Hälfte dessen zu, was er hinterlässt. Und er beerbt sie, wenn sie keine Kinder hat. Und wenn es zwei (Schwestern) sind, stehen ihnen (beiden) zwei Drittel dessen zu, was er hinterlässt. Und wenn es Geschwister sind, Männer und Frauen, dann kommt einem männlichen Geschlechts ebenso viel zu wie der Anteil von

[36] Buḫāriyy und Muslim.

zwei weiblichen Geschlechts. Aḷḷāh gibt euch Klarheit, damit ihr (nicht) in die Irre geht. Aḷḷāh weiß über alles Bescheid." (An-Nisā' 4:176)

Und ʿUmar Ibn al-Ḫaṭṭāb sagte:

مَا رَاجَعْتُ رَسُولَ اللهِ صَلَّى اللهُ عَلَيْهِ وَسَلَّمَ فِي شَيْءٍ مَا رَاجَعْتُهُ فِي الْكَلَالَةِ، وَمَا أَغْلَظَ لِي فِي شَيْءٍ مَا أَغْلَظَ لِي فِيهِ، حَتَّى طَعَنَ بِإِصْبَعِهِ فِي صَدْرِي، فَقَالَ: يَا عُمَرُ أَلَا تَكْفِيكَ آيَةُ الصَّيْفِ الَّتِي فِي آخِرِ سُورَةِ النِّسَاءِ؟

„Ich sprach mit dem Propheten über nichts häufiger als über den Erbanteil seitlicher Verwandtschaft. Und nie war er ernster als bei diesem Thema, sodass er sogar mit seinem Finger gegen meine Brust drückte und sagte: ‚Oh ʿUmar, genügt dir etwa nicht die 'Āyah des Sommers am Ende der Sūrah an-Nisā'?'"[37]

Als Beispiel für im Winter Offenbartes gelten folgende Verse aus Sūrah an-Nūr, und zwar von:

﴿إِنَّ ٱلَّذِينَ جَآءُو بِٱلْإِفْكِ عُصْبَةٌ مِّنكُمْۚ لَا تَحْسَبُوهُ شَرًّا لَّكُمۖ بَلْ هُوَ خَيْرٌ لَّكُمْۚ لِكُلِّ ٱمْرِيٍٕ مِّنْهُم مَّا ٱكْتَسَبَ مِنَ ٱلْإِثْمِۚ وَٱلَّذِى تَوَلَّىٰ كِبْرَهُۥ مِنْهُمْ لَهُۥ عَذَابٌ عَظِيمٌ ﴿١١﴾﴾

„Diejenigen, die die ungeheuerliche Lüge vorgebracht haben, sind eine (gewisse) Schar von euch." (An-Nūr 24:11)

Bis:

﴿ٱلْخَبِيثَٰتُ لِلْخَبِيثِينَ وَٱلْخَبِيثُونَ لِلْخَبِيثَٰتِۖ وَٱلطَّيِّبَٰتُ لِلطَّيِّبِينَ وَٱلطَّيِّبُونَ لِلطَّيِّبَٰتِۚ أُو۟لَٰٓئِكَ مُبَرَّءُونَ مِمَّا يَقُولُونَۖ لَهُم مَّغْفِرَةٌ وَرِزْقٌ كَرِيمٌ ﴿٢٦﴾﴾

„Für sie wird es Vergebung und ehrenvolle Versorgung geben." (An-Nūr 24:26)

5.16 Was ihm am Wohnort und was auf der Reise offenbart wurde

Der überwiegende Teil des Qur'ān wurde dem Propheten ﷺ an seinen jeweiligen Wohnorten offenbart. Doch da er auch verreiste, wurden ihm einige Passagen außerhalb von Mekka und Medina eingegeben.

[37] Muslim.

As-Suyūṭiyy erwähnte in seinem Werk al-'Itqān eine Anzahl solcher 'Āyāt. Dazu gehört u. a. aus Sūrah at-Taubah:

﴿يَٰٓأَيُّهَا ٱلنَّاسُ ٱتَّقُواْ رَبَّكُمْۚ إِنَّ زَلْزَلَةَ ٱلسَّاعَةِ شَيْءٌ عَظِيمٞ ١ يَوْمَ تَرَوْنَهَا تَذْهَلُ كُلُّ مُرْضِعَةٍ عَمَّآ
أَرْضَعَتْ وَتَضَعُ كُلُّ ذَاتِ حَمْلٍ حَمْلَهَا وَتَرَى ٱلنَّاسَ سُكَٰرَىٰ وَمَا هُم بِسُكَٰرَىٰ وَلَٰكِنَّ عَذَابَ ٱللَّهِ
شَدِيدٞ ٢﴾

„Oh ihr Menschen, fürchtet euren Herrn. Gewiss, das Beben der Stunde ist eine gewaltige Sache. An dem Tag, da ihr es seht, wird jede Stillende (aus Entsetzen) übersehen, was sie (soeben) stillt, und jede Schwangere wird mit dem niederkommen, was sie trägt. Und du siehst die Menschen trunken, obwohl sie nicht betrunken sind; aber die Strafe Aḷḷāhs ist streng.“ (Al-Ḥağğ 22:1-2)

6 Was zuerst und was zuletzt offenbart wurde

6.1 Das zuerst Offenbarte

Darüber, mit welchen Versen die Offenbarung des Qur'ān begann, gibt es unterschiedliche Ansichten:

1. Die ersten 'Āyāt aus Sūrah al-ʿAlaq:

﴿ٱقْرَأْ بِٱسْمِ رَبِّكَ ٱلَّذِى خَلَقَ ۝١ خَلَقَ ٱلْإِنسَـٰنَ مِنْ عَلَقٍ ۝٢ ٱقْرَأْ وَرَبُّكَ ٱلْأَكْرَمُ ۝٣ ٱلَّذِى عَلَّمَ بِٱلْقَلَمِ ۝٤ عَلَّمَ ٱلْإِنسَـٰنَ مَا لَمْ يَعْلَمْ ۝٥﴾

„Lies im Namen deines Herrn, Der erschaffen hat, den Menschen erschaffen hat aus einem Anhängsel. Lies, und dein Herr ist der Edelste, Der (das Schreiben) mit dem Schreibrohr gelehrt hat, den Menschen gelehrt hat, was er nicht wusste.“ (Al-ʿAlaq 96:1-5)

Beleg für diese Meinung ist der Ḥadīṯ von ʿĀ'išah:

كَانَ أَوَّلَ مَا بُدِئَ بِهِ رَسُولُ اللهِ صَلَّى اللهُ عَلَيْهِ وَسَلَّمَ الرُّؤْيَا الصَّادِقَةُ فِي النَّوْمِ، فَكَانَ لاَ يَرَى رُؤْيَا إِلَّا جَاءَتْ مِثْلَ فَلَقِ الصُّبْحِ، ثُمَّ حُبِّبَ إِلَيْهِ الخَلاَءُ، فَكَانَ يَلْحَقُ بِغَارِ حِرَاءٍ فَيَتَحَنَّثُ فِيهِ - قَالَ: وَالتَّحَنُّثُ: التَّعَبُّدُ - اللَّيَالِيَ ذَوَاتِ العَدَدِ، قَبْلَ أَنْ يَرْجِعَ إِلَى أَهْلِهِ وَيَتَزَوَّدُ لِذَلِكَ، ثُمَّ يَرْجِعُ إِلَى خَدِيجَةَ فَيَتَزَوَّدُ بِمِثْلِهَا حَتَّى فَجِئَهُ الحَقُّ، وَهُوَ فِي غَارِ حِرَاءٍ فَجَاءَهُ المَلَكُ، فَقَالَ: اقْرَأْ، فَقَالَ رَسُولُ اللهِ صَلَّى اللهُ عَلَيْهِ وَسَلَّمَ: «مَا أَنَا بِقَارِئٍ»، قَالَ: " فَأَخَذَنِي فَغَطَّنِي حَتَّى بَلَغَ مِنِّي الجُهْدَ، ثُمَّ أَرْسَلَنِي، فَقَالَ: اقْرَأْ، قُلْتُ: مَا أَنَا بِقَارِئٍ، فَأَخَذَنِي فَغَطَّنِي الثَّانِيَةَ حَتَّى بَلَغَ مِنِّي الجُهْدَ، ثُمَّ أَرْسَلَنِي فَقَالَ: اقْرَأْ، قُلْتُ: مَا أَنَا بِقَارِئٍ، فَأَخَذَنِي فَغَطَّنِي الثَّالِثَةَ حَتَّى بَلَغَ مِنِّي الجُهْدَ، ثُمَّ أَرْسَلَنِي، فَقَالَ: {اقْرَأْ بِاسْمِ رَبِّكَ الَّذِي خَلَقَ، خَلَقَ الإِنْسَانَ مِنْ عَلَقٍ، اقْرَأْ وَرَبُّكَ الأَكْرَمُ الَّذِي عَلَّمَ بِالقَلَمِ} [العلق: 2]- الآيَاتِ إِلَى قَوْلِهِ - {عَلَّمَ الإِنْسَانَ مَا لَمْ يَعْلَمْ} [العلق: 5]

„Der Anfang der Offenbarung an den Gesandten Aḷḷāhs geschah in Form guter Träume, die wie helles Tageslicht kamen, und dann wurde ihm die Vorliebe verliehen, sich zurückzuziehen. Er pflegte sich in die Höhle von Ḥirā' zurückzuziehen, wo er ohne Unterbrechung tagelang (Gott allein) anbetete, bevor der Wunsch aufkam, seine Familie zu besuchen. Für die Dauer seines Aufenthaltes nahm er jeweils Verpflegung mit und kam zurück zu (seiner Ehefrau) Ḫadīǧah, um sich wiederum Verpflegung zu holen, bis plötzlich die Wahrheit auf ihn herab, während er sich in der Höhle von Ḥirā' aufhielt. Der Engel kam zu ihm und befahl ihm, zu lesen. Der Prophet antwortete: ‚Ich kann nicht lesen.‘ Der Prophet berichtete: ‚Der Engel ergriff mich (mit Gewalt) und drückte mich so fest, dass ich es nicht mehr ertragen konnte. Dann ließ er mich

los und befahl mir wieder, zu lesen, und ich antwortete: »Ich kann nicht lesen.« Darauf ergriff er mich erneut und drückte mich ein zweites Mal, bis ich es nicht mehr ertragen konnte. Darauf ließ er mich los und befahl mir wieder zu lesen, aber ich antwortete wieder: »Ich kann nicht lesen«. Darauf ergriff er mich zum dritten Mal und drückte mich und sagte: »Lies mit dem Namen deines Herrn, Der erschaffen hat, den Menschen erschaffen hat aus einem Anhängsel. Lies, und dein Herr ist der Edelste, Der (das Schreiben) mit dem Schreibrohr gelehrt hat, den Menschen gelehrt hat, was er nicht wusste.«"[38]

Dies ist die richtige Ansicht, geht doch aus dem Ḥadīṯ deutlich hervor, dass diese 'Āyāt den Beginn der Offenbarung darstellen.

2. Sūrah al-Muddaṯṯir

Man beruft sich bei dieser Ansicht auf folgenden Ḥadīṯ:

'Abū Salamah fragte den Gefährten Ǧābir Ibn ʿAbdillāh:

سَأَلْتُ جَابِرَ بْنَ عَبْدِ اللهِ أَيُّ القُرْآنِ أُنْزِلَ أَوَّلُ؟ فَقَالَ: {يَا أَيُّهَا المُدَّثِّرُ} [المدثر: 1] فَقُلْتُ: أُنْبِئْتُ أَنَّهُ: {اقْرَأْ بِاسْمِ رَبِّكَ الَّذِي خَلَقَ} [العلق: 1]، فَقَالَ: لاَ أُخْبِرُكَ إِلَّا بِمَا قَالَ رَسُولُ اللهِ صَلَّى اللهُ عَلَيْهِ وَسَلَّمَ، قَالَ رَسُولُ اللهِ صَلَّى اللهُ عَلَيْهِ وَسَلَّمَ: " جَاوَرْتُ فِي حِرَاءٍ، فَلَمَّا قَضَيْتُ جِوَارِي هَبَطْتُ، فَاسْتَبْطَنْتُ الوَادِيَ فَنُودِيتُ فَنَظَرْتُ أَمَامِي وَخَلْفِي، وَعَنْ يَمِينِي وَعَنْ شِمَالِي، فَإِذَا هُوَ جَالِسٌ عَلَى كُرْسِيٍّ بَيْنَ السَّمَاءِ وَالأَرْضِ، فَأَتَيْتُ خَدِيجَةَ فَقُلْتُ: دَثِّرُونِي، وَصُبُّوا عَلَيَّ مَاءً بَارِدًا، وَأُنْزِلَ عَلَيَّ: {يَا أَيُّهَا المُدَّثِّرُ قُمْ فَأَنْذِرْ وَرَبَّكَ فَكَبِّرْ} [المدثر: 2]

„Was wurde vom Qur'ān zuerst offenbart?" Er sagte: „Oh Zugedeckter." Ich sagte: „Etwa nicht ‚Lies im Namen deines Herrn'?" Er sagte: „Ich berichte dir nur das, was der Gesandte sagte. Der Gesandte sagte: ‚Ich war in der Höhle Ḥirā'. Als ich meinen Aufenthalt dort beendete, ging ich hinunter ins Tal. Ich wurde gerufen und schaute vor mich, hinter mich sowie rechts und links neben mich und dann sah ich zum Himmel empor. Da sah ich ihn – Ǧibrīl – auf einem Stuhl sitzend, welcher zwischen Himmel und Erde war. Ich ging sodann zu Ḫadīǧah und sagte: ‚Deckt mich zu und schüttet Wasser über mich. Daraufhin offenbarte Allāh:

﴿يَٰٓأَيُّهَا ٱلْمُدَّثِّرُ ۝١ قُمْ فَأَنذِرْ ۝٢﴾

[38] Buḫāriyy.

„Oh du Zugedeckter, stehe auf und warne. Und deinen Herrn, Den preise als den Größten“ (Al-Muddaṯṯir 74:1-2)

Ein anderer Wortlaut dieser Überlieferung macht allerdings deutlich, dass diese Sūrah erst nach den ʾĀyāt aus Sūrah al-ʿAlaq offenbart wurden.

بَيْنَا أَنَا أَمْشِي إِذْ سَمِعْتُ صَوْتًا مِنَ السَّمَاءِ، فَرَفَعْتُ بَصَرِي، فَإِذَا المَلَكُ الَّذِي جَاءَنِي بِحِرَاءٍ جَالِسٌ عَلَى كُرْسِيٍّ بَيْنَ السَّمَاءِ وَالأَرْضِ، فَرُعِبْتُ مِنْهُ، فَرَجَعْتُ فَقُلْتُ: زَمِّلُونِي زَمِّلُونِي فَأَنْزَلَ اللَّهُ تَعَالَى: {يَا أَيُّهَا المُدَّثِّرُ. قُمْ فَأَنْذِرْ} [المدثر: 2] إِلَى [ص:8] قَوْلِهِ {وَالرُّجْزَ فَاهْجُرْ} [المدثر: 5]

„Als ich ging, hörte ich einen Ton aus dem Himmel. Ich hob meinen Blick zum Himmel und sah den Engel, der in der Höhle Ḥirāʾ zu mir gekommen war, auf einem Stuhl zwischen Himmel und Erde sitzend. Ich bekam Angst und fiel zu Boden. Danach ging ich zu meiner Ehefrau und sagte: ‚Hüllt mich ein, hüllt mich ein. Sodann offenbarte Aḷḷāh:

﴿يَٰٓأَيُّهَا ٱلْمُدَّثِّرُ ۝١ قُمْ فَأَنذِرْ ۝٢ وَرَبَّكَ فَكَبِّرْ ۝٣ وَثِيَابَكَ فَطَهِّرْ ۝٤ وَٱلرُّجْزَ فَٱهْجُرْ ۝٥﴾

„Oh du Zugedeckter, stehe auf und warne. Und deinen Herrn, Den preise als den Größten, und deine Gewänder, die reinige, und die (Unreinheit des) Götzen(dienstes), die meide.“ (Al-Muddaṯṯir 74:1-5)

3. Al-Fātiḥah

Nach einer weiteren Ansicht war es Sūrah al-Fātiḥah. Möglicherweise ist damit gemeint, dass es die erste Sūrah war, die als Ganzes offenbart wurde.[39]

4. Al-Basmalah

Wieder andere sind der Meinung, als erstes sei die Basmalah offenbart worden.

Doch wie bereits erwähnt belegt der authentische Ḥadīṯ von ʿĀʾišah, dass die Offenbarung mit den ersten ʾĀyāt der Sūrah al-ʿAlaq begann.

[39] Al-Qaṭṭān, Mabāḥiṯ fī ʿUlūm al-Qurʾān, S. 63.

6.2 Das zuletzt Offenbarte

Auch diesbezüglich gibt es unterschiedliche Ansichten, aufgrund der Tatsache, dass es dazu keine ausdrückliche Aussage des Propheten gibt.

Es werden zwei Punkte betrachtet: die letzte 'Āyah und die letzte Sūrah.

6.2.1 Die letzte 'Āyah

1. Ansicht:

﴿وَٱتَّقُواْ يَوۡمٗا تُرۡجَعُونَ فِيهِ إِلَى ٱللَّهِۖ ثُمَّ تُوَفَّىٰ كُلُّ نَفۡسٖ مَّا كَسَبَتۡ وَهُمۡ لَا يُظۡلَمُونَ ٢٨١﴾

„Und hütet euch vor einem Tag, an dem ihr zu Aḷḷāh zurückgebracht werdet. Dann wird jeder Seele in vollem Maß zukommen, was sie verdient hat, und es wird ihnen kein Unrecht zugefügt." (Al-Baqarah 2:281)

Der Beleg dafür ist die Aussage von Ibn 'Abbās:

آخِرُ آيَةٍ نَزَلَتْ مِنَ الْقُرْآنِ: {وَاتَّقُوا يَوْمًا تُرْجَعُونَ فِيهِ إِلَى اللَّهِ ثُمَّ تُوَفَّى كُلُّ نَفْسٍ مَا كَسَبَتْ وَهُمْ لَا يُظْلَمُونَ} [البقرة: 281] " قَالَ ابْنُ جُرَيْجٍ: يَقُولُونَ: إِنَّ النَّبِيَّ صَلَّى اللهُ عَلَيْهِ وَسَلَّمَ مَكَثَ بَعْدَهَا تِسْعَ لَيَالٍ [...] وَمَاتَ يَوْمَ الِاثْنَيْنِ

„Das letzte, was vom Qur'ān offenbart wurde, ist ‚Und hütet euch vor einem Tag, an dem ihr zu Aḷḷāh zurückgebracht werdet.'. Ibn Ǧurayǧ sagte: „Man sagt: Der Prophet lebte danach noch neun Tage [...] und dann starb er am Montag."[40]

2. Ansicht:

﴿يَٰٓأَيُّهَا ٱلَّذِينَ ءَامَنُواْ ٱتَّقُواْ ٱللَّهَ وَذَرُواْ مَا بَقِيَ مِنَ ٱلرِّبَوٰٓاْ إِن كُنتُم مُّؤۡمِنِينَ ٢٧٨﴾

„Oh die ihr glaubt, fürchtet Aḷḷāh und lasst das sein, was an Zins(geschäften) noch übrig ist, wenn ihr gläubig seid." (Al-Baqarah 2:278)

Auch hier bezieht man sich auf eine Aussage des Gefährten Ibn 'Abbās:

آخِرُ آيَةٍ نَزَلَتْ عَلَى النَّبِيِّ صَلَّى اللهُ عَلَيْهِ وَسَلَّمَ آيَةُ الرِّبَا

„Die letzte 'Āyah, die dem Propheten offenbart wurde ist die 'Āyah über den Zins."[41]

[40] Aṭ-Ṭabariyy.

[41] Buḫāriyy.

3. Ansicht:

﴿يَٰٓأَيُّهَا ٱلَّذِينَ ءَامَنُوٓاْ إِذَا تَدَايَنتُم بِدَيۡنٍ إِلَىٰٓ أَجَلٖ مُّسَمّٗى فَٱكۡتُبُوهُۚ وَلۡيَكۡتُب بَّيۡنَكُمۡ كَاتِبُۢ بِٱلۡعَدۡلِۚ وَلَا
يَأۡبَ كَاتِبٌ أَن يَكۡتُبَ كَمَا عَلَّمَهُ ٱللَّهُۚ فَلۡيَكۡتُبۡ وَلۡيُمۡلِلِ ٱلَّذِي عَلَيۡهِ ٱلۡحَقُّ وَلۡيَتَّقِ ٱللَّهَ رَبَّهُۥ وَلَا
يَبۡخَسۡ مِنۡهُ شَيۡـٔٗاۚ فَإِن كَانَ ٱلَّذِي عَلَيۡهِ ٱلۡحَقُّ سَفِيهًا أَوۡ ضَعِيفًا أَوۡ لَا يَسۡتَطِيعُ أَن يُمِلَّ هُوَ فَلۡيُمۡلِلۡ
وَلِيُّهُۥ بِٱلۡعَدۡلِۚ وَٱسۡتَشۡهِدُواْ شَهِيدَيۡنِ مِن رِّجَالِكُمۡۖ فَإِن لَّمۡ يَكُونَا رَجُلَيۡنِ فَرَجُلٞ وَٱمۡرَأَتَانِ مِمَّن
تَرۡضَوۡنَ مِنَ ٱلشُّهَدَآءِ أَن تَضِلَّ إِحۡدَىٰهُمَا فَتُذَكِّرَ إِحۡدَىٰهُمَا ٱلۡأُخۡرَىٰۚ وَلَا يَأۡبَ ٱلشُّهَدَآءُ إِذَا مَا دُعُواْۚ وَلَا
تَسۡـَٔمُوٓاْ أَن تَكۡتُبُوهُ صَغِيرًا أَوۡ كَبِيرًا إِلَىٰٓ أَجَلِهِۦۚ ذَٰلِكُمۡ أَقۡسَطُ عِندَ ٱللَّهِ وَأَقۡوَمُ لِلشَّهَٰدَةِ وَأَدۡنَىٰٓ أَلَّا
تَرۡتَابُوٓاْ إِلَّآ أَن تَكُونَ تِجَٰرَةً حَاضِرَةٗ تُدِيرُونَهَا بَيۡنَكُمۡ فَلَيۡسَ عَلَيۡكُمۡ جُنَاحٌ أَلَّا تَكۡتُبُوهَاۗ وَأَشۡهِدُوٓاْ
إِذَا تَبَايَعۡتُمۡۚ وَلَا يُضَآرَّ كَاتِبٞ وَلَا شَهِيدٞۚ وَإِن تَفۡعَلُواْ فَإِنَّهُۥ فُسُوقُۢ بِكُمۡۗ وَٱتَّقُواْ ٱللَّهَۖ وَيُعَلِّمُكُمُ ٱللَّهُۗ
وَٱللَّهُ بِكُلِّ شَيۡءٍ عَلِيمٞ ٢٨٢﴾

„Oh die ihr glaubt, wenn ihr auf eine festgesetzte Frist, einer vom anderen, eine Geldschuld aufnehmt, dann schreibt es auf. Und ein Schreiber soll (es) für euch gerecht aufschreiben. Und kein Schreiber soll sich weigern zu schreiben, so wie Aḷḷāh (es) ihn gelehrt hat. So soll er denn schreiben, und diktieren soll der Schuldner, und er soll Aḷḷāh, seinen Herrn, fürchten und nichts davon schmälern. Wenn aber der Schuldner töricht oder schwach ist oder unfähig, selbst zu diktieren, so soll sein Sachwalter (es) gerecht diktieren. Und bringt zwei Männer von euch als Zeugen. Wenn es keine zwei Männer sein (können), dann sollen es ein Mann und zwei Frauen sein, mit denen als Zeugen ihr zufrieden seid, – damit, wenn eine von beiden sich irrt, eine die andere erinnere. Und die Zeugen sollen sich nicht weigern, wenn sie aufgefordert werden. Und seid nicht abgeneigt, es – (seien es) klein(e) oder groß(e Beträge) – mit seiner (vereinbarten) Frist aufzuschreiben! Das ist gerechter vor Aḷḷāh und richtiger für das Zeugnis und eher geeignet, dass ihr nicht zweifelt; es sei denn, es ist ein sofortiger Handel, den ihr unter euch tätigt. Dann ist es keine Sünde für euch, wenn ihr es nicht aufschreibt. Und nehmt Zeugen, wenn ihr untereinander einen Verkauf abschließt. Und kein Schreiber oder Zeuge

soll zu Schaden kommen. Wenn ihr (es) aber (dennoch) tut, so ist es ein Frevel von euch. Und fürchtet Aḷḷāh! Und Aḷḷāh lehrt euch. Aḷḷāh weiß über alles Bescheid." (Al-Baqarah 2:282)

Diese Ansicht vertraten Sa'īd Ibn al-Musayyib und auch Ibn Šihāb.

As-Suyūṭiyy versuchte, diese drei Ansichten in Einklang zu bringen und sagte: „Ich sehe keinen Widerspruch zwischen diesen Überlieferungen. Denn offensichtlich wurden diese 'Āyāt auf einmal offenbart, gemäß der Reihenfolge im Qur'ān. Schließlich sind sie in einem Kontext. So berichtete jeder über einen Abschnitt des letzten Offenbarten."[42]

Az-Zarqāniyy merkte nach der Aufzählung dieser drei Verse an:

„Doch die Seele neigt dazu, dass die letzte dieser drei 'Āyāt Aḷḷāhs Aussage

﴿وَٱتَّقُواْ يَوۡمٗا تُرۡجَعُونَ فِيهِ إِلَى ٱللَّهِۖ ثُمَّ تُوَفَّىٰ كُلُّ نَفۡسٖ مَّا كَسَبَتۡ وَهُمۡ لَا يُظۡلَمُونَ ٢٨١﴾

‚Und hütet euch vor einem Tag, an dem ihr zu Aḷḷāh zurückgebracht werdet. Dann wird jeder Seele in vollem Maß zukommen, was sie verdient hat, und es wird ihnen kein Unrecht zugefügt. (Al-Baqarah 2:281)'

ist, und zwar aus zwei Gründen:

- Diese 'Āyah deutet auf das Ende der Offenbarung und die Vollendung der Religion hin, enthält sie doch den Aufruf, sich auf den Tag der Auferstehung vorzubereiten und die Information, dass wir zu Aḷḷāh zurückkehren, um dort den absolut gerechten Lohn für unsere Taten zu erhalten. Dies eignet sich als Schluss für die 'Āyāt, die sich mit den Geboten befassen, die in diesem Kontext erwähnt wurden.
- In der Überlieferung von Ibn 'Ābī Ḥātim wurde ausdrücklich erwähnt, dass der Prophet nach ihrer Offenbarung nur noch neun Tage lebte. Über die anderen 'Āyāt wurde keine derartige Aussage

[42] As-Suyūṭiyy, al-'Itqān fī 'Ulūm al-Qur'ān, Band 1, S. 180.

überliefert."[43]

4. Ansicht:

﴿فَٱسْتَجَابَ لَهُمْ رَبُّهُمْ أَنِّى لَآ أُضِيعُ عَمَلَ عَٰمِلٍ مِّنكُم مِّن ذَكَرٍ أَوْ أُنثَىٰ ۖ بَعْضُكُم مِّنۢ بَعْضٍ ۖ فَٱلَّذِينَ هَاجَرُوا۟ وَأُخْرِجُوا۟ مِن دِيَٰرِهِمْ وَأُوذُوا۟ فِى سَبِيلِى وَقَٰتَلُوا۟ وَقُتِلُوا۟ لَأُكَفِّرَنَّ عَنْهُمْ سَيِّـَٔاتِهِمْ وَلَأُدْخِلَنَّهُمْ جَنَّٰتٍ تَجْرِى مِن تَحْتِهَا ٱلْأَنْهَٰرُ ثَوَابًا مِّنْ عِندِ ٱللَّهِ ۗ وَٱللَّهُ عِندَهُۥ حُسْنُ ٱلثَّوَابِ ﴿١٩٥﴾﴾

„Da erhörte sie ihr Herr: ‚Ich lasse kein Werk eines (Gutes) Tuenden von euch verlorengehen, sei es von Mann oder Frau; die einen von euch sind von den anderen. Denen also, die ausgewandert und aus ihren Wohnstätten vertrieben worden sind und denen auf Meinem Weg Leid zugefügt worden ist, und die gekämpft haben und getötet worden sind, werde Ich ganz gewiss ihre bösen Taten tilgen und sie ganz gewiss in Gärten eingehen lassen, durcheilt von Bächen, als Belohnung von Aḷḷāh.‘ Und Aḷḷāh - bei Ihm ist die schöne Belohnung.“ ('Āli 'Imrān 3:195)

Diese Ansicht basiert auf der Aussage von 'Umm Salamah:

„Die letzte 'Āyah, die offenbart wurde war:

‚Da erhörte sie ihr Herr: »Ich lasse kein Werk eines (Gutes) Tuenden von euch verlorengehen.« ('Āli 'Imrān 3:195)[44]“

As-Suyūṭiyy sagt: „Denn sie sagte: ‚Oh Gesandter Aḷḷāhs! Aḷḷāh erwähnt die Männer, aber nicht die Frauen.‘ So offenbarte Aḷḷāh:

﴿وَلَا تَتَمَنَّوْا۟ مَا فَضَّلَ ٱللَّهُ بِهِۦ بَعْضَكُمْ عَلَىٰ بَعْضٍ ۚ لِّلرِّجَالِ نَصِيبٌ مِّمَّا ٱكْتَسَبُوا۟ ۖ وَلِلنِّسَآءِ نَصِيبٌ مِّمَّا ٱكْتَسَبْنَ ۚ وَسْـَٔلُوا۟ ٱللَّهَ مِن فَضْلِهِۦٓ ۗ إِنَّ ٱللَّهَ كَانَ بِكُلِّ شَىْءٍ عَلِيمًا ﴿٣٢﴾﴾

‚Und wünscht euch nicht das, womit Aḷḷāh die einen von euch vor den anderen bevorzugt hat. Den Männern kommt ein Anteil von dem zu, was sie verdient haben, und den Frauen kommt ein Anteil von dem zu, was sie

[43] Az-Zarkašiyy, Manāhil al-'Irfān, Band 1, S. 81.

[44] 43 At-Tirmiḏiyy, ṣaḥīḥ nach 'Albāniyy.

verdient haben. Und bittet Aḷḷāh (um etwas) von Seiner Huld. Aḷḷāh weiß über alles Bescheid.‘ (An-Nisā’ 4:32)

Und Aḷḷāh offenbarte:

﴿إِنَّ ٱلْمُسْلِمِينَ وَٱلْمُسْلِمَٰتِ وَٱلْمُؤْمِنِينَ وَٱلْمُؤْمِنَٰتِ وَٱلْقَٰنِتِينَ وَٱلْقَٰنِتَٰتِ وَٱلصَّٰدِقِينَ وَٱلصَّٰدِقَٰتِ وَٱلصَّٰبِرِينَ وَٱلصَّٰبِرَٰتِ وَٱلْخَٰشِعِينَ وَٱلْخَٰشِعَٰتِ وَٱلْمُتَصَدِّقِينَ وَٱلْمُتَصَدِّقَٰتِ وَٱلصَّٰٓئِمِينَ وَٱلصَّٰٓئِمَٰتِ وَٱلْحَٰفِظِينَ فُرُوجَهُمْ وَٱلْحَٰفِظَٰتِ وَٱلذَّٰكِرِينَ ٱللَّهَ كَثِيرًا وَٱلذَّٰكِرَٰتِ أَعَدَّ ٱللَّهُ لَهُم مَّغْفِرَةً وَأَجْرًا عَظِيمًا ﴿٣٥﴾﴾

‚Gewiss, muslimische Männer und muslimische Frauen, gläubige Männer und gläubige Frauen, ergebene Männer und ergebene Frauen, wahrhaftige Männer und wahrhaftige Frauen, standhafte Männer und standhafte Frauen, demütige Männer und demütige Frauen, Almosen gebende Männer und Almosen gebende Frauen, fastende Männer und fastende Frauen, Männer, die ihre Scham hüten und Frauen, die (ihre Scham) hüten, und Aḷḷāhs viel gedenkende Männer und gedenkende Frauen – für (all) sie hat Aḷḷāh Vergebung und großartigen Lohn bereitet. (Al-’Aḥzāb 33:35)‘

So war 3:195 die letzte dieser drei offenbarten ’Āyāt und das letzte, was offenbart wurde, wonach nur bezüglich der Männer etwas herabgesandt wurde.“[45]

Damit ist allerdings gemeint, dass es die letzte ’Āyah mit expliziter Erwähnung der Frauen ist, aber nicht grundsätzlich das letzte Offenbarte.[46]

5. Ansicht:

﴿وَمَن يَقْتُلْ مُؤْمِنًا مُّتَعَمِّدًا فَجَزَآؤُهُۥ جَهَنَّمُ خَٰلِدًا فِيهَا وَغَضِبَ ٱللَّهُ عَلَيْهِ وَلَعَنَهُۥ وَأَعَدَّ لَهُۥ عَذَابًا عَظِيمًا ﴿٩٣﴾﴾

[45] As-Suyūṭiyy, al-’Itqān fī ‘Ulūm al-Qur’ān, Band 1, S. 186.

[46] Siehe Az-Zarqāniyy, Manāhil al-‘Irfān, Band 1, S. 82.

„Und wer einen Gläubigen vorsätzlich tötet, dessen Lohn ist die Hölle, ewig darin zu bleiben. Und Aḷḷāh zürnt ihm und verflucht ihn und bereitet ihm gewaltige Strafe.“ (An-Nisā’ 4:93)

Was diese ’Āyah anbelangt, wird folgende Aussage des Gefährten Ibn ʿAbbās überliefert:

هِيَ آخِرُ مَا نَزَلَ، وَمَا نَسَخَهَا شَيْءٌ

„Diese ’Āyah wurde als Allerletztes offenbart und wurde durch nichts aufgehoben.“[47]

Az-Zarqāniyy sagt: „Es ist kein Geheimnis, das die Bemerkung ‚es wurde nicht aufgehoben‘ darauf hinweist, dass es sich um die letzte ’Āyah bezüglich des vorsätzlichen Tötens von Gläubigen handelt, nicht um die letzte ’Āyah insgesamt.“[48]

6. Ansicht:

﴿يَسْتَفْتُونَكَ قُلِ ٱللَّهُ يُفْتِيكُمْ فِى ٱلْكَلَٰلَةِ ۚ إِنِ ٱمْرُؤٌا۟ هَلَكَ لَيْسَ لَهُۥ وَلَدٌ وَلَهُۥٓ أُخْتٌ فَلَهَا نِصْفُ مَا تَرَكَ ۚ
وَهُوَ يَرِثُهَآ إِن لَّمْ يَكُن لَّهَا وَلَدٌ ۚ فَإِن كَانَتَا ٱثْنَتَيْنِ فَلَهُمَا ٱلثُّلُثَانِ مِمَّا تَرَكَ ۚ وَإِن كَانُوٓا۟ إِخْوَةً رِّجَالًا وَنِسَآءً
فَلِلذَّكَرِ مِثْلُ حَظِّ ٱلْأُنثَيَيْنِ ۗ يُبَيِّنُ ٱللَّهُ لَكُمْ أَن تَضِلُّوا۟ ۗ وَٱللَّهُ بِكُلِّ شَىْءٍ عَلِيمٌۢ ١٧٦﴾

„Sie fragen dich um Belehrung. Sag: ‚Aḷḷāh belehrt euch über den Erbanteil seitlicher Verwandtschaft. Wenn ein Mann umkommt, der keine Kinder hat, aber eine Schwester, dann steht ihr die Hälfte dessen zu, was er hinterlässt. Und er beerbt sie, wenn sie keine Kinder hat. Und wenn es zwei (Schwestern) sind, stehen ihnen (beiden) zwei Drittel dessen zu, was er hinterlässt. Und wenn es Geschwister sind, Männer und Frauen, dann kommt einem männlichen Geschlechts ebenso viel zu wie der Anteil von zwei weiblichen Geschlechts. Aḷḷāh gibt euch Klarheit, damit ihr (nicht) in die Irre geht. Aḷḷāh weiß über alles Bescheid.‘ (An-Nisā’ 4:176)

Als Beleg für diese Meinung dient die Aussage von al-Barā’ Ibn ʿĀzib:

[47] Buḫāriyy.

[48] Az-Zarqāniyy, Manāhil al-ʿIrfān, Band 1, S. 82.

„Die letzte 'Āyah, die offenbart wurde, ist:

يَسْتَفْتُونَكَ قُلِ ٱللَّهُ يُفْتِيكُمْ فِي ٱلْكَلَٰلَةِ

„Sie fragen dich um Belehrung. Sag: ‚Aḷḷāh belehrt euch über den Erbanteil seitlicher Verwandtschaft.' (An-Nisā' 4:176)" [49]

Dies wiederum ist jedoch die letzte 'Āyah bezüglich des Erbrechts und nicht des gesamten Qur'ān.[50]

7. Ansicht:

﴿لَقَدْ جَآءَكُمْ رَسُولٌ مِّنْ أَنفُسِكُمْ عَزِيزٌ عَلَيْهِ مَا عَنِتُّمْ حَرِيصٌ عَلَيْكُم بِٱلْمُؤْمِنِينَ رَءُوفٌ رَّحِيمٌ ﴿١٢٨﴾ فَإِن تَوَلَّوْا۟ فَقُلْ حَسْبِيَ ٱللَّهُ لَآ إِلَٰهَ إِلَّا هُوَ عَلَيْهِ تَوَكَّلْتُ وَهُوَ رَبُّ ٱلْعَرْشِ ٱلْعَظِيمِ ﴿١٢٩﴾﴾

„Zu euch ist nunmehr ein Gesandter aus euren eigenen Reihen gekommen. Bedrückend ist es für ihn, wenn ihr in Bedrängnis seid, (er ist) eifrig um euch bestrebt, zu den Gläubigen gnadenvoll und barmherzig. Wenn sie sich aber abkehren, dann sag: Meine Genüge ist Aḷḷāh. Es gibt keinen Gott außer Ihm. Auf Ihn verlasse ich mich, und Er ist der Herr des gewaltigen Thrones." (At-Taubah 9:128-129)

'Ubayy Ibn Ka'b sagte:

آخِرُ مَا نَزَلَ مِنَ الْقُرْآنِ

„Die letzte 'Āyah, die offenbart wurde, ist:

لَقَدْ جَآءَكُمْ رَسُولٌ مِّنْ أَنفُسِكُمْ

‚Zu euch ist nunmehr ein Gesandter aus euren eigenen Reihen gekommen.' (At-Taubah 9:128)" [51]

Damit meinte er jedoch eher, dass es sich um die letzten beiden 'Āyāt der Sūrah al-Taubah handelt. Schließlich gibt es ja sogar die Ansicht, dass sie mekkanisch sind.[52]

---

[49] Buḫāriyy und Muslim

[50] Siehe az-Zarqāniyy, Manāhil al-'Irfān, Band 1, S. 83.

[51] Al-Ḥākim in al-Mustadrak.

[52] Siehe al-Qaṭṭān, Mabāḥiṯ fī 'Ulūm al-Qur'ān, S. 65.

8. Ansicht:

﴿قُلْ إِنَّمَآ أَنَا۠ بَشَرٌ مِّثْلُكُمْ يُوحَىٰٓ إِلَىَّ أَنَّمَآ إِلَٰهُكُمْ إِلَٰهٌ وَٰحِدٌ ۖ فَمَن كَانَ يَرْجُوا۟ لِقَآءَ رَبِّهِۦ فَلْيَعْمَلْ عَمَلًا
صَٰلِحًا وَلَا يُشْرِكْ بِعِبَادَةِ رَبِّهِۦٓ أَحَدًۢا ﴿١١٠﴾﴾

„Sag: Gewiss, ich bin ja nur ein menschliches Wesen gleich euch; mir wird (als Offenbarung) eingegeben, dass euer Gott ein Einziger Gott ist. Wer nun auf die Begegnung mit seinem Herrn hofft, der soll rechtschaffen handeln und beim Dienst an seinem Herrn (Ihm) niemanden beigesellen." (Al-Kahf 18:110)

Diese Ansicht wird Muʿāwiyah Ibn ʾAbī Sufyān zugeschrieben. Ibn Kaṯīr sagte dazu: „Doch diese Überlieferung ist problematisch. Vielleicht meinte er damit, dass diese ʾĀyah nicht aufgehoben wurde, sondern so bestätigt blieb."[53]

9. Ansicht:

﴿حُرِّمَتْ عَلَيْكُمُ ٱلْمَيْتَةُ وَٱلدَّمُ وَلَحْمُ ٱلْخِنزِيرِ وَمَآ أُهِلَّ لِغَيْرِ ٱللَّهِ بِهِۦ وَٱلْمُنْخَنِقَةُ وَٱلْمَوْقُوذَةُ وَٱلْمُتَرَدِّيَةُ
وَٱلنَّطِيحَةُ وَمَآ أَكَلَ ٱلسَّبُعُ إِلَّا مَا ذَكَّيْتُمْ وَمَا ذُبِحَ عَلَى ٱلنُّصُبِ وَأَن تَسْتَقْسِمُوا۟ بِٱلْأَزْلَٰمِ ۚ ذَٰلِكُمْ فِسْقٌ ۗ
ٱلْيَوْمَ يَئِسَ ٱلَّذِينَ كَفَرُوا۟ مِن دِينِكُمْ فَلَا تَخْشَوْهُمْ وَٱخْشَوْنِ ۚ ٱلْيَوْمَ أَكْمَلْتُ لَكُمْ دِينَكُمْ
وَأَتْمَمْتُ عَلَيْكُمْ نِعْمَتِى وَرَضِيتُ لَكُمُ ٱلْإِسْلَٰمَ دِينًا ۚ فَمَنِ ٱضْطُرَّ فِى مَخْمَصَةٍ غَيْرَ مُتَجَانِفٍ لِّإِثْمٍ ۙ
فَإِنَّ ٱللَّهَ غَفُورٌ رَّحِيمٌ ﴿٣﴾﴾

„Verboten ist euch (der Genuss von) Verendetem, Blut, Schweinefleisch und dem, worüber ein anderer (Name) als Allah(s) angerufen worden ist, und (der Genuss von) Ersticktem, Erschlagenem, zu Tode Gestürztem oder Gestoßenem, und was von einem wilden Tier gerissen worden ist - außer dem, was ihr schlachtet - und (verboten ist euch,) was auf einem Opferstein geschlachtet worden ist, und mit Pfeilen zu losen. Das ist Frevel. - Heute haben diejenigen, die ungläubig sind, hinsichtlich eurer Religion die Hoffnung aufgegeben. So fürchtet nicht sie, sondern fürchtet Mich! Heute habe Ich euch eure Religion vervollkommnet und Meine Gunst an euch vollendet, und Ich bin mit dem Islam als Religion für euch zufrieden. - Und wer sich aus Hunger in einer Zwangslage befindet, ohne zu einer Sünde hinzuneigen, so ist Allah Allvergebend und

[53] Ibn Kaṯīr, Tafsīr al-Qurʾān al-ʿAẓīm, Band 5, S. 204.

Barmherzig." (Al-Mā'idah 5:3)

Die Ansicht, dies sei die letzte offenbarte ʻĀyah entspricht nach Meinung der meisten Qur'ān-Wissenschaftler nicht der Wahrheit. Schließlich wurde sie am Tage von ʻArafah offenbart, während der Pilgerfahrt des Propheten im Jahre zehn n. H.

Die Tatsache, dass durch sie die Vollendung der Religion bekanntgegeben wurde, ließ einige Gelehrte schlussfolgern, es dürfe danach keine Offenbarung mehr gegeben haben. Dieser Ansicht war unter anderem As-Suddiyy, wie es As-Suyūṭiyy in seinem Werk erwähnt.[54] Ibn Ǧarīr[55] wandte ein, mit der „Vollendung der Religion" sei die Unterwerfung der Polytheisten gemeint. Schließlich wurden diese verbannt und nur noch Muslime durften pilgern. Von Ibn ʻAbbās wird überliefert, dass er sagte:

كَانَ الْمُشْرِكُونَ وَالْمُسْلِمُونَ يَحُجُّونَ جَمِيعًا , فَلَمَّا نَزَلَتْ بَرَاءَةُ , فَنَفَى الْمُشْرِكِينَ عَنِ الْبَيْتِ , وَحَجَّ الْمُسْلِمُونَ لَا يُشَارِكُهُمْ فِي الْبَيْتِ الْحَرَامِ أَحَدٌ مِنَ الْمُشْرِكِينَ، فَكَأَنَّ ذَلِكَ مِنْ تَمَامِ النِّعْمَةِ: {وَأَتْمَمْتُ عَلَيْكُمْ نِعْمَتِي} [المائدة: 3]

„Die Polytheisten pilgerten mit den Muslimen zusammen. Als Sūrah Barā'ah[56] offenbart wurde, verbannte man sie vom Hause, sodass die Muslime alleine pilgerten, ohne die Polytheisten. Dadurch wurde die Gunst vollendet:

‚Und [heute habe ich] Meine Gunst an euch vollendet.' (Al-Mā'idah 5:3)"[57]

6.2.2 Die letzte Sūrah

1. Ansicht: Sūrah an-Naṣr

ʻUbaydillāh Ibn ʻAbdillāh Ibn ʻUtbah sagte: „Ibn ʻAbbās sagte zu mir: ‚Lerne die letzte Sūrah, die vom Qur'ān offenbart wurde. Sie wurde als Ganzes offenbart. ‚Ich sagte:

﴿إِذَا جَآءَ نَصۡرُ ٱللَّهِ وَٱلۡفَتۡحُ ۝١﴾

[54] As-Suyūṭiyy, al-'Itqān fī ʻUlūm al-Qur'ān, Band 1, S. 188.

[55] Siehe Ibn Ǧarīr, Ǧāmiʻ al-Bayān, Band 9, S. 520.

[56] Anderer Name für Sūrah Nr. 9., at-Taubah

[57] Ibn Ǧarīr in seinem Tafsīr. In der Überlieferungskette ist al-Muṯannā Ibn 'Ibrāhīm, Šayḫ des Ibn Ǧarīr. Ibn Kaṯīr sieht ihn als vertrauenswürdig an. Siehe Muʻǧam Šuyūḫ aṭ-Ṭabariyy.

»Wenn Aḷḷāhs Hilfe kommt und der Sieg“ (an-Naṣr 110:1)«‘

Er sagte: ‚Du hast Recht.‘“[58]

Eine weitere Überlieferung bestätigt diese Ansicht. Ibn ʿAbbās sagte:

كَانَ عُمَرُ يُدْخِلُنِي مَعَ أَشْيَاخِ بَدْرٍ فَكَأَنَّ بَعْضَهُمْ وَجَدَ فِي نَفْسِهِ، فَقَالَ: لِمَ تُدْخِلُ هَذَا مَعَنَا وَلَنَا أَبْنَاءٌ مِثْلُهُ، فَقَالَ عُمَرُ: إِنَّهُ مَنْ قَدْ عَلِمْتُمْ، فَدَعَاهُ ذَاتَ يَوْمٍ فَأَدْخَلَهُ مَعَهُمْ، فَمَا رُئِيتُ أَنَّهُ دَعَانِي يَوْمَئِذٍ إِلَّا لِيُرِيَهُمْ، قَالَ: مَا تَقُولُونَ فِي قَوْلِ اللَّهِ تَعَالَى: {إِذَا جَاءَ نَصْرُ اللَّهِ وَالفَتْحُ} [النصر: 1]؟ فَقَالَ بَعْضُهُمْ: أُمِرْنَا أَنْ نَحْمَدَ اللَّهَ وَنَسْتَغْفِرَهُ إِذَا نُصِرْنَا، وَفُتِحَ عَلَيْنَا، وَسَكَتَ بَعْضُهُمْ فَلَمْ يَقُلْ شَيْئًا، فَقَالَ لِي: أَكَذَاكَ تَقُولُ يَا ابْنَ عَبَّاسٍ؟ فَقُلْتُ: لاَ، قَالَ: فَمَا تَقُولُ؟ قُلْتُ: «هُوَ أَجَلُ رَسُولِ اللَّهِ صَلَّى اللهُ عَلَيْهِ وَسَلَّمَ أَعْلَمَهُ لَهُ»، قَالَ: {إِذَا جَاءَ نَصْرُ اللَّهِ وَالفَتْحُ} [النصر: 1] «وَذَلِكَ عَلاَمَةُ أَجَلِكَ»، {فَسَبِّحْ بِحَمْدِ رَبِّكَ وَاسْتَغْفِرْهُ إِنَّهُ كَانَ تَوَّابًا} [النصر: 3]، فَقَالَ عُمَرُ: «مَا أَعْلَمُ مِنْهَا إِلَّا مَا تَقُولُ

„ʿUmar ließ mich an den Sitzungen der Obersten von Badr teilnehmen. Jemand hatte etwas dagegen und sagte:

‚Warum lässt du ihn zu uns eintreten, wo wir doch ebenfalls Kinder haben, wie er eins ist?‘ , ʿUmar antwortete: ‚Ihr wisst, wer er ist!‘ (Der Überlieferer über Ibn ʿAbbās sagte): „So rief er ihn eines Tages und lies ihn zu ihnen eintreten.“ Ibn ʿAbbās sagte weiter: „Ich dachte mir, er lade mich nur ein, um sie zu erziehen. Er fragte: ‚Was sagt ihr über die Aussage Aḷḷāhs: »Wenn Aḷḷāhs Hilfe kommt und der Sieg«‘? Einige antworteten: ‚Uns wurde befohlen zu lobpreisen und um Vergebung zu bitten, wenn Aḷḷāh uns zum Sieg verhilft.‘ Andere wiederum blieben still. Dann fragte er mich: ‚Bist du der gleichen Ansicht, o Ibn ʿAbbās?‘ Ich sagte: ‚Nein!‘ Er fragte: ‚Was ist deine Meinung?‘ Ich antwortete: ‚Dem Propheten wurde das nahe Lebensende mitgeteilt. Ihm wurde (von Aḷḷāh) gesagt: »Wenn Aḷḷāhs Hilfe kommt und der Sieg«, so ist dies ein Zeichen für dein Lebensende. So lobpreise deinen Herrn und bitte Ihn um Vergebung. Gewiss, Er ist Reue-Annehmend.«‘ Da sagte ʿUmar: ‚Ich hätte nichts anderes gesagt.‘“[59]

2. Ansicht: Sūrah al-Māʾidah

Ǧubair Ibn Nufair sagte:

[58] Muslim.

[59] Buḫāriyy.

دَخَلْتُ عَلَى عَائِشَةَ فَقَالَتْ: هَلْ تَقْرَأُ سُورَةَ الْمَائِدَةِ؟ قَالَ قُلْتُ: نَعَمْ. قَالَتْ: «فَإِنَّهَا آخِرُ سُورَةٍ نَزَلَتْ فَمَا وَجَدْتُمْ فِيهَا مِنْ حَلَالٍ فَاسْتَحِلُّوهُ، وَمَا وَجَدْتُمْ فِيهَا مِنْ حَرَامٍ فَحَرِّمُوهُ» وَسَأَلْتُهَا عَنْ «خُلُقِ رَسُولِ اللَّهِ صَلَّى اللهُ عَلَيْهِ وَسَلَّمَ»؟ فَقَالَتْ: «الْقُرْآنُ»

„Als ich zu ʿĀ'išah kam, fragte sie mich: ‚Liest du Sūrah al-Mā'idah?' Ich sagte: ‚Ja!' Sie sagte: ‚Es ist die letzte Sūrah, die offenbart wurde. Was ihr dort an Erlaubtem vorfindet, dass sollt ihr als erlaubt ansehen und was ihr dort an Verbotenem vorfindet, das sollt ihr verbieten.' Dann fragte ich sie nach dem Charakter des Propheten und sie sagte: ‚Sein Charakter war der Qur'ān.'"[60]

Az-Zarqāniyy sagt: „Dem kann entgegnet werden, dass damit das letzte Offenbarte bezüglich des Erlaubten und Verbotenen gemeint ist."[61]

3. Ansicht: Sūrah at-Taubah

Al-Barā' Ibn ʿĀzib sagte:

„Die letzte 'Āyah, die offenbart wurde, ist

يَسْتَفْتُونَكَ قُلِ ٱللَّهُ يُفْتِيكُمْ فِى ٱلْكَلَٰلَةِ

„Sie fragen dich um Belehrung. Sag: „Aḷḷāh belehrt euch über den Erbanteil seitlicher Verwandtschaft." (An-Nisā' 4:176)"

Und die letzte Sūrah war at-Taubah."[62]

Möglicherweise meinte er, dass es die letzte der längeren Sūrah ist.[63]

6.3 Abfolge von Āyāt nach Themen

Die Qur'ān-Wissenschaftler beschäftigten sich auch mit der Reihenfolge, wie die 'Āyāt die bezüglich eines Themas offenbart wurden.:.[64]

1. Thema Essen:

---

[60] 'Aḥmad, ṣaḥīḥ nach Šuʿaib al-'Arnā'ūṭ.

[61] Az-Zarqāniyy, Manāhil al-ʿIrfān, Band 1, S. 83.

[62] Buḫāriyy und Muslim.

[63] Siehe al-Ǧudaiʿ, al-Muqaddimāt al-'Asāsiyyah S. 75.

[64] Siehe al-Qaṭṭān, Mabāḥiṯ fī ʿUlūm al-Qur'ān S. 68-69.

﴿قُل لَّآ أَجِدُ فِي مَآ أُوحِيَ إِلَيَّ مُحَرَّمًا عَلَىٰ طَاعِمٍ يَطْعَمُهُۥٓ إِلَّآ أَن يَكُونَ مَيْتَةً أَوْ دَمًا مَّسْفُوحًا أَوْ لَحْمَ
خِنزِيرٍ فَإِنَّهُۥ رِجْسٌ أَوْ فِسْقًا أُهِلَّ لِغَيْرِ ٱللَّهِ بِهِۦ ۚ فَمَنِ ٱضْطُرَّ غَيْرَ بَاغٍ وَلَا عَادٍ فَإِنَّ رَبَّكَ غَفُورٌ
رَّحِيمٌ ﴿١٤٥﴾﴾

„Sag: Ich finde in dem, was mir (als Offenbarung) eingegeben wurde, nichts, das für den Essenden zu essen verboten wäre, außer es ist Verendetes oder ausgeflossenes Blut oder Schweinefleisch, denn das ist ein Gräuel - oder ein Frevel -, worüber ein anderer (Name) als Aḷḷāh(s) angerufen worden ist. Wer sich aber in einer Zwangslage befindet, ohne zu begehren oder das Maß zu überschreiten, - so ist dein Herr Allvergebend und Barmherzig." (Al-'An'ām 6:145)

Danach wurde folgende 'Āyah offenbart:

﴿إِنَّمَا حَرَّمَ عَلَيْكُمُ ٱلْمَيْتَةَ وَٱلدَّمَ وَلَحْمَ ٱلْخِنزِيرِ وَمَآ أُهِلَّ لِغَيْرِ ٱللَّهِ بِهِۦ ۖ فَمَنِ ٱضْطُرَّ غَيْرَ بَاغٍ وَلَا عَادٍ
فَإِنَّ ٱللَّهَ غَفُورٌ رَّحِيمٌ ﴿١١٥﴾﴾

„So esst von dem, womit Aḷḷāh euch versorgt hat, als etwas Erlaubtes und Gutes, und seid dankbar für die Gunst Aḷḷāhs, wenn ihr Ihm allein dient. Verboten hat Er euch nur (den Genuss von) Verendetem, Blut, Schweinefleisch und dem, worüber ein anderer (Name) als Aḷḷāh(s) angerufen worden ist. Wer sich aber in einer Zwangslage befindet, ohne zu begehren oder das Maß zu überschreiten, so ist Aḷḷāh Allvergebend und Barmherzig." (An-Naḥl 16:115)

Danach folgte die Aussage Aḷḷāhs:

﴿إِنَّمَا حَرَّمَ عَلَيْكُمُ ٱلْمَيْتَةَ وَٱلدَّمَ وَلَحْمَ ٱلْخِنزِيرِ وَمَآ أُهِلَّ بِهِۦ لِغَيْرِ ٱللَّهِ ۖ فَمَنِ ٱضْطُرَّ غَيْرَ بَاغٍ وَلَا عَادٍ
فَلَآ إِثْمَ عَلَيْهِ ۚ إِنَّ ٱللَّهَ غَفُورٌ رَّحِيمٌ ﴿١٧٣﴾﴾

„Verboten hat Er euch nur (den Genuss von) Verendetem, Blut, Schweinefleisch und dem, worüber ein anderer (Name) als Aḷḷāh(s) angerufen worden ist. Wer sich aber in einer Zwangslage befindet, ohne zu begehren oder das Maß zu überschreiten, für den ist es keine Sünde. Aḷḷāh ist Allvergebend und Barmherzig." (Al-Baqarah 2:173)

Und danach:

﴿حُرِّمَتْ عَلَيْكُمُ ٱلْمَيْتَةُ وَٱلدَّمُ وَلَحْمُ ٱلْخِنزِيرِ وَمَآ أُهِلَّ لِغَيْرِ ٱللَّهِ بِهِۦ وَٱلْمُنْخَنِقَةُ وَٱلْمَوْقُوذَةُ وَٱلْمُتَرَدِّيَةُ
وَٱلنَّطِيحَةُ وَمَآ أَكَلَ ٱلسَّبُعُ إِلَّا مَا ذَكَّيْتُمْ وَمَا ذُبِحَ عَلَى ٱلنُّصُبِ وَأَن تَسْتَقْسِمُوا۟ بِٱلْأَزْلَٰمِ ۚ ذَٰلِكُمْ فِسْقٌ ۗ
ٱلْيَوْمَ يَئِسَ ٱلَّذِينَ كَفَرُوا۟ مِن دِينِكُمْ فَلَا تَخْشَوْهُمْ وَٱخْشَوْنِ ۚ ٱلْيَوْمَ أَكْمَلْتُ لَكُمْ دِينَكُمْ
وَأَتْمَمْتُ عَلَيْكُمْ نِعْمَتِى وَرَضِيتُ لَكُمُ ٱلْإِسْلَٰمَ دِينًا ۚ فَمَنِ ٱضْطُرَّ فِى مَخْمَصَةٍ غَيْرَ مُتَجَانِفٍ لِّإِثْمٍ
فَإِنَّ ٱللَّهَ غَفُورٌ رَّحِيمٌ ٣﴾

„Verboten ist euch (der Genuss von) Verendetem, Blut, Schweinefleisch und dem, worüber ein anderer (Name) als Aḷḷāh(s) angerufen worden ist, und (der Genuss von) Ersticktem, Erschlagenem, zu Tode Gestürztem oder Gestoßenem, und was von einem wilden Tier gerissen worden ist – außer dem, was ihr schlachtet – und (verboten ist euch,) was auf einem Opferstein geschlachtet worden ist, und mit Pfeilen zu losen. Das ist Frevel. – Heute haben diejenigen, die ungläubig sind, hinsichtlich eurer Religion die Hoffnung aufgegeben. So fürchtet nicht sie, sondern fürchtet Mich! Heute habe Ich euch eure Religion vervollkommnet und Meine Gunst an euch vollendet, und Ich bin mit dem 'Islām als Religion für euch zufrieden. – Und wer sich aus Hunger in einer Zwangslage befindet, ohne zu einer Sünde hinzuneigen, so ist Aḷḷāh Allvergebend und Barmherzig." (al-Mā'idah 5:3)

2. Thema Alkohol:

﴿۞ يَسْـَٔلُونَكَ عَنِ ٱلْخَمْرِ وَٱلْمَيْسِرِ ۖ قُلْ فِيهِمَآ إِثْمٌ كَبِيرٌ وَمَنَٰفِعُ لِلنَّاسِ وَإِثْمُهُمَآ أَكْبَرُ مِن نَّفْعِهِمَا ۗ
وَيَسْـَٔلُونَكَ مَاذَا يُنفِقُونَ قُلِ ٱلْعَفْوَ ۗ كَذَٰلِكَ يُبَيِّنُ ٱللَّهُ لَكُمُ ٱلْءَايَٰتِ لَعَلَّكُمْ تَتَفَكَّرُونَ ٢١٩﴾

„Sie fragen dich nach berauschendem Trunk und Glücksspiel. Sag: In ihnen (beiden) liegt große Sünde und Nutzen für die Menschen. Aber die Sünde in ihnen (beiden) ist größer als ihr Nutzen. Und sie fragen dich, was sie ausgeben sollen. Sag: Den Überschuss. So macht Aḷḷāh euch die Zeichen klar, auf dass ihr nachdenken möget." (Al-Baqarah 2:219)Als nächstes folgte die 'Āyah:

﴿يَٰٓأَيُّهَا ٱلَّذِينَ ءَامَنُواْ لَا تَقۡرَبُواْ ٱلصَّلَوٰةَ وَأَنتُمۡ سُكَٰرَىٰ حَتَّىٰ تَعۡلَمُواْ مَا تَقُولُونَ وَلَا جُنُبًا إِلَّا عَابِرِي
سَبِيلٍ حَتَّىٰ تَغۡتَسِلُواْۚ وَإِن كُنتُم مَّرۡضَىٰٓ أَوۡ عَلَىٰ سَفَرٍ أَوۡ جَآءَ أَحَدٞ مِّنكُم مِّنَ ٱلۡغَآئِطِ أَوۡ لَٰمَسۡتُمُ ٱلنِّسَآءَ
فَلَمۡ تَجِدُواْ مَآءٗ فَتَيَمَّمُواْ صَعِيدٗا طَيِّبٗا فَٱمۡسَحُواْ بِوُجُوهِكُمۡ وَأَيۡدِيكُمۡۗ إِنَّ ٱللَّهَ كَانَ عَفُوًّا غَفُورًا ٤٣﴾

„Oh die ihr glaubt, nähert euch nicht dem Gebet, während ihr trunken seid, bis ihr wisst, was ihr sagt, noch im Zustand der Unreinheit – es sei denn, ihr geht bloß vorbei –, bis ihr den ganzen (Körper) gewaschen habt. Und wenn ihr krank seid oder auf einer Reise oder jemand von euch vom Abort kommt oder ihr Frauen berührt habt und dann kein Wasser findet, so wendet euch dem guten Erdboden zu und streicht euch über das Gesicht und die Hände. Aḷḷāh ist Allverzeihend und Allvergebend.“ (an-Nisā’ 4:43)

Und schließlich wurden folgende ’Āyāt offenbart:

﴿يَٰٓأَيُّهَا ٱلَّذِينَ ءَامَنُوٓاْ إِنَّمَا ٱلۡخَمۡرُ وَٱلۡمَيۡسِرُ وَٱلۡأَنصَابُ وَٱلۡأَزۡلَٰمُ رِجۡسٞ مِّنۡ عَمَلِ ٱلشَّيۡطَٰنِ فَٱجۡتَنِبُوهُ
لَعَلَّكُمۡ تُفۡلِحُونَ ٩٠ إِنَّمَا يُرِيدُ ٱلشَّيۡطَٰنُ أَن يُوقِعَ بَيۡنَكُمُ ٱلۡعَدَٰوَةَ وَٱلۡبَغۡضَآءَ فِي ٱلۡخَمۡرِ وَٱلۡمَيۡسِرِ
وَيَصُدَّكُمۡ عَن ذِكۡرِ ٱللَّهِ وَعَنِ ٱلصَّلَوٰةِۖ فَهَلۡ أَنتُم مُّنتَهُونَ ٩١﴾

„Oh die ihr glaubt, berauschender Trank, Glücksspiel, Opfersteine und Lospfeile sind nur ein Gräuel vom Werk des Satans. So meidet ihn, auf dass es euch wohl ergehen möge! Der Satan will (ja) zwischen euch nur Feindschaft und Hass säen durch berauschenden Trank und Glücksspiel und euch vom Gedenken Aḷḷāhs und vom Gebet abhalten. Werdet ihr (damit) nun wohl aufhören?“ (Al-Mā’idah 5:90/91)

6.4 Nutzen dieser Teildisziplin

- Diese Teildisziplin der Qur’ān-Wissenschaften zeigt auf, wie gründlich sich die muslimischen Gelehrten mit dem Qur’ān beschäftigten. So achteten sie auf jede einzelne ’Āyah und merkten sich die chronologische Reihenfolge.
- Aus ihr wurden viele Erkenntnisse gewonnen, und zahlreiche Urteile können daraus abgeleitet werden. Sie zeigt auf, dass

der Qur'ān und seine Gebote unter Berücksichtigung der Entwicklung der muslimischen Gesellschaft offenbart wurden.

- Anhand dieses Wissenschaftszweigs können Abrogationen festgestellt werden, was bei der Ableitung der islamischen Urteile von größter Wichtigkeit ist.

7 'Asbāb an-Nuzūl – Offenbarungsanlässe

7.1 Bedeutung und Literatur

„'Asbāb an-Nuzūl" sind Anlässe, die einer Offenbarung zugrunde liegen. Nicht jede 'Āyah hat einen bestimmten Offenbarungsgrund, vielmehr unterscheidet man zwischen

1. denjenigen, die auf keinem bestimmten Anlass beruhen – dazu gehören u. a. die Glaubensgrundlagen und die Geschichten vorangegangener Völker;
2. und denjenigen, die im Zusammenhang mit dem Umgang mit ganz bestimmten Anlässen bzw. Ereignissen oder als Antwort auf gestellte Fragen offenbart wurden.

'Asbāb an-Nuzūl beschäftigt sich mit der zweiten Art, nämlich mit den Ereignissen und Fragen, die Ursachen für die Offenbarung bestimmter 'Āyāt waren.

Über dieses Thema wurden mehrere Werke verfasst, zunächst u. a. von ʿAliyy Ibn al-Madīniyy, dem Scheich des 'Imām al-Buḫāriyy. Danach gab al-Wāḥidiyy sein Werk „'Asbāb an-Nuzūl" heraus, wovon Al-Ǧaʿbariyy danach eine Kurzversion verfasste, in der er die Erwähnung der Tradentenketten ausließ. Danach schrieb Ibn Ḥaǧar al-ʿAsqalāniyy sein Werk „al-ʿUǧāb fī Bayān al-'Asbāb", und as-Suyūṭiyy schrieb ein Werk mit dem Titel „Lubāb an-Nuqūl 'Asbāb an-Nuzūl".

7.2 Erkenntnismethode

Die Ursache für die Offenbarung einer 'Āyah kann nur aufgrund der Überlieferung über den Propheten oder einen Gefährten erkannt werden. Dabei gilt die Aussage eines Gefährten über die Ursache einer 'Āyah genauso als marfūʿ wie die des Propheten, ist also gleichwertig.

Gibt es über ein und dieselbe 'Āyah unterschiedliche Aussagen von Gefährten, wird diejenige bevorzugt, die dem Ereignis am nächsten liegt, denn möglicherweise handelt es sich bei manchen eher um Erläuterungen als um Berichte über Ursachen.

Hierzu ein Beispiel. ʿAbdul̤l̤āh Ibn Masʿūd sagte:

سَأَلْتُ - أَوْ سُئِلَ - رَسُولُ اللَّهِ صَلَّى اللهُ عَلَيْهِ وَسَلَّمَ: أَيُّ الذَّنْبِ عِنْدَ اللَّهِ أَكْبَرُ، قَالَ: «أَنْ تَجْعَلَ لِلَّهِ نِدًّا وَهُوَ خَلَقَكَ» قُلْتُ: ثُمَّ أَيٌّ؟ قَالَ: «ثُمَّ أَنْ تَقْتُلَ وَلَدَكَ خَشْيَةَ أَنْ يَطْعَمَ مَعَكَ» قُلْتُ: ثُمَّ أَيٌّ؟ قَالَ: «أَنْ تُزَانِيَ بِحَلِيلَةِ جَارِكَ» قَالَ: وَنَزَلَتْ هَذِهِ الآيَةُ تَصْدِيقًا لِقَوْلِ رَسُولِ اللَّهِ صَلَّى اللهُ عَلَيْهِ وَسَلَّمَ: {وَالَّذِينَ لاَ يَدْعُونَ مَعَ اللَّهِ إِلَهًا آخَرَ وَلاَ يَقْتُلُونَ النَّفْسَ الَّتِي حَرَّمَ اللَّهُ إِلَّا بِالحَقِّ وَلاَ يَزْنُونَ} [الفرقان: 68]

„Ich fragte den Gesandten Aḷḷāhs – oder er wurde gefragt: ‚Welche Sünde ist bei Aḷḷāh gewaltiger?' Er sagte: ‚Dass du Aḷḷāh einen Teilhaber stellst, obwohl er dich erschuf.' Er fragte: ‚Und welche danach?' Er sagte: ‚Dass du dein Kind tötest aus Furcht, dass es mit dir isst.' Er fragte: ‚Und welche danach?' Er sagte: ‚Dass du mit der Ehefrau deines Nachbarn schläfst.'"

Ibn Mas'ūd sagte: „Diese 'Āyah:

﴿وَٱلَّذِينَ لَا يَدۡعُونَ مَعَ ٱللَّهِ إِلَٰهًا ءَاخَرَ وَلَا يَقۡتُلُونَ ٱلنَّفۡسَ ٱلَّتِي حَرَّمَ ٱللَّهُ إِلَّا بِٱلۡحَقِّ وَلَا يَزۡنُونَۚ وَمَن يَفۡعَلۡ ذَٰلِكَ يَلۡقَ أَثَامًا ٦٨﴾

‚Und diejenigen, die neben Aḷḷāh keinen anderen Gott anrufen und nicht die Seele töten, die Aḷḷāh (zu töten) verboten hat, außer aus einem rechtmäßigen Grund, und die keine Unzucht begehen.' (Al-Furqān 25:68)[65]

wurde als Bestätigung dieser Aussage des Propheten offenbart."

Im Gegensatz dazu sagte Ibn 'Abbās:

عَنِ ابْنِ عَبَّاسٍ، أَنَّ نَاسًا مِنْ أَهْلِ الشِّرْكِ قَتَلُوا فَأَكْثَرُوا، وَزَنَوْا فَأَكْثَرُوا، ثُمَّ أَتَوْا مُحَمَّدًا صَلَّى اللهُ عَلَيْهِ وَسَلَّمَ، فَقَالُوا: إِنَّ الَّذِي تَقُولُ وَتَدْعُو لَحَسَنٌ، وَلَوْ تُخْبِرُنَا أَنَّ لِمَا عَمِلْنَا كَفَّارَةً، فَنَزَلَ: {وَالَّذِينَ لاَ يَدْعُونَ مَعَ اللَّهِ إِلَهًا آخَرَ وَلاَ يَقْتُلُونَ النَّفْسَ الَّتِي حَرَّمَ اللَّهُ إِلَّا بِالحَقِّ وَلاَ يَزْنُونَ وَمَنْ يَفْعَلْ ذَلِكَ يَلْقَ أَثَامًا} [الفرقان: 68] وَنَزَلَ {يَا عِبَادِيَ الَّذِينَ أَسْرَفُوا عَلَى أَنْفُسِهِمْ لاَ تَقْنَطُوا مِنْ رَحْمَةِ اللَّهِ} [الزمر: 53]

„Einige Polytheisten töteten sehr viel und begingen sehr oft illegalen Geschlechtsverkehr. Sie kamen zum Propheten und sagten: ‚Was du sagst und wozu du aufrufst, ist gut, wenn du uns berichtest, dass es für uns eine Buße gibt. So wurde offenbart:

﴿وَٱلَّذِينَ لَا يَدۡعُونَ مَعَ ٱللَّهِ إِلَٰهًا ءَاخَرَ وَلَا يَقۡتُلُونَ ٱلنَّفۡسَ ٱلَّتِي حَرَّمَ ٱللَّهُ إِلَّا بِٱلۡحَقِّ وَلَا يَزۡنُونَۚ وَمَن يَفۡعَلۡ ذَٰلِكَ يَلۡقَ أَثَامًا ٦٨﴾

[65] Buḫāriyy und Muslim.

‚Und diejenigen, die neben Aḷḷāh keinen anderen Gott anrufen und nicht die Seele töten, die Aḷḷāh (zu töten) verboten hat, außer aus einem rechtmäßigen Grund, und die keine Unzucht begehen.‘ (Al-Furqān 25:68)

Und es wurde offenbart:

﴿قُلْ يَٰعِبَادِىَ ٱلَّذِينَ أَسْرَفُوا۟ عَلَىٰٓ أَنفُسِهِمْ لَا تَقْنَطُوا۟ مِن رَّحْمَةِ ٱللَّهِ ۚ إِنَّ ٱللَّهَ يَغْفِرُ ٱلذُّنُوبَ جَمِيعًا ۚ إِنَّهُۥ هُوَ ٱلْغَفُورُ ٱلرَّحِيمُ ٥٣﴾

‚Sag: Oh Meine Diener, die ihr gegen euch selbst maßlos gewesen seid, verliert nicht die Hoffnung auf Aḷḷāhs Barmherzigkeit.‘ (az-Zumar 39:53)‘“[66]

Beide Überlieferungen sind authentisch, doch die genannten Offenbarungsgründe sind verschieden. Um diese Aussagen in Einklang zu bringen betrachten wir diejenige, die eher als Offenbarungsgrund gelten kann, nämlich die von Ibn ʿAbbās. Denn aus ihr geht deutlich hervor, dass die ʾĀyah als unmittelbare Antwort auf eine Frage offenbart wurde.

Der Ḥadīṯ von Ibn Masʿūd hingegen erwähnt nur die Übereinstimmung der Antwort des Propheten mit der ʾĀyah. Diese Übereinstimmung muss aber nicht zwingend der Offenbarungsgrund sein.[67]

Eine weitere mögliche Quelle für die Offenbarungsanlässe sind – nach Ansicht von as-Suyūṭiyy – die Aussagen der Tābiʿīn. Voraussetzung dafür ist allerdings, dass der Überlieferer ein Tābiʿiyy ist, der für seine Beschäftigung mit dem Tafsīr bekannt ist, wie z. B. Muǧāhid, ʿIkrimah und Saʿīd Ibn Ǧubair. Diese Aussagen gelten als mursal, haben aber gemäß As-Suyūṭiyy ebenfalls den Stellenwert der Aussagen des Propheten.[68]

[66] Buḫāriyy und Muslim.

[67] Siehe al-Ǧudaiʿ, al-Muqaddimāt al-ʾAsāsiyyah, S. 45.

[68] Siehe As-Suyūṭiyy, al-ʾItqān fī ʿUlūm al-Qurʾān, Band 1, S. 209.

7.3 Mehrere Offenbarungsgründe für eine 'Āyah

Manche 'Āyāt wurden aufgrund mehrerer Anlässe offenbart, bspw. der Vers über den Vorwurf der Untreue. Aḷḷāh sagt:

﴿وَٱلَّذِينَ يَرۡمُونَ أَزۡوَٰجَهُمۡ وَلَمۡ يَكُن لَّهُمۡ شُهَدَآءُ إِلَّآ أَنفُسُهُمۡ فَشَهَٰدَةُ أَحَدِهِمۡ أَرۡبَعُ شَهَٰدَٰتِۭ بِٱللَّهِ إِنَّهُۥ لَمِنَ ٱلصَّٰدِقِينَ ۝٦ وَٱلۡخَٰمِسَةُ أَنَّ لَعۡنَتَ ٱللَّهِ عَلَيۡهِ إِن كَانَ مِنَ ٱلۡكَٰذِبِينَ ۝٧ وَيَدۡرَؤُاْ عَنۡهَا ٱلۡعَذَابَ أَن تَشۡهَدَ أَرۡبَعَ شَهَٰدَٰتِۭ بِٱللَّهِ إِنَّهُۥ لَمِنَ ٱلۡكَٰذِبِينَ ۝٨ وَٱلۡخَٰمِسَةَ أَنَّ غَضَبَ ٱللَّهِ عَلَيۡهَآ إِن كَانَ مِنَ ٱلصَّٰدِقِينَ ۝٩﴾

„Für diejenigen, die ihren Gattinnen (Untreue) vorwerfen, aber keine Zeugen haben außer sich selbst, besteht die Zeugenaussage eines (solchen) von ihnen darin, dass er viermal bei Aḷḷāh bezeugt, er gehöre wahrlich zu denen, die die Wahrheit sagen, und zum fünften Mal (bezeugt), der Fluch Aḷḷāhs komme auf ihn, wenn er zu den Lügnern gehören sollte. Und es wehrt von ihr die Strafe ab, dass sie viermal bei Aḷḷāh bezeugt, er gehöre wahrlich zu den Lügnern, und das fünfte Mal (bezeugt sie), der Zorn Aḷḷāhs komme über sie, wenn er zu denjenigen gehören sollte, die die Wahrheit sagen." (An-Nūr 24:6-9)

Dies wurde offenbart, weil ʿUwaimir al-ʿAğlāniyy und Hilāl Ibn 'Umayyah ihre Frauen der Untreue bezichtigt hatten.

So fragte ʿUwaimir al-ʿAğlāniyy den Propheten:

يَا رَسُولَ اللَّهِ رَجُلٌ وَجَدَ مَعَ امْرَأَتِهِ رَجُلًا أَيَقْتُلُهُ فَتَقْتُلُونَهُ أَمْ كَيْفَ يَصْنَعُ؟ فَقَالَ رَسُولُ اللَّهِ صَلَّى اللهُ عَلَيْهِ وَسَلَّمَ: «قَدْ أَنْزَلَ اللَّهُ الْقُرْآنَ فِيكَ وَفِي صَاحِبَتِكَ»، فَأَمَرَهُمَا رَسُولُ اللَّهِ صَلَّى اللهُ عَلَيْهِ وَسَلَّمَ بِالْمُلَاعَنَةِ بِمَا سَمَّى اللَّهُ فِي كِتَابِهِ

„Oh Gesandter Aḷḷāhs, wenn jemand seine Ehefrau zusammen mit einem Mann vorfindet, soll er ihn töten und wird dadurch danach auch getötet – oder was soll er tun?" Da sagte der Gesandte Aḷḷāhs: „Aḷḷāh offenbarte den Qur'ān wegen dir und deiner Gefährtin." So befahl er ihnen, sich gegenseitig zu verdammen, wie es Aḷḷāh in seinem Buch erwähnte.[69]

[69] Buḫāriyy und Muslim.

Hilāl Ibn 'Umayyah bezichtigte vor dem Propheten ﷺ seine Frau, ihn mit Šarīk Ibn Saḥmā' betrogen zu haben. Da entgegnete der Prophet:

«البَيِّنَةَ أَوْ حَدٌّ فِي ظَهْرِكَ»، فَقَالَ: يَا رَسُولَ اللَّهِ، إِذَا رَأَى أَحَدُنَا عَلَى امْرَأَتِهِ رَجُلًا يَنْطَلِقُ يَلْتَمِسُ البَيِّنَةَ، فَجَعَلَ النَّبِيُّ صَلَّى اللهُ عَلَيْهِ وَسَلَّمَ يَقُولُ: «البَيِّنَةَ وَإِلَّا حَدٌّ فِي ظَهْرِكَ» فَقَالَ [ص:101] هِلَالٌ: وَالَّذِي بَعَثَكَ بِالحَقِّ إِنِّي لَصَادِقٌ، فَلَيُنْزِلَنَّ اللَّهُ مَا يُبَرِّئُ ظَهْرِي مِنَ الحَدِّ، فَنَزَلَ جِبْرِيلُ وَأَنْزَلَ عَلَيْهِ: {وَالَّذِينَ يَرْمُونَ أَزْوَاجَهُمْ} [النور: 6] فَقَرَأَ حَتَّى بَلَغَ: {إِنْ كَانَ مِنَ الصَّادِقِينَ} [النور: 9]

„(Bring) den Beweis oder die Strafe an deinem Rücken[70]!" Er sagte: „Oh Gesandter Aḷḷāhs, wenn jemand von uns einen Mann über seiner Frau sieht, soll er da einen Beweis suchen?" Der Prophet wiederholte: „(Bring) den Beweis oder die Strafe an deinem Rücken!" Da sagte Hilāl: „Bei dem, der dich mit der Wahrheit entsandte, ich sage die Wahrheit. Aḷḷāh wird etwas offenbaren, das mich vor der Strafe schützt." Daraufhin kam Ǧibrīl herab und offenbarte:

„Für diejenigen, die ihren Gattinnen (Untreue) vorwerfen."

bis zu:

„wenn er zu denjenigen gehören sollte, die die Wahrheit sagen." (An-Nūr 24:6-9)[71]

Diese zwei Erläuterungen widersprechen sich nicht, vielmehr handelt es sich um Offenbarung aufgrund mehrerer Ereignisse.

7.4 Mehrere 'Āyāt zu einem einzigen Anlass

Dazu gehören die 'Āyāt, die in der Überlieferung von 'Umm Salamah erwähnt wurden[72].

Ein weiteres Beispiel ist die Überlieferung von Ibn ʿAbbās. Er sagte:

كَانَ رَسُولُ اللَّهِ صَلَّى اللهُ عَلَيْهِ وَسَلَّمَ جَالِسًا فِي ظِلِّ شَجَرَةٍ، فَقَالَ: «إِنَّهُ سَيَأْتِيكُمْ إِنْسَانٌ فَيَنْظُرُ إِلَيْكُمْ بِعَيْنَيْ شَيْطَانٍ، فَإِذَا جَاءَ فَلَا تُكَلِّمُوهُ» فَلَمْ يَلْبَثْ أَنْ طَلَعَ رَجُلٌ أَزْرَقُ، فَدَعَاهُ رَسُولُ اللَّهِ صَلَّى اللهُ عَلَيْهِ وَسَلَّمَ، فَقَالَ: «عَلَامَ تَشْتُمُنِي أَنْتَ وَأَصْحَابُكَ؟» فَانْطَلَقَ الرَّجُلُ فَجَاءَ بِأَصْحَابِهِ، فَحَلَفُوا بِاللَّهِ مَا قَالُوا وَمَا فَعَلُوا حَتَّى تَجَاوَزَ عَنْهُمْ، فَأَنْزَلَ اللَّهُ: {يَحْلِفُونَ بِاللَّهِ مَا قَالُوا} [التوبة: 74]

„Der Gesandte Aḷḷāhs saß im Schatten eines Baumes und sagte: ‚Es wird zu euch ein Mensch kommen, der mit den Augen des Satans schaut. Wenn er kommt,

[70] Damit ist aus Auspeitschen aus 24:4 gemeint.

[71] Buḫāriyy.

[72] Siehe 6.2.1, die 4. Ansicht.

dann sprecht nicht mit ihm.' Kurze Zeit danach kam ein Mann mit blauen Augen. Der Gesandte Aḷḷāhs rief ihn und sagte: ‚Warum spottest du und spotten deine Gefährten über mich.?' Da holte der Mann seine Gefährten. Sie schworen bei Aḷḷāh, dass sie nichts gesagt hatten, bis er ihnen verzieh. Daraufhin offenbarte Aḷḷāh:

﴿يَحْلِفُونَ بِٱللَّهِ مَا قَالُوا۟ وَلَقَدْ قَالُوا۟ كَلِمَةَ ٱلْكُفْرِ وَكَفَرُوا۟ بَعْدَ إِسْلَـٰمِهِمْ وَهَمُّوا۟ بِمَا لَمْ يَنَالُوا۟ ۚ وَمَا نَقَمُوٓا۟ إِلَّآ
أَنْ أَغْنَىٰهُمُ ٱللَّهُ وَرَسُولُهُۥ مِن فَضْلِهِۦ ۚ فَإِن يَتُوبُوا۟ يَكُ خَيْرًا لَّهُمْ ۖ وَإِن يَتَوَلَّوْا۟ يُعَذِّبْهُمُ ٱللَّهُ عَذَابًا أَلِيمًا فِى
ٱلدُّنْيَا وَٱلْـَٔاخِرَةِ ۚ وَمَا لَهُمْ فِى ٱلْأَرْضِ مِن وَلِىٍّ وَلَا نَصِيرٍ ﴿٧٤﴾﴾

‚Sie schwören bei Aḷḷāh, sie hätten (es) nicht gesagt. Aber sie haben ja das Wort des Unglaubens gesagt und sind, nachdem sie den Islam (angenommen) hatten, ungläubig geworden. Sie hatten vor (, das auszuführen), was sie (doch) nicht erreicht haben. Und sie grollten darüber nur, dass Aḷḷāh – und (auch) Sein Gesandter – sie von Seiner Huld reich gemacht hat. Wenn sie nun bereuen, ist es besser für sie. Wenn sie sich aber abkehren, wird Aḷḷāh sie mit einer schmerzhaften Strafe im Diesseits und Jenseits strafen, und sie werden auf der Erde weder Schutzherrn noch Helfer haben." (At-Taubah 9:74)"[73]

Al-Ḥākim und 'Aḥmad überlieferten diesen Ḥadīṯ mit demselben Wortlaut und fügten hinzu:

Aḷḷāh offenbarte:

﴿يَوْمَ يَبْعَثُهُمُ ٱللَّهُ جَمِيعًا فَيَحْلِفُونَ لَهُۥ كَمَا يَحْلِفُونَ لَكُمْ ۖ وَيَحْسَبُونَ أَنَّهُمْ عَلَىٰ شَىْءٍ ۚ أَلَآ إِنَّهُمْ هُمُ
ٱلْكَـٰذِبُونَ ﴿١٨﴾ ٱسْتَحْوَذَ عَلَيْهِمُ ٱلشَّيْطَـٰنُ فَأَنسَىٰهُمْ ذِكْرَ ٱللَّهِ ۚ أُو۟لَـٰٓئِكَ حِزْبُ ٱلشَّيْطَـٰنِ ۚ أَلَآ إِنَّ حِزْبَ
ٱلشَّيْطَـٰنِ هُمُ ٱلْخَـٰسِرُونَ ﴿١٩﴾﴾

„Am Tag, da Aḷḷāh sie alle auferweckt, da werden sie Ihm schwören, wie sie euch schwören, und meinen, sie hätte eine Grundlage. Aber sicherlich, sie sind ja Lügner. Der Satan hat sie in seine Gewalt gebracht und sie dann Aḷḷāhs Ermahnung vergessen lassen. Jene sind die Gruppierung des

[73] 'Aḥmad, aṭ-Ṭabariyy in seinem Tafsīr und al-Ḥākim, dieser stufte ihn als ṣaḥīḥ ein.

Satans. Aber sicherlich, die Gruppierung des Satans, das sind ja die Verlierer." (Al-Muǧādilah 58:18-19)

7.5 Mehrfache, sich auf dieselbe Person beziehende Offenbarungen

Neben den bereits erwähnten Offenbarungsanlässen kommt es auch vor, dass mehrere 'Āyāt in Bezug auf ein und dieselbe Person offenbart wurden. Ein Beispiel dafür ist Saʿd Ibn 'Abī Waqqāṣ. Er sagte:

نَزَلَتْ فِيَّ أَرْبَعُ آيَاتٍ مِنْ كِتَابِ اللَّهِ تَعَالَى: كَانَتْ أُمِّي حَلَفَتْ أَنْ لَا تَأْكُلَ وَلَا تَشْرَبَ حَتَّى أُفَارِقَ مُحَمَّدًا صَلَّى اللَّهُ عَلَيْهِ وَسَلَّمَ، فَأَنْزَلَ اللَّهُ عَزَّ وَجَلَّ: {وَإِنْ جَاهَدَاكَ عَلَى أَنْ تُشْرِكَ بِي مَا لَيْسَ لَكَ بِهِ عِلْمٌ فَلَا تُطِعْهُمَا وَصَاحِبْهُمَا فِي الدُّنْيَا مَعْرُوفًا} [لقمان: 15] . وَالثَّانِيَةُ: أَنِّي كُنْتُ أَخَذْتُ سَيْفًا أَعْجَبَنِي، فَقُلْتُ: يَا رَسُولَ اللَّهِ، هَبْ لِي هَذَا، فَنَزَلَتْ: {يَسْأَلُونَكَ عَنِ الْأَنْفَالِ} [الأنفال: 1] . وَالثَّالِثَةُ: أَنِّي مَرِضْتُ فَأَتَانِي رَسُولُ اللَّهِ صَلَّى اللَّهُ عَلَيْهِ وَسَلَّمَ، فَقُلْتُ: يَا رَسُولَ اللَّهِ، إِنِّي أُرِيدُ أَنْ أَقْسِمَ مَالِي، أَفَأُوصِي بِالنِّصْفِ؟ فَقَالَ: «لَا» ، فَقُلْتُ: الثُّلُثُ؟ فَسَكَتَ، فَكَانَ الثُّلُثُ بَعْدَهُ جَائِزًا. وَالرَّابِعَةُ: إِنِّي شَرِبْتُ الْخَمْرَ مَعَ قَوْمٍ مِنَ الْأَنْصَارِ، فَضَرَبَ رَجُلٌ مِنْهُمْ أَنْفِي بِلَحْيِ جَمَلٍ، فَأَتَيْتُ النَّبِيَّ صَلَّى اللَّهُ عَلَيْهِ وَسَلَّمَ فَأَنْزَلَ عَزَّ وَجَلَّ تَحْرِيمَ الْخَمْرِ

„Wegen mir wurden vier 'Āyāt vom Buch Aḷḷāhs offenbart. Meine Mutter gelobte, weder zu essen noch zu trinken, bis ich Muḥammad verlassen würde. Da offenbarte Aḷḷāh:

﴿وَإِن جَٰهَدَاكَ عَلَىٰٓ أَن تُشْرِكَ بِى مَا لَيْسَ لَكَ بِهِۦ عِلْمٌ فَلَا تُطِعْهُمَا ۖ وَصَاحِبْهُمَا فِى ٱلدُّنْيَا مَعْرُوفًا ۖ وَٱتَّبِعْ سَبِيلَ مَنْ أَنَابَ إِلَىَّ ۚ ثُمَّ إِلَىَّ مَرْجِعُكُمْ فَأُنَبِّئُكُم بِمَا كُنتُمْ تَعْمَلُونَ ﴿١٥﴾﴾

,Wenn sie sich aber darum bemühen, dass du Mir das beigesellst, wovon du kein Wissen hast, dann gehorche ihnen nicht, doch geh mit ihnen im Diesseits in rechtlicher Weise um.' (Luqmān 31:15)

Die zweite 'Āyah wurde offenbart, als ich ein Schwert nahm, das mir gefiel und zum Propheten sagte: ,Schenk mir dieses Schwert.' Da offenbarte Aḷḷāh:

﴿يَسْـَٔلُونَكَ عَنِ ٱلْأَنفَالِ ۖ قُلِ ٱلْأَنفَالُ لِلَّهِ وَٱلرَّسُولِ ۖ فَٱتَّقُوا۟ ٱللَّهَ وَأَصْلِحُوا۟ ذَاتَ بَيْنِكُمْ ۖ وَأَطِيعُوا۟ ٱللَّهَ وَرَسُولَهُۥٓ إِن كُنتُم مُّؤْمِنِينَ ﴿١﴾﴾

,Sie fragen dich nach der (zugedachten) Beute.'(Al-'Anfāl 8:1)

Die dritte 'Āyah wurde offenbart, als ich krank war und der Prophet mich besuchte. Ich sagte: ,Oh Gesandter Aḷḷāhs, ich möchte mein Vermögen verteilen.

Soll ich die Hälfte als Vermächtnis festlegen?' Er sagte: ,Nein.' Ich sagte: ,Ein Drittel?' Da blieb er still. So wurde danach das Drittel erlaubt.[74]

Die vierte 'Āyah wurde offenbart, als ich mit einigen Leuten der 'Anṣār Wein trank. Einer von ihnen schlug mit dem Kiefer eines Kamels auf meine Nase. Ich ging daraufhin zum Gesandten Al̦l̦āhs, und danach wurde das Verbot des Weins offenbart."[75]

7.6 Vorrangig ist der allgemeine Wortlaut, nicht der Anlass

Dies ist einer der wichtigsten Grundsätze zum Verständnis des Qur'ān. Im Kapitel über Offenbarungsanlässe wurde bereits darauf hingewiesen.

Beispiel:

Ibn Masʿūd sagte:

عَنِ ابْنِ مَسْعُودٍ، أَنَّ رَجُلًا أَصَابَ مِنَ امْرَأَةٍ قُبْلَةً، فَأَتَى النَّبِيَّ صَلَّى اللهُ عَلَيْهِ وَسَلَّمَ، فَأَخْبَرَهُ فَأَنْزَلَ اللهُ عَزَّ وَجَلَّ: {أَقِمِ الصَّلَاةَ [ص:112] طَرَفَيِ النَّهَارِ وَزُلَفًا مِنَ اللَّيْلِ، إِنَّ الحَسَنَاتِ يُذْهِبْنَ السَّيِّئَاتِ} [هود: 114] فَقَالَ الرَّجُلُ: يَا رَسُولَ اللَّهِ أَلِي هَذَا؟ قَالَ: «لِجَمِيعِ أُمَّتِي كُلِّهِمْ»

„Ein Mann küsste eine Frau, ging dann zum Propheten und berichtete ihm davon. Danach wurde die 'Āyah offenbart:

﴿وَأَقِمِ ٱلصَّلَوٰةَ طَرَفَيِ ٱلنَّهَارِ وَزُلَفًا مِّنَ ٱلَّيۡلِۚ إِنَّ ٱلۡحَسَنَٰتِ يُذۡهِبۡنَ ٱلسَّيِّـَٔاتِۚ ذَٰلِكَ ذِكۡرَىٰ لِلذَّٰكِرِينَ ١١٤﴾

,Und verrichte das Gebet an beiden Enden des Tages und in Stunden der Nacht. Die guten Taten lassen die bösen Taten vergehen. Das ist eine Ermahnung für diejenigen, die (Al̦l̦āhs) gedenken.' (Hūd 11:114)

Der Mann fragte: ,Ist sie nur für mich o Gesandter Al̦l̦āhs?' Er sagte: ,Sie ist für jeden, der danach handelt.'"[76]

Ar-Rāzī sagt: „Die Wahrheit ist, dass der allgemeine Wortlaut ausschlaggebend ist und nicht der besondere Anlass, im Gegensatz zur

---

[74] Bezüglich des Vermächtnisses wurde offenbart: ***„Vorgeschrieben ist euch, wenn sich einem von euch der Tod naht, sofern er Gut hinterlässt, ein Vermächtnis zugunsten der Eltern und nächsten Verwandten in rechtlicher Weise zu treffen, als eine Pflicht für die Gottesfürchtigen." (Al-Baqarah 2: 180).*** Der Ḥadīṯ erwähnte nicht ausdrücklich die Offenbarung dieser 'Āyah.

[75] Buḫāriyy in al-'Adab al-Mufrad, ṣaḥīḥ nach 'Albāniyy.

[76] Buḫāriyy und Muslim.

Aussage al-Muzaniyys und ʼAbū Ṯaurs, die behaupteten, der besondere Anlass schränke den Wortlaut ein.“[77]

Durch Nicht-Anwendung dieser Regel würden viele Gebote außer Kraft gesetzt, wie z. B.:

﴿إِنَّ ٱللَّهَ يَأۡمُرُكُمۡ أَن تُؤَدُّواْ ٱلۡأَمَٰنَٰتِ إِلَىٰٓ أَهۡلِهَا وَإِذَا حَكَمۡتُم بَيۡنَ ٱلنَّاسِ أَن تَحۡكُمُواْ بِٱلۡعَدۡلِۚ إِنَّ ٱللَّهَ
نِعِمَّا يَعِظُكُم بِهِۦٓۗ إِنَّ ٱللَّهَ كَانَ سَمِيعَۢا بَصِيرٗا ٥٨﴾

„Aḻḻāh befiehlt euch, anvertraute Güter ihren Eigentümern (wieder) auszuhändigen.“ (An-Nisā’ 4:58)

Ibn Kaṯīr sagt: „Sie wurde offenbart, als der Prophet von ʻUṯmān Ibn Ṭalḥah den Schlüssel der Kaʻbah entgegennahm, wonach er am Tage der Befreiung mit ihm zusammen das Haus betrat. Als er herauskam, rezitierte er diese ʼĀyah. Danach rief er ʻUṯmān zu sich und übergab ihm den Schlüssel. ʻUmar Ibn al-Ḫaṭṭāb sagte: ‚Als der Gesandte Aḻḻāhs aus der Kaʻbah kam, rezitierte er – mögen meine Eltern für ihn geopfert werden[78] – diese ʼĀyah. Ich habe ihn diese ʼĀyah nie zuvor rezitieren hören.‘“

Wenn hier nur der Anlass ausschlaggebend wäre und man aus dieser ʼĀyah kein allgemeines Gebot ableiten könnte, würde dies bedeuten, dass nur ʻUṯmān Ibn Ṭalḥah sich daran halten musste. Dies widerspricht den islamischen Grundregeln.

Es ist allerdings möglich, dass etwas Allgemeines eingeschränkt wird, aber nur, wenn es dafür stichhaltige Anhaltspunkte gibt.[79]

Ibn Taimiyyah sagte: „Den allgemeinen Wortlaut durch die Offenbarungsanlässe einzuschränken ist unzulässig. Schließlich gibt es für die Mehrheit der ʼĀyāt Anlässe.“

---

[77] Ar-Rāzī, al-Maḥṣūl, Band 3, S. 125.

[78] Damals bei den Arabern übliche, nicht wörtlich gemeinte Redewendung in Ehrung des Gesandten ﷺ.

[79] Siehe az-Zarqāniyy, Manāhil al-ʻIrfān, Band 1, S. 106.

As-Saʿdiyy sagte: „Dies ist eine sehr nützliche Regel, wodurch man sehr viel Wissen erlangt, und ihre Vernachlässigung führt zu Fehlern. So herrscht über diese Regel Übereinkunft bei dem meisten Gelehrten."

7.7 Art der Aussage über Offenbarungsgründe

Die Überlieferung bezüglich des Offenbarungsgrundes kann eindeutig oder mehrdeutig sein. Eindeutig ist sie, wenn der Überlieferer nach der Erwähnung eines Ereignisses oder einer Frage sagt: „Sodann wurde jene 'Āyah offenbart."

Auch die Aussage „Der Offenbarungsgrund dieser 'Āyah ist..." wurde in der qur'ānwissenschaftlichen Literatur erwähnt, doch gibt es dafür kein Beispiel.[80]

Mehrdeutig ist die Aussage, wenn der Überlieferer sagt: „Die 'Āyah wurde in Bezug auf jenes offenbart." Denn damit kann zwar gemeint sein, dass das der Offenbarungsgrund war, aber auch, dass die 'Āyah jenes Ereignis umfasst.

7.7.1 Aussage: „Sodann wurde offenbart."

Diese Aussage gilt als eindeutige Erwähnung des Offenbarungsanlasses.

Beispiel hierfür ist die Änderung der Gebetsrichtung. Al-Barā' Ibn ʿĀzib berichtete, dass der Gesandte Aḷḷāhs sechzehn der siebzehn Monate Richtung Bait al-Maqdis[81] betete. Doch er bevorzugte das Gebet in Richtung des Hauses in Mekka, und Aḷḷāh gewährte ihm dies. Als er das ʿAṣr-Gebet auf diese Weise vollzog, beteten einige Leute mit ihm zusammen. Einer davon kam später an der Moschee vorbei, als sich die Menschen im Gebet verbeugten. Er sagte: „Ich bezeuge bei Aḷḷāh! Ich habe mit dem Propheten in Richtung Mekka gebetet!" Daraufhin drehten sie sich, so wie sie waren, in Richtung des Hauses. Man wusste allerdings nicht, was mit jenen war, die gefallen waren, bevor die Gebetsrichtung geändert wurde. Sodann wurde offenbart:

---

[80] Siehe aṭ-Ṭayyār, al-Muḥarrar fī 'Ulūm al-Qur'ān. S. 128.

[81] Die 'Aqṣā-Moschee in Jerusalem:

وَمَا كَانَ ٱللَّهُ لِيُضِيعَ إِيمَٰنَكُمْۚ إِنَّ ٱللَّهَ بِٱلنَّاسِ لَرَءُوفٌ رَّحِيمٌ

„Aber Aḷḷāh lässt nicht zu, dass euer Glaube verlorengeht. Aḷḷāh ist zu den Menschen wahrlich Gnädig, Barmherzig." (Al-Baqarah 2: 143)[82]

7.7.2 Aussage: „Die 'Āyah wurde in Bezug auf jenes offenbart."

Die Gelehrten sind sich nicht einig, was darunter genau zu verstehen ist. Möglicherweise will der Gefährte damit eine 'Āyah erläutern. Es kann aber auch der Offenbarungsgrund verstanden werden.

Ibn Taimiyyah sagt: „Die Gelehrten sind sich nicht einig in Bezug auf die Aussage eines Gefährten: ‚Die 'Āyah wurde in Bezug auf jenes offenbart.' Ist es eine Überlieferung von Offenbarungsgründen oder ist es eine Erläuterung und keine Überlieferung? Al-Buḫāriyy betrachtet es als Überlieferung. Andere aber teilen diese Ansicht nicht."[83]

Im Gegensatz zur Aussage „sodann wurde offenbart", die als marfūʿ gilt, also gleichwertig ist mit der des Propheten, betrachten viele Gelehrte die Bemerkung „die 'Āyah wurde in Bezug auf jenes offenbart" nicht als marfūʿ sondern als Tafsīr dieses Gefährten. Al-Buḫāriyy ist hier anderer Ansicht. Er erwähnt in seinem Ṣaḥīḥ-Werk hinsichtlich des Tafsīr oft Überlieferungen, die Mauqūf (Aussagen der Gefährten) sind. Ein Beispiel: Al-Buḫāriyy sagt:

„Es berichtete uns Muḥammad Ibn ʿAbd ar-Raḥīm, es berichtete uns Saʿīd Ibn Sulaymān, es berichtete uns Hušaim, es berichtete uns 'Abū Bišr von Saʿīd Ibn Ǧubair, dass er sagte:

‚Ich sagte zu Ibn ʿAbbās: Was ist mit Sūrah al-'Anfāl?' Er sagte: ‚Sie wurde in Bezug auf die Schlacht zu Badr offenbart.'

Dass Imam al-Buḫāriyy diese Aussagen anhand einer geschlossenen Überlieferungskette erwähnte – was er normalerweise bei der

[82] Buḫāriyy.

[83] Maǧmūʿ al-Fatāwā

Erwähnung von Aussagen der Ṣaḥābah nicht tat –, deutet darauf hin, dass er sie als marfū' betrachtete.[84]

7.7.2.1 Beispiel, in dem diese Aussage für einen Offenbarungsgrund steht:

Hišām Ibn 'Urwah überlieferte, dass 'Urwah sagte:

«كَانَ النَّاسُ يَطُوفُونَ فِي الجَاهِلِيَّةِ عُرَاةً إِلَّا الحُمْسَ، وَالحُمْسُ قُرَيْشٌ وَمَا وَلَدَتْ، وَكَانَتِ الحُمْسُ يَحْتَسِبُونَ عَلَى النَّاسِ، يُعْطِي الرَّجُلُ الرَّجُلَ الثِّيَابَ يَطُوفُ فِيهَا، وَتُعْطِي المَرْأَةُ المَرْأَةَ الثِّيَابَ تَطُوفُ فِيهَا، فَمَنْ لَمْ يُعْطِهِ الحُمْسُ طَافَ بِالْبَيْتِ عُرْيَانًا، وَكَانَ يُفِيضُ جَمَاعَةُ النَّاسِ مِنْ عَرَفَاتٍ، وَيُفِيضُ الحُمْسُ مِنْ جَمْعٍ»، قَالَ: وَأَخْبَرَنِي أَبِي، عَنْ عَائِشَةَ رَضِيَ اللَّهُ عَنْهَا أَنَّ هَذِهِ الآيَةَ نَزَلَتْ فِي الحُمْسِ: {ثُمَّ أَفِيضُوا مِنْ حَيْثُ أَفَاضَ النَّاسُ} [البقرة: 199]، قَالَ: كَانُوا يُفِيضُونَ مِنْ جَمْعٍ، فَدُفِعُوا إِلَى عَرَفَاتٍ

„In der Ǧāhiliyyah umrundeten die Menschen [die Ka'bah] nackt, außer den Ḥums, die zu den Quraiš gehörten. Sie spendeten den Leuten Kleider. Die Männer gaben den Männern Kleider und die Frauen den Frauen. Die Ḥums verließen Muzdalifah nicht, während alle anderen Leute nach 'Arafāt gingen." Hišām sagte: „Mein Vater berichtete mir, dass 'Ā'išah sagte: ‚Die Ḥums sind jene, bezüglich derer Aḷḷāh offenbarte:

﴿ثُمَّ أَفِيضُواْ مِنْ حَيْثُ أَفَاضَ ٱلنَّاسُ وَٱسْتَغْفِرُواْ ٱللَّهَۚ إِنَّ ٱللَّهَ غَفُورٌ رَّحِيمٌ ١٩٩﴾

»Hierauf strömt weiter, woher die (anderen) Menschen weiterströmen, und bittet Allah um Vergebung. Allah ist Allvergebend und Barmherzig.« (Al-Baqarah 2:199)'

Sie sagte: ‚Die Menschen strömten aus 'Arafāt und die Ḥums aus Muzdalifah. Und die Ḥums sagten: »Wir strömen nur von der Moschee aus.« Als die 'Āyah »Hierauf strömt weiter, woher die (anderen) Menschen weiterströmen« offenbart wurde, gingen sie nach 'Arafāt.'"[85]

7.7.2.2 Beispiel, in dem diese Aussage als Tafsīr zu verstehen ist

Al-Barā' Ibn 'Āzib sagte über folgende 'Āyah:

---

[84] Aṭ-Ṭayyār, al-Muḥarrar fī 'Ulūm al-Qur'ān. S. 130

[85] Buḫāriyy und Muslim.

﴿يُثَبِّتُ ٱللَّهُ ٱلَّذِينَ ءَامَنُواْ بِٱلْقَوْلِ ٱلثَّابِتِ فِى ٱلْحَيَوٰةِ ٱلدُّنْيَا وَفِى ٱلْءَاخِرَةِ ۖ وَيُضِلُّ ٱللَّهُ ٱلظَّٰلِمِينَ ۚ وَيَفْعَلُ ٱللَّهُ مَا يَشَآءُ ﴿٢٧﴾﴾

„Aḷḷāh festigt diejenigen, die glauben, durch das beständige Wort im diesseitigen Leben und im Jenseits. Doch Aḷḷāh leitet die Ungerechten in die Irre. Aḷḷāh tut, was Er will." ('Ibrāhīm 14:27)

نَزَلَتْ فِي عَذَابِ القَبْرِ

„Sie wurde bezüglich der Strafe im Grab offenbart."[86]

7.7.3 Widersprüchliche Aussagen

Gibt es zu einer 'Āyah mehrere Überlieferungen, besteht unter ihnen kein Widerspruch, wenn alle mehrdeutig sind, denn dann gelten sie als Tafsīre der jeweiligen Gefährten.

Ist hingegen eine Überlieferung mehrdeutig und eine andere eindeutig, wird letztere vorgezogen und als Offenbarungsgrund betrachtet. Aḷḷāh sagt:

﴿نِسَآؤُكُمْ حَرْثٌ لَّكُمْ فَأْتُواْ حَرْثَكُمْ أَنَّىٰ شِئْتُمْ ۖ وَقَدِّمُواْ لِأَنفُسِكُمْ ۚ وَٱتَّقُواْ ٱللَّهَ وَٱعْلَمُوٓاْ أَنَّكُم مُّلَٰقُوهُ ۗ وَبَشِّرِ ٱلْمُؤْمِنِينَ ﴿٢٢٣﴾﴾

„Eure Frauen sind euch ein Saatfeld. So kommt zu eurem Saatfeld, wann und wie ihr wollt." (Al-Baqarah 2:223)

Nāfiʿ sagt: „Ich las eines Tages ‚Eure Frauen sind euch ein Saatfeld' da sagte Ibn ʿUmar: ‚Weißt du, in Bezug worauf diese 'Āyah offenbart wurde?' Ich sagte: ‚Nein.' Er sagte: ‚Sie wurde bezüglich des Analverkehrs offenbart.'"[87]

Die Aussage in dieser Überlieferung ist mehrdeutig. Eine andere bietet einen konkreten Offenbarungsgrund: Ǧābir sagt:

[86] Buḫāriyy und Muslim.

[87] Buḫāriyy.

„Die Juden sagten: ‚Wenn der Mann mit seiner Ehefrau (Vaginal-)Verkehr von hinten hat, wird das Kind schielen. Sodann wurde offenbart:

﴿نِسَآؤُكُمْ حَرْثٌ لَّكُمْ فَأْتُوا۟ حَرْثَكُمْ أَنَّىٰ شِئْتُمْ ۖ وَقَدِّمُوا۟ لِأَنفُسِكُمْ ۚ وَٱتَّقُوا۟ ٱللَّهَ وَٱعْلَمُوٓا۟ أَنَّكُم مُّلَـٰقُوهُ ۗ وَبَشِّرِ ٱلْمُؤْمِنِينَ ﴿٢٢٣﴾﴾

„Eure Frauen sind euch ein Saatfeld. So kommt zu eurem Saatfeld, wann und wie ihr wollt." (Al-Baqarah 2:223)"[88]

Diese Überlieferung gilt als Offenbarungsanlass für die 'Āyah, die Aussage Ibn ʿUmars hingegen als Tafsīr.

Sind alle Überlieferungen eindeutig, wobei nur eine über eine authentische Überlieferungskette verfügt, dann dient diese als Grundlage für die Festlegung des Offenbarungsanlasses.

So überliefern al-Buḫāriyy und Muslim, dass Ǧundub al-Baǧaliyy sagte:

«اشْتَكَى رَسُولُ اللهِ صَلَّى اللهُ عَلَيْهِ وَسَلَّمَ فَلَمْ يَقُمْ لَيْلَتَيْنِ - أَوْ ثَلَاثًا -»، فَجَاءَتْ امْرَأَةٌ فَقَالَتْ: يَا مُحَمَّدُ، إِنِّي لَأَرْجُو أَنْ يَكُونَ شَيْطَانُكَ قَدْ تَرَكَكَ، لَمْ أَرَهُ قَرِبَكَ مُنْذُ لَيْلَتَيْنِ - أَوْ ثَلَاثَةٍ - فَأَنْزَلَ اللهُ عَزَّ وَجَلَّ:

﴿وَٱلضُّحَىٰ ﴿١﴾ وَٱلَّيْلِ إِذَا سَجَىٰ ﴿٢﴾ مَا وَدَّعَكَ رَبُّكَ وَمَا قَلَىٰ ﴿٣﴾﴾

„Der Prophet erkrankte, sodass er zwei oder drei Tage lang nachts nicht betete. Da kam eine Frau zu ihm und sagte: ‚Oh Muḥammad, anscheinend hat dich dein Satan verlassen[89]*. Zwei oder drei Nächte hat er sich dich nicht genähert.' Sodann offenbarte Aḷḷāh:*

„Bei der Morgenhelle und der Nacht, wenn sie (alles) umhüllt! Dein Herr hat sich weder von dir verabschiedet noch hasst Er (dich)." (Aḍ-Ḍuḥā 93:1-3)"

Aṭ-Ṭabarāniyy und Ibn 'Abī Šaibah berichten über Ḥafṣ, über dessen Mutter und diese wiederum über ihre Mutter, welche eine Helferin des Propheten war, dass ein kleiner Hund in die Wohnung des Propheten

[88] Buḫāriyy.

[89] Bei der Frau handelte es sich offenbar um eine Götzenanbeterin, die den Propheten hasste.

eingedrungen war, sich unter das Bett gelegt hatte und verstorben war. Vier Tage wurde dem Propheten nichts offenbart. Da sagte er:

يَا خَوْلَةُ مَا حَدَثَ فِي بَيْتِ رَسُولِ اللهِ جِبْرِيلُ لَا يَأْتِينِي فَهَلْ حَدَثَ فِي بَيْتِ رَسُولِ اللهِ حَدَثٌ فَقُلْتُ: وَاللهِ مَا أَتَى عَلَيْنَا يَوْمٌ خَيْرٌ مِنْ يَوْمِنَا فَأَخَذَ بُرْدَهُ فَلَبِسَهُ وَخَرَجَ فَقُلْتُ: لَوْ هَيَّأْتُ الْبَيْتَ، وكَنَسْتَهُ فَأَهْوَيْتُ بِالْمِكْنَسَةِ تَحْتَ السَّرِيرِ فَإِذَا شَيْءٌ ثَقِيلٌ فَلَمْ أَزَلْ حَتَّى أَخْرَجْتُهُ فَإِذَا بِجِرْوٍ مَيِّتٍ فَأَخَذْتُهُ بِيَدِي فَأَلْقَيْتُهُ خَلْفَ الدَّارِ فَجَاءَ نَبِيُّ اللهِ تَرْعَدُ لَحْيَيْهِ، وَكَانَ إِذَا أَتَاهُ الْوَحْيُ أَخَذَتْهُ الرِّعْدَةُ فَقَالَ: "يَا خَوْلَةُ دَثِّرِينِي فَأَنْزَلَ اللهُ:{وَالضُّحَى، وَاللَّيْلِ إِذَا سَجَى مَا وَدَّعَكَ رَبُّكَ، وَمَا قَلَى} [الضحى: 2]"

„Oh Ḫaulah, was ist in der Wohnung des Gesandten Aḷḷāhs passiert? Ǧibrīl ist nicht gekommen!“ Ich[90] sagte mir: „Vielleicht sollte ich die Wohnung aufräumen und sauber machen.“ Als ich mit dem Besen unter das Bett kam, zog ich den Hund hervor. Danach kam der Prophet, und sein Bart zitterte, denn jedes Mal, wenn ihm offenbart wurde zitterte er. Er sagte: „Oh Ḫaulah decke mich zu.“ Da offenbarte Aḷḷāh:

„Bei der Morgenhelle Und dein Herr wird dir wahrlich geben, und dann wirst du zufrieden sein.“(Aḍ-Ḍuḥā 93:5)

Ibn Ḥağar sagt: „Die Geschichte über die Verzögerung Ǧibrīls aufgrund des Hundes ist weitverbreitet. Allerdings ist sie als Offenbarungsgrund unwahrscheinlich, denn in der Tradentenkette sind Unbekannte. Daher ist der Wortlaut der Überlieferung den beiden Ṣaḥīḥ-Werken zu entnehmen.“[91]

Ist die Authentizität der Überlieferungen identisch, muss untersucht werden, ob ein Hinweis vorhanden ist, anhand dessenman eine davon bevorzugt, bspw. die Anwesenheit des Gefährten, der über den Offenbarungsgrund berichtet. Sind sie nicht gleich authentisch, ist eine weitere Methode der Eruierung des Offenbarungsgrundes das Voranziehen der authentischeren Überlieferung.

Ibn Masʿūd sagte:

كُنْتُ مَعَ النَّبِيِّ صَلَّى اللهُ عَلَيْهِ وَسَلَّمَ فِي حَرْثٍ بِالْمَدِينَةِ، وَهُوَ يَتَوَكَّأُ عَلَى عَسِيبٍ، فَمَرَّ بِنَفَرٍ مِنَ اليَهُودِ، فَقَالَ بَعْضُهُمْ: سَلُوهُ عَنِ الرُّوحِ؟ وَقَالَ بَعْضُهُمْ: لاَ تَسْأَلُوهُ، لاَ يُسْمِعُكُمْ مَا تَكْرَهُونَ، فَقَامُوا إِلَيْهِ فَقَالُوا: يَا

90 Gemeint ist Ḫaulah.

91 Ibn Ḥağar al-ʿAsqalāniyy, Fatḥ al-Bārī, Band 8, S. 710

أَبَا القَاسِمِ حَدِّثْنَا عَنِ الرُّوحِ، فَقَامَ سَاعَةً يَنْظُرُ، فَعَرَفْتُ أَنَّهُ يُوحَى إِلَيْهِ، فَتَأَخَّرْتُ عَنْهُ حَتَّى صَعِدَ الوَحْيُ، ثُمَّ قَالَ: {وَيَسْأَلُونَكَ عَنِ الرُّوحِ قُلِ الرُّوحُ مِنْ أَمْرِ رَبِّي} [الإسراء: 85]

„Ich war mit dem Propheten, der sich auf einen Palmzweig stützte, in Medina unterwegs. Er kam an einer Gruppe von Juden vorbei, die sich gegenseitig aufforderten: ‚Fragt ihn.' So sagten sie: ‚Erzähle uns über den Geist.' Er hielt einen Moment inne und hob seinen Kopf, da wusste ich, dass er eine Offenbarung erhielt. Als die Offenbarung beendet war, sprach er:

‚Sag: Der Geist ist vom Befehl meines Herrn, euch aber ist vom Wissen gewiss nur wenig gegeben.' (Al-'Isrā' 17:85)“[92]

Ibn ʿAbbās hingegen sagte:

قَالَتْ قُرَيْشٌ لِيَهُودَ: أَعْطُونَا شَيْئًا نَسْأَلُ هَذَا الرَّجُلَ، فَقَالَ: سَلُوهُ عَنِ الرُّوحِ، فَسَأَلُوهُ عَنِ الرُّوحِ، فَأَنْزَلَ اللَّهُ تَعَالَى {وَيَسْأَلُونَكَ عَنِ الرُّوحِ قُلِ الرُّوحُ مِنْ أَمْرِ رَبِّي وَمَا أُوتِيتُمْ مِنَ العِلْمِ إِلَّا قَلِيلًا} [الإسراء: 85]

„Die Leute aus Quraiš sagten zu den Juden: ‚Gebt uns eine Idee, was wir diesen Mann fragen könnten.' Sie sagten: ‚Fragt ihn nach dem Geist.' Als sie ihn fragten, offenbarte Aḷḷāh:

﴿وَيَسْـَٔلُونَكَ عَنِ ٱلرُّوحِ ۖ قُلِ ٱلرُّوحُ مِنْ أَمْرِ رَبِّى وَمَآ أُوتِيتُم مِّنَ ٱلْعِلْمِ إِلَّا قَلِيلًا ﴿٨٥﴾﴾

‚Sie fragen dich nach dem Geist. Sag: Der Geist ist vom Befehl meines Herrn, euch aber ist vom Wissen gewiss nur wenig gegeben.' (Al-'Isrā' 17:85)[93]

Nach dieser Überlieferung wurde die 'Āyah in Mekka offenbart, wo die Quraiš lebten. Die erste Überlieferung aber besagt, dass der Offenbarungsort Medina war. Diese wird bevorzugt, da Ibn Masʿūd bei dem Ereignis, über das er berichtet, anwesend war. Ein weiterer Grund ist, dass das Ṣaḥīḥ-Werk des 'Imām al-Buḫāriyy zu bevorzugen ist.

Az-Zarkašiyy ging in diesem Fall von einer mehrfachen Offenbarung der 'Āyah aus und sagte, sie sei einmal in Mekka und einmal in Medina offenbart worden. Er berief sich dabei auf den Konsens, dass Sūrah al-'Isrā' mekkanisch ist.

---

[92] Buḫāriyy.

[93] At-Tirmiḏiyy, ṣaḥīḥ nach 'Albāniyy.

Doch wie bereits erwähnt schließt die Zuschreibung einer Sūrah als mekkanisch nicht aus, dass es darin auch medinensische ʼĀyāt gibt. Ferner belegt die Überlieferung von Ibn Masʿūd, dass diese Āyah medinensisch ist. Deshalb ist es vorzuziehen, die Authentizität und die Anwesenheit des Gefährten zu berücksichtigen, als von mehrfacher Offenbarung auszugehen.

Kann keine Überlieferung der anderen vorgezogen werden, versucht man, sie in Einklang zu bringen. Es ist hier auch möglich, die mehrfache Offenbarung in Betracht zu ziehen, wenn die Ereignisse zeitnah geschehen sind, wie es bei den ʼĀyāt 24:6-9 aus Sūrah an-Nūr der Fall ist.

Ist auch dies nicht möglich, geht man von einer Wiederholung der Offenbarung aus.

Beispiel: Al-Buḫāriyy und Muslim überlieferten, dass al-Musayyib sagte:

[إِنَّ] أَبَا طَالِبٍ لَمَّا حَضَرَتْهُ الوَفَاةُ، دَخَلَ عَلَيْهِ النَّبِيُّ صَلَّى اللهُ عَلَيْهِ وَسَلَّمَ وَعِنْدَهُ أَبُو جَهْلٍ، فَقَالَ: «أَيْ عَمِّ، قُلْ لاَ إِلَهَ إِلَّا اللَّهُ، كَلِمَةً أُحَاجُّ لَكَ بِهَا عِنْدَ اللَّهِ» فَقَالَ أَبُو جَهْلٍ وَعَبْدُ اللَّهِ بْنُ أَبِي أُمَيَّةَ: يَا أَبَا طَالِبٍ، تَرْغَبُ عَنْ مِلَّةِ عَبْدِ المُطَّلِبِ، فَلَمْ يَزَالاَ يُكَلِّمَانِهِ، حَتَّى قَالَ آخِرَ شَيْءٍ كَلَّمَهُمْ بِهِ: عَلَى مِلَّةِ عَبْدِ المُطَّلِبِ، فَقَالَ النَّبِيُّ صَلَّى اللهُ عَلَيْهِ وَسَلَّمَ: «لَأَسْتَغْفِرَنَّ لَكَ، مَا لَمْ أُنْهَ عَنْهُ» فَنَزَلَتْ:

﴿مَا كَانَ لِلنَّبِيِّ وَٱلَّذِينَ ءَامَنُوٓاْ أَن يَسۡتَغۡفِرُواْ لِلۡمُشۡرِكِينَ وَلَوۡ كَانُوٓاْ أُوْلِي قُرۡبَىٰ مِنۢ بَعۡدِ مَا تَبَيَّنَ لَهُمۡ أَنَّهُمۡ أَصۡحَٰبُ ٱلۡجَحِيمِ ١١٣﴾

„Als ʼAbū Ṭālib im Sterben lag, trat der Gesandte Aḷḷāhs bei ihm ein. Er fand dort ʼAbū Ǧahl und ʿAbduḷḷāh Ibn ʼAbī ʼUmayyah vor. Er sagte: ‚Oh Onkel! Sag »Es gibt keinen Gott außer Aḷḷāh«, sodass ich für dich bei Aḷḷāh Fürsprache halten kann.‘ ʼAbū Ǧahl und ʿAbduḷḷāh sagten: ‚Oh ʼAbū Ṭālib! Verschmähst etwa die Religion ʿAbdulmuṭṭalibs?‘ Sie sprachen so lange auf ihn ein, bis er sagte, er folge der Religion ʿAbdulmuṭṭalibs. Da sagte der Prophet: ‚Ich werde für dich um Vergebung bitten, solange es mir nicht verboten wird.‘ Sodann wurde offenbart:

»Dem Propheten und denjenigen, die glauben, steht es nicht zu, für die Götzendiener um Vergebung zu bitten, auch wenn es Verwandte wären,

nachdem es ihnen klargeworden ist, dass sie Insassen des Höllenbrandes sein werden.«‘“ (At-Taubah: 9:113)[94]

Und ʿAliyy sagte laut At-Tirmiḏiyy:

سَمِعْتُ رَجُلًا يَسْتَغْفِرُ لِأَبَوَيْهِ وَهُمَا مُشْرِكَانِ، فَقُلْتُ لَهُ: أَتَسْتَغْفِرُ لِأَبَوَيْكَ وَهُمَا مُشْرِكَانِ؟ فَقَالَ: أَوَلَيْسَ اسْتَغْفَرَ إِبْرَاهِيمُ لِأَبِيهِ وَهُوَ مُشْرِكٌ، فَذَكَرْتُ ذَلِكَ لِلنَّبِيِّ صَلَّى اللَّهُ عَلَيْهِ وَسَلَّمَ فَنَزَلَتْ

„Ich hörte einen Mann, wie er für seine Eltern, die beide Polytheisten waren, um Vergebung bat. Ich sagte: ‚Bittest du etwa für deine Eltern, obwohl sie Polytheisten sind?‘ Er sagte: ‚'Ibrāhīm bat um Vergebung für seinen Vater, obwohl er Polytheist war.‘ Als ich dies dem Gesandten Aḷḷāhs berichtete, wurde die 'Āyah offenbart.“[95]

Und Al-Ḥākim überlieferte, dass Ibn Masʿūd sagte:

„Der Prophet ging eines Tages zu den Gräbern und saß an einem davon. Er verweilte lange und weinte dann. Er sagte:

إِنَّ الْقَبْرَ الَّذِي رَأَيْتُمُونِي أُنَاجِي فِيهِ، قَبْرُ أُمِّي آمِنَةَ بِنْتِ وَهْبٍ وَإِنِّي اسْتَأْذَنْتُ رَبِّي فِي زِيَارَتِهَا، فَأَذِنَ لِي فِيهِ، فَاسْتَأْذَنْتُهُ فِي الِاسْتِغْفَارِ لَهَا، فَلَمْ يَأْذَنْ لِي فِيهِ، وَنَزَلَ عَلَيَّ

﴿مَا كَانَ لِلنَّبِيِّ وَٱلَّذِينَ ءَامَنُوٓاْ أَن يَسۡتَغۡفِرُواْ لِلۡمُشۡرِكِينَ وَلَوۡ كَانُوٓاْ أُوْلِي قُرۡبَىٰ مِنۢ بَعۡدِ مَا تَبَيَّنَ لَهُمۡ أَنَّهُمۡ أَصۡحَٰبُ ٱلۡجَحِيمِ ١١٣﴾

„Dieses Grab, an dem ich saß, ist das Grab meiner Mutter 'Āminah, Tochter von Wahb. Ich bat meinen Herrn um Erlaubnis, sie zu besuchen. Da erlaubte Er mir dies. Und ich bat Ihn um Erlaubnis, für sie Bittgebete zu sprechen, aber Er erlaubte es mir nicht. So offenbarte Er mir:

‚Dem Propheten und denjenigen, die glauben, steht es nicht zu, für die Götzendiener um Vergebung zu bitten.‘“ (At-Taubah: 9:113)[96]

Diese Überlieferungen wurden in Einklang gebracht, indem man von einer wiederholten Offenbarung ausging.

Doch auch hier vertreten manche Qur'ān-Wissenschaftler die Ansicht, es sei besser, eine Überlieferung vorzuziehen. Und da eine davon in

[94] Buḫāriyy und Muslim.

[95] At-Tirmiḏiyy, ṣaḥīḥ nach 'Albāniyy.

[96] Al-Ḥākim, ṣaḥīḥ nach 'Albāniyy.

beiden Ṣaḥīḥ-Werken erwähnt wird, ist diese den anderen vorzuziehen. Demnach ist der Offenbarungsgrund für diese ʼĀyah das Ereignis am Sterbebett ʼAbū Ṭālibs.[97]

Zusammenfassung der möglichen Fälle:

1. Alle Überlieferungen sind mehrdeutig:
   Hier geht man von unterschiedlichen Tafsīr der Gefährten aus.
2. Teilweise mehrdeutig und teilweise eindeutig:

   Hier stützt man sich auf das Eindeutige.
3. Alle Überlieferungen sind eindeutig:
   Hier wird unterschieden:

   - Teilweise authentisch:

     Hier stützt man sich auf das, was authentisch ist

   - Alle authentisch:

     Hier versucht man, entweder

   - eine Überlieferung zu bevorzugen,
   - alle in Einklang zu bringe, oder
   - von mehrfacher Offenbarung auszugehen.

7.8 Nutzen dieser Teildisziplin

Die Teildisziplin ʼAsbāb an-Nuzūl birgt wertvollen Nutzen, u. a.:

- Verständnis der Weisheiten hinter den Geboten.
- Verständnis über die Bedeutung der ʼĀyāt.
- Verständnis der gesellschaftlichen Situation während der Offenbarung.

Der Wert der Kenntnis der Offenbarungsanlässe wird auch deutlich, wenn man betrachtet, wie sehr sich die Gefährten damit beschäftigten. So sagte Ibn Masʿūd:

وَاللَّهِ الَّذِي لاَ إِلَهَ غَيْرُهُ، مَا أُنْزِلَتْ سُورَةٌ مِنْ كِتَابِ اللَّهِ إِلَّا أَنَا أَعْلَمُ أَيْنَ أُنْزِلَتْ، وَلاَ أُنْزِلَتْ آيَةٌ مِنْ كِتَابِ اللَّهِ
إِلَّا أَنَا أَعْلَمُ فِيمَ أُنْزِلَتْ، وَلَوْ أَعْلَمُ أَحَدًا أَعْلَمَ مِنِّي بِكِتَابِ اللَّهِ، تُبَلِّغُهُ الإِبِلُ لَرَكِبْتُ إِلَيْهِ

[97] Siehe al-Qaṭṭān, Mabāḥiṯ fī ʿUlūm al-Qurʾān, S. 87.

„Bei Dem, neben Dem es keinen Gott gibt! Es gibt keine Sūrah im Buche Aḷḷāhs, über die ich nicht weiß, wo sie offenbart wurde. Und keine 'Āyah, über die ich nicht weiß, für wen sie offenbart wurde. Und wüsste ich, dass es jemanden gibt, der mehr Wissen über das Buch Aḷḷāhs besitzt und man ihn mit Kamelen erreichen könnte, so würde ich zu ihm reisen."[98]

[98] Buḫāriyy und Muslim.

8 'Amṯāl al-Qur'ān – Gleichnisse im Qur'ān

Der Qur'ān gilt als literarisches Wunder und stellt daher eine große sprachliche Herausforderung dar. Dies zeigt sich unter anderem in darin erwähnten Gleichnissen.

Dieses Thema wurde von den Qur'ān-Wissenschaftlern erörtert, und sie schrieben darüber. So verfasste der šāfiʿītische Gelehrte al-Māwardiyy ein Werk darüber, während as-Suyūṭiyy und Ibn al-Qayyim es als Kapitel in ihren Werken al-'Itqān bzw. 'Iʿlām al-Muwaqqiʿīn behandelten.

Aḷḷāh Selbst erläutert den Sinn der Gleichnisse an mehreren Stellen im Qur'ān. So sagt Er:

وَتِلْكَ ٱلْأَمْثَٰلُ نَضْرِبُهَا لِلنَّاسِ لَعَلَّهُمْ يَتَفَكَّرُونَ

„Diese Gleichnisse prägen Wir den Menschen, auf dass sie nachdenken mögen." (Al-Ḥašr 59:21)

Und:

﴿وَتِلْكَ ٱلْأَمْثَٰلُ نَضْرِبُهَا لِلنَّاسِ ۖ وَمَا يَعْقِلُهَآ إِلَّا ٱلْعَٰلِمُونَ ﴿٤٣﴾﴾

„Diese Gleichnisse prägen Wir für die Menschen. Aber nur diejenigen verstehen sie, die Wissen besitzen." (Al-ʿAnkabūt 29:43)

Aḷḷāh sagt auch:

﴿وَلَقَدْ ضَرَبْنَا لِلنَّاسِ فِى هَٰذَا ٱلْقُرْءَانِ مِن كُلِّ مَثَلٍ لَّعَلَّهُمْ يَتَذَكَّرُونَ ﴿٢٧﴾﴾

„Und Wir haben ja den Menschen in diesem Qur'ān allerlei Gleichnisse geprägt, auf dass sie bedenken mögen." (Az-Zumar 39:27)

8.1 Definition

8.1.1 Sprachliche Bedeutung

'Amṯāl ist der Plural von Maṯal. Darunter versteht man in der arabischen Literaturwissenschaft eine Aussage bezüglich einer Angelegenheit, die einer anderen Angelegenheit ähnelt, mit dem Ziel, etwas zu verdeutlichen.[99]

8.1.2 Fachspezifische Bedeutung

Ibn al-Qayyim definierte das Gleichnis als „Vergleich einer Angelegenheit mit einer anderen und Verdeutlichung des Rationalen anhand des Materiellen bzw. einer materiellen Angelegenheit anhand einer anderen."[100]

8.2 Arten der Gleichnisse im Qur'ān

Man unterscheidet drei Arten von Gleichnissen:

1. 'Amṯāl muṣarraḥah (explizite Gleichnisse)
2. 'Amṯāl kāminah (implizite Gleichnisse)
3. 'Amṯāl mursalah (unbeschränkte Gleichnisse)

8.2.1 'Amṯāl muṣarraḥah (explizite Gleichnisse)

Damit sind Gleichnisse gemeint, in denen das Wort „Maṯal" erwähnt wird, bzw., die ganz offensichtlich als Gleichnisse verstanden werden.[101] Sie kommen im Qur'ān zahlreich vor. So sagt Aḷḷāh:

﴿مَثَلُهُمْ كَمَثَلِ ٱلَّذِى ٱسْتَوْقَدَ نَارًا فَلَمَّآ أَضَآءَتْ مَا حَوْلَهُۥ ذَهَبَ ٱللَّهُ بِنُورِهِمْ وَتَرَكَهُمْ فِى ظُلُمَٰتٍ لَّا
يُبْصِرُونَ ﴿١٧﴾ صُمٌّۢ بُكْمٌ عُمْىٌ فَهُمْ لَا يَرْجِعُونَ ﴿١٨﴾ أَوْ كَصَيِّبٍ مِّنَ ٱلسَّمَآءِ فِيهِ ظُلُمَٰتٌ وَرَعْدٌ وَبَرْقٌ
يَجْعَلُونَ أَصَٰبِعَهُمْ فِىٓ ءَاذَانِهِم مِّنَ ٱلصَّوَٰعِقِ حَذَرَ ٱلْمَوْتِ ۚ وَٱللَّهُ مُحِيطٌۢ بِٱلْكَٰفِرِينَ ﴿١٩﴾ يَكَادُ ٱلْبَرْقُ
يَخْطَفُ أَبْصَٰرَهُمْ ۖ كُلَّمَآ أَضَآءَ لَهُم مَّشَوْا۟ فِيهِ وَإِذَآ أَظْلَمَ عَلَيْهِمْ قَامُوا۟ ۚ وَلَوْ شَآءَ ٱللَّهُ لَذَهَبَ بِسَمْعِهِمْ
وَأَبْصَٰرِهِمْ ۚ إِنَّ ٱللَّهَ عَلَىٰ كُلِّ شَىْءٍ قَدِيرٌ ﴿٢٠﴾﴾

„Ihr Gleichnis ist das jemandes, der ein Feuer anzündet. Nachdem es seine Umgebung erhellt hat, nimmt Aḷḷāh ihr Licht weg und lässt sie in Finsternis zurück; sie sehen nicht. Taub, stumm und blind: So werden sie nicht umkehren. Oder es ist wie ein Gewitterregen, der vom Himmel

---

[99] Ar-Rāġib al-'Aṣfahāniyy, al-Mufradāt fī Ġarīb al-Qur'ān, S. 464

[100] Siehe al-Qaṭṭān, Mabāḥiṯ fī 'Ulūm al-Qur'ān, S. 276.

[101] Siehe as-Suyūṭiyy, al-'Itqān fī 'Ulūm al-Qur'ān, Band 6, S. 1936.

niedergeht, voller Finsternis, Donner und Blitz. Sie stecken sich die Finger in die Ohren vor den Donnerschlägen, um dem Tod zu entfliehen, doch Aḷḷāh umfasst die Ungläubigen. Der Blitz reißt ihnen beinahe das Augenlicht fort. Jedes Mal, wenn er ihnen Helligkeit verbreitet, gehen sie darin. Und wenn es finster um sie wird, bleiben sie stehen. Wenn Aḷḷāh wollte, nähme Er ihnen wahrlich Gehör und Augenlicht. Aḷḷāh hat zu allem die Macht." (Al-Baqarah 2: 17-20)

Ein weiteres Beispiel für ein offensichtliches Gleichnis:

﴿أَنزَلَ مِنَ ٱلسَّمَآءِ مَآءً فَسَالَتۡ أَوۡدِيَةُۢ بِقَدَرِهَا فَٱحۡتَمَلَ ٱلسَّيۡلُ زَبَدٗا رَّابِيٗاۖ وَمِمَّا يُوقِدُونَ عَلَيۡهِ فِي ٱلنَّارِ
ٱبۡتِغَآءَ حِلۡيَةٍ أَوۡ مَتَٰعٖ زَبَدٞ مِّثۡلُهُۥۚ كَذَٰلِكَ يَضۡرِبُ ٱللَّهُ ٱلۡحَقَّ وَٱلۡبَٰطِلَۚ فَأَمَّا ٱلزَّبَدُ فَيَذۡهَبُ جُفَآءٗۖ وَأَمَّا مَا
يَنفَعُ ٱلنَّاسَ فَيَمۡكُثُ فِي ٱلۡأَرۡضِۚ كَذَٰلِكَ يَضۡرِبُ ٱللَّهُ ٱلۡأَمۡثَالَ ١٧﴾

„Er lässt vom Himmel Wasser herabkommen, und dann fließen Täler entsprechend ihrem Maß, daraufhin trägt die Flut aufschwellenden Schaum. Und aus dem, worüber man das Feuer anzündet, im Trachten (da)nach (,) Schmuck oder Gerät (anzufertigen, entsteht) ein ähnlicher Schaum. So prägt Aḷḷāh (im Gleichnis) das Wahre und das Falsche. Was nun den Schaum angeht, so vergeht er nutzlos. Was aber den Menschen nützt, das bleibt in der Erde. So prägt Aḷḷāh die Gleichnisse." (Ar-Raʿd 13:17)

8.2.2 'Amṯāl kāminah (implizite Gleichnisse)

Darunter versteht man 'Āyāt, die zwar keinen Begriff für „Gleichnis", jedoch eindeutige Vergleiche beinhalten.

As-Suyūṭiyy erwähnte dazu die Überlieferung des 'Imām al-Māwardiyy. Dieser berichtete, dass 'Ibrāhīm Ibn Muḍārib den Gelehrten al-Ḥusain Ibn al-Faḍl fragte: „Du leitest vom Qur'ān Gleichnisse ab, die sowohl die Araber als auch die Nichtaraber nutzen. Findest du im Buche Aḷḷāhs das Gleichnis ‚die beste aller Angelegenheiten ist die mittlere.'?" Er sagte: „Ja! An vier Stellen. Seine Aussage:

إِنَّهَا بَقَرَةٌ لَّا فَارِضٌ وَلَا بِكْرٌ عَوَانٌ بَيْنَ ذَٰلِكَ

„Weder zu alt noch zu jung zum Kalben, sondern dazwischen, in mittlerem Alter.“ (Al-Baqarah 2:68)

﴿وَٱلَّذِينَ إِذَآ أَنفَقُواْ لَمْ يُسْرِفُواْ وَلَمْ يَقْتُرُواْ وَكَانَ بَيْنَ ذَٰلِكَ قَوَامًا ٦٧﴾

„Und diejenigen, die, wenn sie ausgeben, weder maßlos noch knauserig sind, sondern den Mittelweg dazwischen (einhalten).“ (Al-Furqān 25:67)

﴿وَلَا تَجْعَلْ يَدَكَ مَغْلُولَةً إِلَىٰ عُنُقِكَ وَلَا تَبْسُطْهَا كُلَّ ٱلْبَسْطِ فَتَقْعُدَ مَلُومًا مَّحْسُورًا ٢٩﴾

„Und lasse deine Hand nicht an deinem Hals gefesselt sein, strecke sie aber auch nicht vollständig aus, sonst würdest du getadelt und (aller Mittel) entblößt dasitzen.“ (Al-’Isrā’ 17:29)

وَلَا تَجْهَرْ بِصَلَاتِكَ وَلَا تُخَافِتْ بِهَا وَٱبْتَغِ بَيْنَ ذَٰلِكَ سَبِيلًا

„Und sei nicht zu laut beim Gebet, und sie auch nicht zu leise dabei, sondern suche einen Weg dazwischen.“ (Al-’Isrā’ 17:110)“[102]

8.2.3 ’Amṯāl mursalah (unbeschränkte Gleichnisse)

Hierunter fallen alle Verse, die keine Gleichnisse an sich sind, sondern als Redewendungen benutzt werden. Dabei sind sich die Gelehrten uneins, ob die Verwendung einer ’Āyah als Redewendung überhaupt erlaubt ist.

Beispiele dafür sind folgende Worte Aḷḷāhs:

أَلَيْسَ ٱلصُّبْحُ بِقَرِيبٍ

„Ist nicht der Tagesanbruch schon nahe?“ (Hūd 11:81)

قُضِيَ ٱلْأَمْرُ ٱلَّذِى فِيهِ تَسْتَفْتِيَانِ

„Entschieden ist die Angelegenheit, über die ihr um Auskunft fragt.“ (Yūsuf 12.41)

[102] Siehe as-Suyūṭiyy, al-’Itqān fī ‘Ulūm al-Qur’ān, Band 6, S. 1939.

ٱلۡـَٔـٰنَ حَصۡحَصَ ٱلۡحَقُّ

„Jetzt ist die Wahrheit ans Licht gekommen." (Yūsuf 12:51)

﴿هَلۡ جَزَآءُ ٱلۡإِحۡسَٰنِ إِلَّا ٱلۡإِحۡسَٰنُ ٦٠﴾

„Ist der Lohn des Guten nicht ebenfalls das Gute?" (Ar-Raḥmān 55:60)

9 'Aqsām al-Qur'ān – Schwüre im Qur'ān

Im Qur'ān gibt es viele Schwüre. Bspw. schwört Allāh:

﴿وَٱلشَّمۡسِ وَضُحَىٰهَا ۝١﴾

„Bei der Sonne und ihrer Morgenhelle." (Aš-Šams 91:1)

Über dieses Thema verfasste Ibn al-Qayyim ein Werk namens „At-Tibyān fī 'Aqsām al-Qur'ān".

9.1 Definition

9.1.1 Sprachliche Bedeutung

Der Ausdruck „'Aqsām" ist der Plural von „Qasam" und bedeutet „Schwur". Ein solcher besteht aus drei Bestandteilen:

1. Ein Verb des Schwörens inklusive einer entsprechenden Partikel.
2. Das Mittel des Schwurs bzw. das, worauf man schwört.
3. Der Gegenstand des Schwurs, d. h. das, was man schwört.

Allāh spricht:

﴿وَأَقۡسَمُواْ بِٱللَّهِ جَهۡدَ أَيۡمَٰنِهِمۡ لَا يَبۡعَثُ ٱللَّهُ مَن يَمُوتُ ۝٣٨﴾

„Und sie schwören bei Allāh ihre festen Eide, Allāh werde jene nicht auferwecken, die sterben." (An-Naḥl 16:38)

Da in der Umgangssprache sehr oft geschworen wird, wird allerdings häufig auf das Verb verzichtet und nur noch die Partikel beibehalten, in Verbindung mit den anderen beiden Bestandteilen. Wofür im Deutschen die Präposition „bei" steht, gibt es im Arabischen drei Entsprechungen, nämlich „wa", „ta" und „bi".

Am häufigsten wird die Präposition „wa" genutzt, so auch im Qur'ān, wie in folgendem Beispiel, wo Allāh sagt:

﴿وَٱلشَّمۡسِ وَضُحَىٰهَا ۝١﴾

„Bei der Sonne und ihrer Morgenhelle." (Aš-Šams 91:1)

Ein Beispiel für die Verwendung der Präposition „ta“ ist folgende ’Āyah:

﴿وَتَٱللَّهِ لَأَكِيدَنَّ أَصۡنَٰمَكُم بَعۡدَ أَن تُوَلُّواْ مُدۡبِرِينَ ٥٧﴾

„Und, bei Aḷḷāh, ich will gewiss gegen eure Götzen verfahren, nachdem ihr kehrt gemacht habt und weggegangen seid." (Al-’Anbiyā’ 21:57)

Ein Beispiel für die Verwendung der Präposition „bi“ ist folgende ’Āyah:

﴿فَلَآ أُقۡسِمُ بِرَبِّ ٱلۡمَشَٰرِقِ وَٱلۡمَغَٰرِبِ إِنَّا لَقَٰدِرُونَ ٤٠﴾

„Nein! Ich schwöre beim Herrn der Osten und der Westen, Wir haben fürwahr die Macht dazu.“ (Al Maʿāriǧ 70:40)

9.1.2 Fachspezifische Definition

„Ein Schwur ist die Selbstverpflichtung zur Unterlassung bzw. Umsetzung einer Angelegenheit anhand etwas, das der Verehrung wert ist.“[103]

Der Schwur wird im Arabischen auch „Yamīn“, „Rechts“ genannt, denn man pflegte sich während des Schwurs gegenseitig die rechte Hand zu geben.

Der Sinn des Schwurs ist, etwas so zu bekräftigen, dass jeder Zweifel ausgeräumt ist. Da der Qur’ān u. a. offenbart wurde, um die Menschen zum Islam aufzurufen, wurde an vielen Stellen der Schwur angewandt, um die jeweiligen Angelegenheiten zu untermalen und zu bestätigen.

9.2 Wobei im Qur’ān geschworen wird

Aḷḷāh schwört im Qur’ān auf unterschiedliche Art und Weise. Manchmal schwört Er bei Sich selbst, bei Seinen Eigenschaften und bei den Zeichen, die auf Ihn hinweisen oder auch bei Seiner Schöpfung.

[103] Al-Qaṭṭān, Mabāḥiṯ fī ʿUlūm al-Qur’ān S. 285.

Bei Sich Selbst schwor Aḷḷāh im Qur’ān an sieben Stellen:

﴿زَعَمَ ٱلَّذِينَ كَفَرُوٓاْ أَن لَّن يُبۡعَثُواْۚ قُلۡ بَلَىٰ وَرَبِّي لَتُبۡعَثُنَّ ثُمَّ لَتُنَبَّؤُنَّ بِمَا عَمِلۡتُمۡۚ وَذَٰلِكَ عَلَى ٱللَّهِ
يَسِيرٞ ٧﴾

- ***„Diejenigen, die da ungläubig sind, behaupten, sie würden nicht auferweckt werden. Sprich: ‚Doch, bei meinem Herrn, ihr werdet gewiss auferweckt werden.‘“ (at-Taġābun 64:7)***

﴿وَقَالَ ٱلَّذِينَ كَفَرُواْ لَا تَأۡتِينَا ٱلسَّاعَةُۖ قُلۡ بَلَىٰ وَرَبِّي لَتَأۡتِيَنَّكُمۡ عَٰلِمِ ٱلۡغَيۡبِۖ لَا يَعۡزُبُ عَنۡهُ مِثۡقَالُ
ذَرَّةٖ فِي ٱلسَّمَٰوَٰتِ وَلَا فِي ٱلۡأَرۡضِ وَلَآ أَصۡغَرُ مِن ذَٰلِكَ وَلَآ أَكۡبَرُ إِلَّا فِي كِتَٰبٖ مُّبِينٖ ٣﴾

- ***„Und es sagen diejenigen, die ungläubig sind: ‚Wir werden die Stunde nicht erleben.‘ Sprich: ‚Ja doch, bei meinem Herrn, dem Kenner des Verborgenen, sie wird gewiss über euch kommen!‘“ (Saba’ 34:3)***

﴿۞وَيَسۡتَنۢبِـُٔونَكَ أَحَقٌّ هُوَۖ قُلۡ إِي وَرَبِّيٓ إِنَّهُۥ لَحَقّٞۖ وَمَآ أَنتُم بِمُعۡجِزِينَ ٥٣﴾

- ***„Und sie fragen dich: ‚Ist das die Wahrheit?‘ Sprich: ‚Ja, bei meinem Herrn! Es ist ganz gewiss die Wahrheit.‘“ (Yūnus 10:53)***

In diesen drei ’Āyāt forderte Aḷḷāh Seinen Propheten, auf bei Ihm zu schwören.

﴿فَوَرَبِّكَ لَنَحۡشُرَنَّهُمۡ وَٱلشَّيَٰطِينَ ثُمَّ لَنُحۡضِرَنَّهُمۡ حَوۡلَ جَهَنَّمَ جِثِيّٗا ٦٨﴾

- ***„Und, bei deinem Herrn, Wir werden sie ganz gewiss versammeln und auch die Satane.“ (Maryam 19:68)***

﴿فَوَرَبِّكَ لَنَسۡـَٔلَنَّهُمۡ أَجۡمَعِينَ ٩٢﴾

- ***„Darum, bei deinem Herrn, werden Wir sie sicherlich alle zur Rechenschaft ziehen.“ (Al-Ḥiǧr 15:92)***

﴿فَلَا وَرَبِّكَ لَا يُؤۡمِنُونَ حَتَّىٰ يُحَكِّمُوكَ فِيمَا شَجَرَ بَيۡنَهُمۡ ثُمَّ لَا يَجِدُواْ فِيٓ أَنفُسِهِمۡ حَرَجٗا مِّمَّا قَضَيۡتَ
وَيُسَلِّمُواْ تَسۡلِيمٗا ٦٥﴾

- ***„Doch nein, bei deinem Herrn; sie sind nicht eher Gläubige, bis sie dich zum Richter über alles machen, was zwischen ihnen strittig ist." (An-Nisā' 4:65)***

﴿فَلَآ أُقْسِمُ بِرَبِّ ٱلْمَشَٰرِقِ وَٱلْمَغَٰرِبِ إِنَّا لَقَٰدِرُونَ ﴿٤٠﴾﴾

- ***„Aber nein! Ich schwöre beim Herrn der Aufgänge und der Untergänge, dass Wir imstande sind." (Al-Maʿāriǧ 70:40)***

Alle anderen Schwüre im Qur'ān beziehen sich auf die Schöpfung Aḻḻāhs, z. B.:

﴿وَٱلَّيْلِ إِذَا يَغْشَىٰ ﴿١﴾ وَٱلنَّهَارِ إِذَا تَجَلَّىٰ ﴿٢﴾ وَمَا خَلَقَ ٱلذَّكَرَ وَٱلْأُنثَىٰٓ ﴿٣﴾﴾

- ***„Bei der Nacht, wenn sie zudeckt und bei dem Tage, wenn er erstrahlt und bei Dem, Der das Männliche und das Weibliche erschaffen hat!" (Al-Lail 92:1-3)***

﴿وَٱلْفَجْرِ ﴿١﴾ وَلَيَالٍ عَشْرٍ ﴿٢﴾ وَٱلشَّفْعِ وَٱلْوَتْرِ ﴿٣﴾ وَٱلَّيْلِ إِذَا يَسْرِ ﴿٤﴾﴾

- ***„Bei der Morgendämmerung; und bei den zehn Nächten; und beim (an Zahl) Geraden und Ungeraden; und bei der Nacht, wenn sie vergeht!" (Al-Faǧr 89:1-4)***

Das Schwören bei der Schöpfung obliegt einzig Aḻḻāh. Der Mensch hingegen darf nur bei seinem Schöpfer schwören, sagte doch der Prophet:

مَنْ حَلَفَ بِغَيْرِ اللَّهِ فَقَدْ كَفَرَ أَوْ أَشْرَكَ

„Wer bei etwas anderem außer Aḻḻāh schwört, der ist ungläubig oder ein Polytheist."[104]

Die Weisheit dahinter, dass Aḻḻāh bei Seiner Schöpfung schwört, liegt darin, dass Er damit Seine Allmacht hervorhebt.

[104] At-Tirmiḏiyy, ṣaḥīḥ nach 'Albāniyy.

Al-Ḥasan sagt: „Es obliegt Aḷḷāh, zu schwören bei allem was Er will von Seiner Schöpfung. Doch niemand darf bei etwas anderem schwören außer bei Aḷḷāh.“[105]

9.3 Arten der Schwüre

Man unterscheidet zwei Arten:

1. explizite Schwüre
2. implizite Schwüre

Explizit ist der Schwur, der das entsprechende Verb des Schwörens oder aber mindestens die Schwur-Partikel enthält und in dem erwähnt wird, worauf geschworen wird.

An manchen Stellen im Qur'ān geht dem Schwur eine Negation voraus, wie in der Aussage Aḷḷāhs:

﴿لَآ أُقْسِمُ بِيَوْمِ ٱلْقِيَـٰمَةِ ۝١ وَلَآ أُقْسِمُ بِٱلنَّفْسِ ٱللَّوَّامَةِ ۝٢﴾

„Nein! Ich schwöre beim Tag der Auferstehung; und Nein! Ich schwöre bei jeder reumütigen Seele.“ (Al-Qiyāmah 75:1-2)

Diese Negation verneint etwas Ausgelassenes, wie bspw. hier die Behauptung, es gäbe keine Abrechnung und keine Strafe nach dem Tod. Dann fährt Er fort „Ich schwöre beim Tag der Auferstehung; und Nein! Ich schwöre bei jeder reumütigen Seele“, dass ihr auferweckt werdet.

Nach einer anderen Auslegung bedeutet diese Verneinung, dass diese Angelegenheit so deutlich ist, dass eigentlich gar kein Schwur nötig ist.Der implizite Schwur jedoch enthält weder ein entsprechendes Verb noch etwas, worauf geschworen wird. Lediglich die Bestätigungspartikel „la“, der als Präfix dem Gegenstand des Schwurs vorangestellt wird und der im Deutschen meist durch „wahrlich“ übersetzt wird, deutet auf den Schwur hin. So z. B. in der Aussage Aḷḷāhs:

---

[105] Ibn 'Abī Ḥātim.

لَتُبْلَوُنَّ فِيٓ أَمْوَٰلِكُمْ وَأَنفُسِكُمْ

„Wahrlich, ihr sollt geprüft werden in eurem Gut und an euch selbst." ('Āli 'Imrān 3:186)

9.4 Arten des Gegenstands des Schwurs

Der Schwurgegenstand, also das, was man schwört, kann sowohl erwähnt als auch ausgelassen werden. Hier z. B.:

﴿وَٱلْفَجْرِ ١ وَلَيَالٍ عَشْرٍ ٢ وَٱلشَّفْعِ وَٱلْوَتْرِ ٣ وَٱلَّيْلِ إِذَا يَسْرِ ٤ هَلْ فِى ذَٰلِكَ قَسَمٌ لِّذِى حِجْرٍ ٥﴾

„Bei der Morgendämmerung; und bei den zehn Nächten; und beim (an Zahl) Geraden und Ungeraden; und bei der Nacht, wenn sie vergeht! Ist hierin nicht ein ausreichender Beweis für einen, der Verstand hat?" (Al-Fağr 89:1-5)

wurde er weggelassen. Er kann wie folgt interpretiert werden: „Ihr werdet sicherlich bestraft."

Eine andere Auslegung besagt jedoch, dass der Gegenstand des Schwurs sehr wohl erwähnt wurde, nämlich durch den Vers:

﴿إِنَّ رَبَّكَ لَبِٱلْمِرْصَادِ ١٤﴾

„Wahrlich, dein Herr ist ständig auf der Wacht." (Al-Fağr 89:14)

Allāhs Schwüre im Qur'ān gelten verschiedenen Dingen:

- Den Glaubensgrundlagen

﴿وَٱلصَّٰٓفَّٰتِ صَفًّا ١ فَٱلزَّٰجِرَٰتِ زَجْرًا ٢ فَٱلتَّٰلِيَٰتِ ذِكْرًا ٣ إِنَّ إِلَٰهَكُمْ لَوَٰحِدٌ ٤﴾

„Bei denen, die sich (andächtig) in gerade Reihen stellen! Und bei denen, die rügen und schelten, und bei denen, die Ermahnung verlesen! Euer Gott ist einer (allein)." (Aṣ-Ṣāffāt 37:1-4)

- Der Wahrhaftigkeit des Qur'ān

﴿فَلَآ أُقْسِمُ بِمَوَٰقِعِ ٱلنُّجُومِ ٧٥ وَإِنَّهُۥ لَقَسَمٌ لَّوْ تَعْلَمُونَ عَظِيمٌ ٧٦ إِنَّهُۥ لَقُرْءَانٌ كَرِيمٌ ٧٧﴾

„Nein! Ich schwöre bei den Stationen der Sterne. Und wahrlich, das ist, wenn ihr (es) nur wüsstet, ein gewaltiger Schwur, dass dies wahrlich ein edler Qur'ān ist." (Al-Wāqi'ah 56:75-77)

- Der Wahrhaftigkeit der Gesandten

﴿يسٓ ۝١ وَٱلْقُرْءَانِ ٱلْحَكِيمِ ۝٢ إِنَّكَ لَمِنَ ٱلْمُرْسَلِينَ ۝٣﴾

„Yāsīn. Beim weisen Qur'ān. Du bist wahrlich einer der Gesandten." (Yāsīn 36:1-3)

- Der Vergeltung

﴿وَٱلذَّٰرِيَٰتِ ذَرْوًا ۝١ فَٱلْحَٰمِلَٰتِ وِقْرًا ۝٢ فَٱلْجَٰرِيَٰتِ يُسْرًا ۝٣ فَٱلْمُقَسِّمَٰتِ أَمْرًا ۝٤ إِنَّمَا تُوعَدُونَ لَصَادِقٌ ۝٥ وَإِنَّ ٱلدِّينَ لَوَٰقِعٌ ۝٦﴾

„Bei den heftig aufwirbelnden (Winden), dann den lasttragenden (Wolken), dann den leicht dahinziehenden (Schiffen), und bei denen, die den Befehl ausführen! Wahrlich, was euch angedroht wird, ist wahr. Und das Gericht wird ganz sicher eintreffen." (Ad-Dāriyāt 51:1-6)

- Dem Menschen

﴿وَٱلَّيْلِ إِذَا يَغْشَىٰ ۝١ وَٱلنَّهَارِ إِذَا تَجَلَّىٰ ۝٢ وَمَا خَلَقَ ٱلذَّكَرَ وَٱلْأُنثَىٰٓ ۝٣ إِنَّ سَعْيَكُمْ لَشَتَّىٰ ۝٤﴾

„Bei der Nacht, wenn sie zudeckt und bei dem Tage, wenn er erstrahlt und bei Dem, Der das Männliche und das Weibliche erschaffen hat! Wahrlich, euer Eifer ist verschieden." (Al-Lail 92:1-4)

Der Schwur kann weiterhin entweder in deskriptiven, also beschreibenden (Ǧumlah Ḫabariyyah) oder in präskriptiven Sätzen, also vorschreibenden (Ǧumlah Ṭalabiyyah)[106] erwähnt werden. Ersteres gilt für folgende 'Āyah:

﴿فَوَرَبِّ ٱلسَّمَآءِ وَٱلْأَرْضِ إِنَّهُۥ لَحَقٌّ مِّثْلَ مَآ أَنَّكُمْ تَنطِقُونَ ۝٢٣﴾

[106] Deskriptiv sind Sätze, die mit wahr oder unwahr beschrieben werden können, was bei präskriptiven Sätzen nicht möglich ist, da es sich dabei um Aufforderungen handelt.

„Darum, bei dem Herrn des Himmels und der Erde - dies ist gewiss wahr." (Aḏ-Ḏāriyāt 51:23)

Und ein Beispiel für den zweiten Fall ist Aḷḷāhs Aussage:

﴿فَوَرَبِّكَ لَنَسْـَٔلَنَّهُمْ أَجْمَعِينَ ﴿٩٢﴾ عَمَّا كَانُوا۟ يَعْمَلُونَ ﴿٩٣﴾﴾

„Ja, bei deinem Herrn! Wir werden sie allesamt ganz gewiss befragen über das, was sie zu tun pflegten." (Al-Ḥiǧr 15:92-93)

Denn dies ist eine Aufforderung, Gutes zu tun, da sie danach zur Rechenschaft gezogen werden.[107]

Auch in einem Konditionalsatz kann ein Schwur vorkommen, z. B. in Aḷḷāhs Aussage:

لَئِن لَّمْ تَنتَهِ لَأَرْجُمَنَّكَ ۖ وَٱهْجُرْنِى مَلِيًّا

„Wenn du (damit) nicht aufhörst, so werde ich dich wahrlich steinigen." (Maryam 19:46)

Eine andere Form des Schwurs ist der Einsatz von Verben (bzw. im Deutschen Wendungen), die ihn implizieren, so z. B. in folgender 'Āyah:

وَإِذْ أَخَذَ ٱللَّهُ مِيثَـٰقَ ٱلَّذِينَ أُوتُوا۟ ٱلْكِتَـٰبَ لَتُبَيِّنُنَّهُۥ لِلنَّاسِ وَلَا تَكْتُمُونَهُۥ

„Und als Aḷḷāh den Bund mit denen schloss, welchen die Schrift gegeben wurde, (und sprach:) ‚Wahrlich, tut sie den Menschen kund und verbergt sie nicht.'" ('Āli 'Imrān 3:187)

Denn das Schließen eines Bundes gleicht einem Schwur. Ein weiteres Beispiel:

وَإِذْ أَخَذْنَا مِيثَـٰقَ بَنِىٓ إِسْرَٰٓءِيلَ لَا تَعْبُدُونَ إِلَّا ٱللَّهَ

„Und als Wir mit den Kindern Israels einen Bund schlossen: ‚Ihr sollt niemanden außer Aḷḷāh anbeten.'" (Al-Baqarah 2: 83)

[107] Al-Qaṭṭān, Mabāḥiṯ fī 'Ulūm al-Qur'ān S. 290.

10 Ǧadal al-Qur'ān – Dialektik im Qur'ān

10.1 Definition

10.1.1 Sprachliche Bedeutung

Unter „Ǧadal" versteht man Stärke, Auseinandersetzung und Diskussion.[108]

10.1.2 Fachspezifische Bedeutung

Al-Ǧurǧāniyy sagt: „Al-Ǧadal bedeutet, seinen Kontrahenten zur Ungültigkeit seiner Aussage zu führen."[109]

Über dieses Teilgebiet der Qur'ān-Wissenschaften verfasste Naǧm ad-Dīn aṭ-Ṭūfiyy ein Werk namens „ʿAlam al-Ǧadal fī ʿIlm al-Ǧadal".[110]

10.2 Themen der Dialektik im Qur'ān

Der Mensch wird im Qur'ān als streitsüchtig beschrieben. Aḷḷāh sagt:

﴿وَلَقَدْ صَرَّفْنَا فِي هَٰذَا ٱلْقُرْءَانِ لِلنَّاسِ مِن كُلِّ مَثَلٍ ۚ وَكَانَ ٱلْإِنسَٰنُ أَكْثَرَ شَيْءٍ جَدَلًا ﴿٥٤﴾﴾

„Doch von allen Geschöpfen ist der Mensch am streitsüchtigsten." (Al-Kahf 18:54)

Andererseits wurde der Prophet dazu aufgefordert, mit den Polytheisten zu streiten, bzw. zu diskutieren.

﴿ٱدْعُ إِلَىٰ سَبِيلِ رَبِّكَ بِٱلْحِكْمَةِ وَٱلْمَوْعِظَةِ ٱلْحَسَنَةِ ۖ وَجَٰدِلْهُم بِٱلَّتِي هِيَ أَحْسَنُ ۚ إِنَّ رَبَّكَ هُوَ أَعْلَمُ بِمَن ضَلَّ عَن سَبِيلِهِۦ ۖ وَهُوَ أَعْلَمُ بِٱلْمُهْتَدِينَ ﴿١٢٥﴾﴾

„Rufe zum Weg deines Herrn mit Weisheit und schöner Ermahnung auf, und streite mit ihnen auf die beste Art." (An-Naḥl 16:125)

Auch die Diskussion mit den Leuten des Buches ist vorgesehen. Aḷḷāh sagt:

---

[108] Ibn Manẓūr, Lisān al-ʿArab, Band 11, S. 105.

[109] Al-Ǧurǧāniyy, at-Taʿrīfāt S. 74.

[110] Erste Druckversion vom deutschen Orientalisten Wolfhart Heinrichs 1987 veröffentlicht.

وَلَا تُجَٰدِلُوٓاْ أَهۡلَ ٱلۡكِتَٰبِ إِلَّا بِٱلَّتِي هِيَ أَحۡسَنُ

„Und streitet nicht mit dem Volk der Schrift; es sei denn auf die beste Art und Weise." (Al-ʿAnkabūt 29:46)

Im Gegensatz zu dieser Art Streitgespräch, das geführt wird im Bestreben, die Wahrheit zu erkennen bzw. zu vermitteln, tadelt Al̤l̤āh diejenigen, die diskutieren, um die Wahrheit zu bedecken.

وَيُجَٰدِلُ ٱلَّذِينَ كَفَرُواْ بِٱلۡبَٰطِلِ لِيُدۡحِضُواْ بِهِ ٱلۡحَقَّۖ

„Die aber, die ungläubig sind, streiten in Falschheit, um dadurch die Wahrheit zu widerlegen." (Al-Kahf 18:56)

10.2.1 Das Streitgespräch der Propheten

Der Qur'ān erwähnt ebenfalls die Diskussionen der Propheten mit ihren Völkern, z. B. die von Nūḥ. Dazu sagt Al̤l̤āh:

﴿قَالُواْ يَٰنُوحُ قَدۡ جَٰدَلۡتَنَا فَأَكۡثَرۡتَ جِدَٰلَنَا فَأۡتِنَا بِمَا تَعِدُنَآ إِن كُنتَ مِنَ ٱلصَّٰدِقِينَ ٣٢﴾

„Sie sagten: ‚Oh Nūḥ, du hast bereits mit uns gestritten und dabei den Streit mit uns übertrieben. Bring uns doch her, was du uns androhst, wenn du zu den Wahrhaftigen gehörst.'" (Hūd 11:32)

Al̤l̤āh erwähnt auch die Diskussion des Propheten 'Ibrāhīm mit seinem Vater:

﴿وَٱذۡكُرۡ فِي ٱلۡكِتَٰبِ إِبۡرَٰهِيمَۚ إِنَّهُۥ كَانَ صِدِّيقٗا نَّبِيًّا ٤١ إِذۡ قَالَ لِأَبِيهِ يَٰٓأَبَتِ لِمَ تَعۡبُدُ مَا لَا يَسۡمَعُ وَلَا
يُبۡصِرُ وَلَا يُغۡنِي عَنكَ شَيۡـٔٗا ٤٢ يَٰٓأَبَتِ إِنِّي قَدۡ جَآءَنِي مِنَ ٱلۡعِلۡمِ مَا لَمۡ يَأۡتِكَ فَٱتَّبِعۡنِيٓ أَهۡدِكَ صِرَٰطٗا
سَوِيّٗا ٤٣ يَٰٓأَبَتِ لَا تَعۡبُدِ ٱلشَّيۡطَٰنَۖ إِنَّ ٱلشَّيۡطَٰنَ كَانَ لِلرَّحۡمَٰنِ عَصِيّٗا ٤٤ يَٰٓأَبَتِ إِنِّيٓ أَخَافُ أَن يَمَسَّكَ
عَذَابٞ مِّنَ ٱلرَّحۡمَٰنِ فَتَكُونَ لِلشَّيۡطَٰنِ وَلِيّٗا ٤٥ قَالَ أَرَاغِبٌ أَنتَ عَنۡ ءَالِهَتِي يَٰٓإِبۡرَٰهِيمُۖ لَئِن لَّمۡ تَنتَهِ
لَأَرۡجُمَنَّكَۖ وَٱهۡجُرۡنِي مَلِيّٗا ٤٦ قَالَ سَلَٰمٌ عَلَيۡكَۖ سَأَسۡتَغۡفِرُ لَكَ رَبِّيٓۖ إِنَّهُۥ كَانَ بِي حَفِيّٗا ٤٧ وَأَعۡتَزِلُكُمۡ
وَمَا تَدۡعُونَ مِن دُونِ ٱللَّهِ وَأَدۡعُواْ رَبِّي عَسَىٰٓ أَلَّآ أَكُونَ بِدُعَآءِ رَبِّي شَقِيّٗا ٤٨﴾

„Und erwähne in diesem Buch 'Ibrāhīm. Er war ein Wahrhaftiger, ein Prophet, als er zu seinem Vater sagte: ‚Oh mein Vater, warum verehrst

du das, was nicht hört und sieht und dir nichts nützen kann? Oh, mein Vater, zu mir ist Wissen gekommen, das nicht zu dir kam; so folge mir, ich will dich auf den ebenen Weg leiten. Oh, mein Vater, diene nicht Satan; denn Satan empört sich gegen den Allerbarmer. Oh, mein Vater, siehe, ich fürchte, es könnte dich die Strafe des Allerbarmers treffen, und dann wirst du ein Freund Satans werden.' Er sagte: ‚Wendest du dich von meinen Göttern ab, o Abraham? Wenn du (damit) nicht aufhörst, so werde ich dich wahrlich steinigen. Verlass mich für lange Zeit.' Er (Abraham) sagte: ‚Friede sei auf dir! Ich will bei meinem Herrn um Vergebung für dich bitten; denn Er ist gnädig gegen mich. Und ich werde mich von euch und von dem, was ihr statt Aḷḷāh anruft, fernhalten; und ich will zu meinem Herrn beten; ich werde durch das Gebet zu meinem Herrn bestimmt nicht unglücklich sein.'" (Maryam 19:41-48)

10.2.2 Die Diskussion mit den Juden

Der größte Anteil an Debatten im Qur'ān beschäftigt sich mit dem Judentum, wie in den Suren al-Baqarah, 'Āli 'Imrān, al-Mā'idah und weiteren. So sagt Aḷḷāh unter anderem:

﴿لَّقَدْ سَمِعَ ٱللَّهُ قَوْلَ ٱلَّذِينَ قَالُوٓا۟ إِنَّ ٱللَّهَ فَقِيرٌ وَنَحْنُ أَغْنِيَآءُ ۘ سَنَكْتُبُ مَا قَالُوا۟ وَقَتْلَهُمُ ٱلْأَنۢبِيَآءَ بِغَيْرِ
حَقٍّ وَنَقُولُ ذُوقُوا۟ عَذَابَ ٱلْحَرِيقِ ﴿١٨١﴾ ذَٰلِكَ بِمَا قَدَّمَتْ أَيْدِيكُمْ وَأَنَّ ٱللَّهَ لَيْسَ بِظَلَّٰمٍ لِّلْعَبِيدِ ﴿١٨٢﴾
ٱلَّذِينَ قَالُوٓا۟ إِنَّ ٱللَّهَ عَهِدَ إِلَيْنَآ أَلَّا نُؤْمِنَ لِرَسُولٍ حَتَّىٰ يَأْتِيَنَا بِقُرْبَانٍ تَأْكُلُهُ ٱلنَّارُ ۗ قُلْ قَدْ جَآءَكُمْ
رُسُلٌ مِّن قَبْلِى بِٱلْبَيِّنَٰتِ وَبِٱلَّذِى قُلْتُمْ فَلِمَ قَتَلْتُمُوهُمْ إِن كُنتُمْ صَٰدِقِينَ ﴿١٨٣﴾﴾

„Wahrlich, Aḷḷāh hat das Wort jener gehört, die da sagten: ‚Siehe, Aḷḷāh ist arm und wir sind reich.' Wir wollen ihre Worte und ihr ungerechtes Ermorden der Propheten niederschreiben und sprechen: Kostet die Strafe des Brennens. Dies ist für das, was eure Hände vorausschickten, und Aḷḷāh ist nicht ungerecht gegen die Diener, die da sagen: ‚Siehe, Aḷḷāh hat uns verpflichtet, keinem Gesandten zu glauben, bevor er uns

ein Opfer bringt, welches das Feuer verzehrt!' Sprich: ‚Schon vor mir kamen zu euch Gesandte mit den deutlichen Zeichen und mit dem, wovon ihr sprecht. Weshalb denn ermordetet ihr sie, wenn ihr wahrhaftig seid?'" ('Āli 'Imrān 3:181-183)

10.2.3 Die Diskussion mit den Christen

Ein Beispiel für die Debatte mit den Christen ist sind Aḷḷāhs Worte:

﴿لَقَدۡ كَفَرَ ٱلَّذِينَ قَالُوٓاْ إِنَّ ٱللَّهَ هُوَ ٱلۡمَسِيحُ ٱبۡنُ مَرۡيَمَۖ وَقَالَ ٱلۡمَسِيحُ يَٰبَنِيٓ إِسۡرَٰٓءِيلَ ٱعۡبُدُواْ ٱللَّهَ رَبِّي
وَرَبَّكُمۡۖ إِنَّهُۥ مَن يُشۡرِكۡ بِٱللَّهِ فَقَدۡ حَرَّمَ ٱللَّهُ عَلَيۡهِ ٱلۡجَنَّةَ وَمَأۡوَىٰهُ ٱلنَّارُۖ وَمَا لِلظَّٰلِمِينَ مِنۡ أَنصَارٖ ٧٢
لَّقَدۡ كَفَرَ ٱلَّذِينَ قَالُوٓاْ إِنَّ ٱللَّهَ ثَالِثُ ثَلَٰثَةٖۘ وَمَا مِنۡ إِلَٰهٍ إِلَّآ إِلَٰهٞ وَٰحِدٞۚ وَإِن لَّمۡ يَنتَهُواْ عَمَّا يَقُولُونَ
لَيَمَسَّنَّ ٱلَّذِينَ كَفَرُواْ مِنۡهُمۡ عَذَابٌ أَلِيمٌ ٧٣ أَفَلَا يَتُوبُونَ إِلَى ٱللَّهِ وَيَسۡتَغۡفِرُونَهُۥۚ وَٱللَّهُ غَفُورٞ رَّحِيمٞ
٧٤ مَّا ٱلۡمَسِيحُ ٱبۡنُ مَرۡيَمَ إِلَّا رَسُولٞ قَدۡ خَلَتۡ مِن قَبۡلِهِ ٱلرُّسُلُ وَأُمُّهُۥ صِدِّيقَةٞۖ كَانَا يَأۡكُلَانِ ٱلطَّعَامَۗ
ٱنظُرۡ كَيۡفَ نُبَيِّنُ لَهُمُ ٱلۡأٓيَٰتِ ثُمَّ ٱنظُرۡ أَنَّىٰ يُؤۡفَكُونَ ٧٥ قُلۡ أَتَعۡبُدُونَ مِن دُونِ ٱللَّهِ مَا لَا يَمۡلِكُ
لَكُمۡ ضَرّٗا وَلَا نَفۡعٗاۚ وَٱللَّهُ هُوَ ٱلسَّمِيعُ ٱلۡعَلِيمُ ٧٦ قُلۡ يَٰٓأَهۡلَ ٱلۡكِتَٰبِ لَا تَغۡلُواْ فِي دِينِكُمۡ غَيۡرَ ٱلۡحَقِّ
وَلَا تَتَّبِعُوٓاْ أَهۡوَآءَ قَوۡمٖ قَدۡ ضَلُّواْ مِن قَبۡلُ وَأَضَلُّواْ كَثِيرٗا وَضَلُّواْ عَن سَوَآءِ ٱلسَّبِيلِ ٧٧﴾

„Wahrlich, ungläubig sind diejenigen, die sagen: ‚Aḷḷāh ist der Messias, der Sohn der Maria', während der Messias doch selbst gesagt hat: ‚Oh ihr Kinder 'Isrā'īls, betet zu Aḷḷāh, meinem Herrn und eurem Herrn. Wer Aḷḷāh Götter zur Seite stellt, dem hat Aḷḷāh das Paradies verwehrt, und das Feuer wird seine Herberge sein. Und die Frevler sollen keine Helfer finden.' Wahrlich, ungläubig sind diejenigen, die sagen: ‚Aḷḷāh ist der Dritte von dreien'; und es ist kein Gott da außer einem Einzigen Gott. Und wenn sie nicht von dem, was sie sagen, Abstand nehmen, wahrlich, so wird diejenigen unter ihnen, die ungläubig bleiben, eine schmerzliche Strafe ereilen. Wollen sie sich denn nicht reumütig Aḷḷāh wieder zuwenden und Ihn um Verzeihung bitten? Und Aḷḷāh ist Allverzeihend, Barmherzig. Der Messias, der Sohn der Maria, war nur ein Gesandter; gewiss, andere Gesandte sind vor ihm dahingegangen.

Und seine Mutter war eine Wahrhaftige; beide pflegten Speise zu sich zu nehmen. Siehe, wie Wir die Zeichen für sie erklären, und siehe, wie sie sich abwenden. Sprich: ‚Wollt ihr statt Aḷḷāh das anbeten, was nicht die Macht hat, euch zu schaden oder zu nützen? Und Aḷḷāh allein ist der Allhörende, der Allwissende.' Sprich: ‚Oh Leute der Schrift, übertreibt nicht zu Unrecht in eurem Glauben und folgt nicht den bösen Neigungen von Leuten, die schon vordem irregingen und viele irregeführt haben und weit vom rechten Weg abgeirrt sind.'" (Al-Mā'idah 5:72-77)

10.2.4 Die Diskussion mit den Polytheisten

Als Beispiel für die Diskussion mit den Polytheisten gelten folgende 'Āyāt:

﴿وَقَالَ ٱللَّهُ لَا تَتَّخِذُوٓاْ إِلَٰهَيۡنِ ٱثۡنَيۡنِۖ إِنَّمَا هُوَ إِلَٰهٞ وَٰحِدٞ فَإِيَّٰيَ فَٱرۡهَبُونِ ٥١ وَلَهُۥ مَا فِي ٱلسَّمَٰوَٰتِ وَٱلۡأَرۡضِ وَلَهُ ٱلدِّينُ وَاصِبًاۚ أَفَغَيۡرَ ٱللَّهِ تَتَّقُونَ ٥٢﴾

„Und Aḷḷāh hat gesprochen: ‚Nehmet euch nicht zwei Götter. Er ist der Einzige Gott. So fürchtet Mich allein.' Und Sein ist, was in den Himmeln und auf Erden ist, und Ihm gebührt die immerwährende Furcht. Wollt ihr also einen anderen fürchten außer Aḷḷāh?" (An-Naḥl 16:51-52)

10.3 Formen der Dialektik des Qur'ān

Die rhetorischen und logischen Stile in der qur'ānischen Dialektik sind sehr vielseitig.

10.3.1 Argumentum a fortiori (Qiyās al-'Awlā)

Darunter versteht man, eine Aussage durch eine schon bewiesene, stärkere Aussage zu beweisen. Z. B. sagt Aḷḷāh:

﴿أَوَلَيۡسَ ٱلَّذِي خَلَقَ ٱلسَّمَٰوَٰتِ وَٱلۡأَرۡضَ بِقَٰدِرٍ عَلَىٰٓ أَن يَخۡلُقَ مِثۡلَهُمۚ بَلَىٰ وَهُوَ ٱلۡخَلَّٰقُ ٱلۡعَلِيمُ ٨١﴾

„Ist Er, Der die Himmel und die Erde erschuf, nicht imstande, ihresgleichen zu erschaffen? Doch, und Er ist der Erschaffer, der Allwissende." (Yāsīn 36:81)

Und auch in folgender 'Āyah wurde diese Form der Argumentation genutzt:

﴿وَضَرَبَ لَنَا مَثَلًا وَنَسِيَ خَلْقَهُۥ ۖ قَالَ مَن يُحْيِ ٱلْعِظَٰمَ وَهِيَ رَمِيمٌ ﴿٧٨﴾ قُلْ يُحْيِيهَا ٱلَّذِىٓ أَنشَأَهَآ أَوَّلَ مَرَّةٍ ۖ وَهُوَ بِكُلِّ خَلْقٍ عَلِيمٌ ﴿٧٩﴾﴾

„Und er prägt Uns Gleichnisse und vergisst seine eigene Erschaffung. Er sagt: ‚Wer kann die Gebeine beleben, wenn sie morsch geworden sind?' Sprich: ‚Er, Der sie das erste Mal erschuf - Er wird sie beleben; denn Er kennt jegliche Schöpfung.'" (Yāsīn 36:78-79)

Die 'Āyah legt dar, dass Derjenige, der den Menschen zum ersten Mal erschuf erst recht in der Lage ist, ihn noch einmal zu erschaffen.

10.3.2 Argumentum e Contrario (Qiyās al-Ḫilāf)

Damit ist die „Schlussfolgerung aus dem Gegenteil" gemeint, bzw. der Umkehrschluss. Ein Beispiel dafür ist Aḷḷāhs Wort:

﴿لَوْ كَانَ فِيهِمَآ ءَالِهَةٌ إِلَّا ٱللَّهُ لَفَسَدَتَا ۚ فَسُبْحَٰنَ ٱللَّهِ رَبِّ ٱلْعَرْشِ عَمَّا يَصِفُونَ ﴿٢٢﴾﴾

„Gäbe es in (Himmel und Erde) Götter außer Aḷḷāh, dann wären wahrlich beide dem Unheil verfallen. Gepriesen sei denn Aḷḷāh, der Herr des Thrones, Hoch Erhaben über das, was sie beschreiben." (Al-'Anbiyā' 21:22)

Hier beweist Aḷḷāh durch die Erwähnung des (unmöglichen) Falschen, dass das Gegenteil die Wahrheit ist.

Auch in folgender 'Āyah macht Aḷḷāh Gebrauch von dieser Form der Argumentation:

﴿أَفَلَا يَتَدَبَّرُونَ ٱلْقُرْءَانَ ۚ وَلَوْ كَانَ مِنْ عِندِ غَيْرِ ٱللَّهِ لَوَجَدُوا۟ فِيهِ ٱخْتِلَٰفًا كَثِيرًا ﴿٨٢﴾﴾

„Sie machen sich keine Gedanken über den Qur'ān. Wäre er von einem anderen als Aḷḷāh, so würden sie darin gewiss viel Widerspruch finden." (an-Nisā' 4:82)

Auch hier beweist Aḷḷāh die Wahrheit – nämlich, dass der Qur'ān nur von Ihm sein kann – durch die Widerlegung des Gegenteils.

10.3.3 Argumentum a posteriori (Qiyās at-Tamṯīl)

Hierbei wird mit einem auf Erfahrung gestützten Beweis auf etwas Verborgenes geschlossen. Beispiel:

﴿وَمِنْ ءَايَٰتِهِۦٓ أَنَّكَ تَرَى ٱلْأَرْضَ خَٰشِعَةً فَإِذَآ أَنزَلْنَا عَلَيْهَا ٱلْمَآءَ ٱهْتَزَّتْ وَرَبَتْ ۚ إِنَّ ٱلَّذِىٓ أَحْيَاهَا
لَمُحْىِ ٱلْمَوْتَىٰٓ ۚ إِنَّهُۥ عَلَىٰ كُلِّ شَىْءٍ قَدِيرٌ ﴿٣٩﴾﴾

„Und unter Seinen Zeichen ist, dass du die Erde leblos siehst, doch wenn Wir Wasser auf sie niedersenden, dann regt sie sich und schwillt. Er, Der sie belebte, wird sicher auch die Toten lebendig machen; denn Er hat Macht über alle Dinge." (Fuṣṣilat 41:39)

In diesem Vers wird der erfahrbare Kreislauf der Pflanzen als vergleichendes Beweismittel für die Wiederbelebung eingesetzt.

10.3.4 Hypothetische Annahme des Gegenarguments (Taslīm Ǧadaliyy)

Hierbei wird das falsche Argument zunächst angenommen, doch nur, um es daraufhin zu widerlegen. So z. B. in folgender Aussage Aḷḷāhs:

قَالُوٓا۟ إِنْ أَنتُمْ إِلَّا بَشَرٌ مِّثْلُنَا تُرِيدُونَ أَن تَصُدُّونَا عَمَّا كَانَ يَعْبُدُ ءَابَآؤُنَا فَأْتُونَا بِسُلْطَٰنٍ مُّبِينٍ ﴿١٠﴾
قَالَتْ لَهُمْ رُسُلُهُمْ إِن نَّحْنُ إِلَّا بَشَرٌ مِّثْلُكُمْ وَلَٰكِنَّ ٱللَّهَ يَمُنُّ عَلَىٰ مَن يَشَآءُ مِنْ عِبَادِهِۦ ۖ وَمَا كَانَ
لَنَآ أَن نَّأْتِيَكُم بِسُلْطَٰنٍ إِلَّا بِإِذْنِ ٱللَّهِ ۚ وَعَلَى ٱللَّهِ فَلْيَتَوَكَّلِ ٱلْمُؤْمِنُونَ ﴿١١﴾﴾

„Sie sagten: ‚Ihr seid nur Menschen wie wir; ihr wollt uns von dem abhalten, was unsere Väter zu verehren pflegten. So bringt uns einen deutlichen Beweis.' Ihre Gesandten sagten zu ihnen: ‚Wir sind nur

Menschen wie ihr, jedoch Aḷḷāh erweist Gnade wem von Seinen Dienern Er will.'" ('Ibrāhīm 14:10-11)

Hier wurde ein Argument nicht direkt widerlegt, sondern aufgegriffen, um aufzuzeigen, dass es nicht stichhaltig ist. Denn warum sollte die Tatsache, dass sie Menschen sind, sie daran hindern, die Botschaft Aḷḷāhs zu erhalten?

10.3.5 Aufteilung und Prüfung (As-Sabr wa at-Taqsīm)

Eine weitere Ausprägung qur'ānischer Dialektik ist „as-Sabr wa at-Taqsīm". Ein Beispiel hierfür sind Aḷḷāhs Worte:

﴿ثَمَٰنِيَةَ أَزْوَٰجٍ مِّنَ ٱلضَّأْنِ ٱثْنَيْنِ وَمِنَ ٱلْمَعْزِ ٱثْنَيْنِ ۗ قُلْ ءَآلذَّكَرَيْنِ حَرَّمَ أَمِ ٱلْأُنثَيَيْنِ أَمَّا ٱشْتَمَلَتْ
عَلَيْهِ أَرْحَامُ ٱلْأُنثَيَيْنِ ۖ نَبِّـُٔونِى بِعِلْمٍ إِن كُنتُمْ صَٰدِقِينَ ﴿١٤٣﴾ وَمِنَ ٱلْإِبِلِ ٱثْنَيْنِ وَمِنَ ٱلْبَقَرِ ٱثْنَيْنِ ۗ قُلْ
ءَآلذَّكَرَيْنِ حَرَّمَ أَمِ ٱلْأُنثَيَيْنِ أَمَّا ٱشْتَمَلَتْ عَلَيْهِ أَرْحَامُ ٱلْأُنثَيَيْنِ ۖ أَمْ كُنتُمْ شُهَدَآءَ إِذْ وَصَّىٰكُمُ ٱللَّهُ
بِهَٰذَا ۚ فَمَنْ أَظْلَمُ مِمَّنِ ٱفْتَرَىٰ عَلَى ٱللَّهِ كَذِبًا لِّيُضِلَّ ٱلنَّاسَ بِغَيْرِ عِلْمٍ ۗ إِنَّ ٱللَّهَ لَا يَهْدِى ٱلْقَوْمَ
ٱلظَّٰلِمِينَ ﴿١٤٤﴾﴾

„Acht (Tiere) zu Paaren (hat Er euch erschaffen): von den Schafen zwei und von den Ziegen zwei. - Sag: Sind es die (beiden) Männchen, die Er verboten hat, oder die (beiden) Weibchen, oder was der Mutterleib der (beiden) Weibchen umschließt? Tut (es) mir kund auf Grund von (wirklichem) Wissen, wenn ihr wahrhaftig seid! - Und (auch) von den Kamelen zwei und von den Rindern zwei. - Sag: Sind es die (beiden) Männchen, die Er verboten hat, oder die (beiden) Weibchen, oder was der Mutterleib der (beiden) Weibchen umschließt? Oder wart ihr Zeugen, als Aḷḷāh euch dies anbefahl? Wer ist denn ungerechter, als wer gegen Aḷḷāh eine Lüge ersinnt, um die Menschen ohne Wissen in die Irre zu führen? Gewiss, Aḷḷāh leitet das ungerechte Volk nicht recht." (Al-'An'ām 6:143-144)

Die Polytheisten verboten einmal die männlichen und einmal die weiblichen Tiere. Darauf antworte Aḷḷāh mit der Methode der

Aufteilung und Prüfung. Diese lautet: Aḷḷāh ist der Schöpfer und er erschuf von jeder Sorte Männchen und Weibchen. Woher kommt nun das Verbot? Die rational möglichen Gründe werden aufgelistet:

- Das Tier ist verboten, weil es männlich ist.
- Es ist verboten, weil es weiblich ist.
- Verboten ist, was das Tier trägt.
- Der Grund für das Verbot ist nicht rational erfassbar.

Letzteres aber kann nur durch Aḷḷāh bestimmt werden. Erfahren kann man von einem Verbot auf folgende Weisen:

- Mittels Offenbarung durch die Entsendung eines Propheten.
- Indem man es selbst als Zeuge hört.

Dies sind die möglichen Gründe des Verbots und die Art der Übermittlung. Nun folgt die Prüfung:

Der erste Grund hätte zur Folge, dass das gesamte männliche Vieh verboten ist, dasselbe gilt im zweiten Fall für die weiblichen Tiere. Bei der dritten Ursache wären beide Geschlechter verboten, denn das Tier trägt entweder ein Männchen oder ein Weibchen. Somit widerspricht das Verbot der männlichen Tiere zu bestimmten Zeiten und der weiblichen zu anderen Zeiten jeder Logik.

Dass sie eine Offenbarung erhielten, behaupteten die Polytheisten nicht einmal selbst, somit fällt auch diese Möglichkeit weg, und vor dem Propheten kam zu diesen Götzendienern kein Gesandter.

Somit wurden sämtliche möglichen Gründe als falsch identifiziert.[111]

[111] Siehe as-Suyūṭiyy, al-'Itqān fī 'Ulūm al-Qur'ān, Band 6, S. 1959.

11 Die Geschichten im Qur'ān (Qaṣaṣ al-Qur'ān)

Der Qur'ān enthält neben den Glaubensinhalten und Geboten auch zahlreiche Geschichten über vorangegangene Völker und Propheten. So sagt Aḷḷāh:

﴿وَكُلًّا نَّقُصُّ عَلَيْكَ مِنْ أَنۢبَآءِ ٱلرُّسُلِ مَا نُثَبِّتُ بِهِۦ فُؤَادَكَ ۚ وَجَآءَكَ فِى هَٰذِهِ ٱلْحَقُّ وَمَوْعِظَةٌ وَذِكْرَىٰ لِلْمُؤْمِنِينَ ﴿١٢٠﴾﴾

„Alles berichten Wir dir von den Nachrichten über die Gesandten, womit Wir dein Herz festigen. Darin ist dir die Wahrheit zugekommen, und eine Ermahnung und Erinnerung für die Gläubigen." (Hūd 11:120)

11.1 Definition

11.1.1 Sprachliche Bedeutung

Das Verb „qaṣṣa" bedeutet „verfolgen". Wer sagt „qaṣaṣtu 'Aṯarah" meint damit „ich folgte seiner Spur." Auch Aḷḷāh benutzt die Wendung in Seinem Buch:

﴿قَالَ ذَٰلِكَ مَا كُنَّا نَبْغِ ۚ فَٱرْتَدَّا عَلَىٰٓ ءَاثَارِهِمَا قَصَصًا ﴿٦٤﴾﴾

„Da kehrten sie beide zurück, indem sie ihren eigenen Spuren folgten." (Al-Kahf 18:64)

Und:

﴿وَقَالَتْ لِأُخْتِهِۦ قُصِّيهِ ۖ فَبَصُرَتْ بِهِۦ عَن جُنُبٍ وَهُمْ لَا يَشْعُرُونَ ﴿١١﴾﴾

Und sie sagte zu seiner Schwester: ‚Folge seiner Spur.'" (Al-Qaṣaṣ 28:11)[112]

11.1.2 Fachspezifische Bedeutung

Unter „Qaṣaṣ al-Qur'ān" versteht man die Berichte über vorausgegangene Völker, Propheten und Geschehnisse.[113]

[112] al-Qaṭṭān, Mabāḥiṯ fī 'Ulūm al-Qur'ān, S. 300.

[113] Ebd.

11.2 Charakteristika der qur'ānischen Geschichten

Das Themenspektrum der Geschichten im Qur'ān ist breit gefächert. Da sind zunächst die Berichte über die Propheten, dann aber auch über Personen, die keine Gesandten waren, wie bspw. über die beiden Söhne 'Ādams, die Leute der Höhle etc. Ein dritter Themenbereich befasst sich mit den Geschehnissen zur Zeit unseres Propheten ﷺ, wie seine Schlachten, seine Himmelsreise, die Auswanderung und v. m.

Ein wesentliches Charakteristikum der qur'ānischen Erzählweise ist die Wiederholung mancher Geschichten, wie bspw. die des Propheten Mūsā. Jedoch enthält jede Wiederholung zusätzliche Aspekte und unterschiedliche Akzente. Darin steckt viel Weisheit:

1. Die unnachahmliche Rhetorik des Qur'ān wird aufgezeigt. Was für eine hohe Kunst, ein und dasselbe Geschehnis mehrmals auf so unterschiedliche Weise zu schildern, dass beim Leser durch die Wiederholung nicht die geringste Langeweile aufkommt!
2. Diese rhetorische Kunst diente auch der Herausforderung der Polytheisten, welche, obwohl die Poesie bei ihnen einen hohen Stellenwert einnahm und es unter ihnen große Poeten gab, nicht zu solch einer Darbietung fähig waren.
3. Die Verankerung der Lehren. Denn durch die Wiederholungen setzen sich die Weisheiten fest.
4. Es werden bei jedem Mal Botschaften mit unterschiedlichen Intentionen verkündet.

Alle Geschichten im Qur'ān berichten über wahre Gegebenheiten.

12 'Uṣūl at-Tafsīr – Grundlagen der Qur'ānexegese

Die Tafsīr-Wissenschaft gehört zu den wichtigsten islamischen Wissenschaften, ist sie doch das Ziel aller Disziplinen, die ja allesamt – sei es Ḥadīṯwissenschaft oder 'Uṣūl al-Fiqh oder Islamische Hermeneutik – das Verständnis des Qur'ān anstreben. So fließen sämtliche Wissenschaften des Islams in den Tafsīr.

12.1 Definitionen

12.1.1 Tafsīr

12.1.1.1 Linguistische Definition

Der Begriff Tafsīr ist vom Verb „fassara" abgeleitet. Ibn Manẓūr sagt: „*Al-Fasr* bedeutet ‚die Verdeutlichung'."[114]

12.1.1.2 Wissenschaftliche Definition

In der tafsīrwissenschaftlichen Literatur finden sich unterschiedliche Definitionen für den Begriff. Dabei werden sehr oft die verschiedenen Qur'ānwissenschaften als seine Bestandteile genannt. Ein Beispiel dafür ist die Definition des Gelehrten As-Suyūṭiyy. Er sagt: „Es ist die Wissenschaft über die Herabsendung der 'Āyāt, deren Angelegenheiten, Erzählungen und Offenbarungsgründe. Ebenso die Unterscheidung zwischen mekkanischen und medinensischen, ein- und mehrdeutigen, abrogierenden und abrogierten, spezifischen und allgemeinen, umfassenden und eingeschränkten sowie abstrakten und klaren 'Āyāt. Daneben die Gebote und Verbote, die Versprechen und Drohungen, Aufforderungen und Untersagungen wie auch Gleichnisse."[115]

Az-Zarkašiyy hingegen definierte den Terminus „Tafsīr" wie folgt: „Eine Wissenschaft, die sich beschäftigt mit dem Verständnis des

---

[114] Ibn Manẓūr, Lisān al-'Arab, Bd. 5, S. 5.

[115] As-Suyūṭiyy, Al-'Itqān fī 'Ulūm al-Qur'ān, Bd. 4, S. 194.

Buches Aḷḷāhs, welches seinem Propheten Muḥammad ﷺ herabgesandt wurde, und der Deutung seiner Inhalte sowie der Herleitung der daraus zu entnehmenden Gebote und Weisheiten."[116]

Ibn ʿĀšūr definiert „Tafsīr" mit den Worten: „Es ist ein Begriff, der das Wissen beschreibt, das sich mit der Deutung der Inhalte des Qur'ān und der darin verwendeten Begriffe beschäftigt und mit dem, was man daraus entnehmen kann – je nachdem auf gekürzte oder ausführliche Weise."[117]

12.1.2 Ta'wīl

12.1.2.1 Linguistische Definition

Das Wort „Ta'wīl" leitete sich von „'awwala" ab, einer Form des Verbs „'āla", „zurückkehren". Das Verbalsubstantiv lautet „'Aul".

Ar-Rāġib al-'Aṣfahāniyy sagt: „At-Ta'wīl leitet sich von Al-'Aul ab. Dies bedeutet die Rückkehr zum Ursprung."[118]

Ibn Manẓūr sagt: „Al-'Aul ist die Rückkehr. [...] 'Awwala bedeutet „inniges Nachdenken" und „erläutern".[119]

12.1.2.2 Wissenschaftliche Definition

Ibn Taimiyyah sagt: „Der Begriff ‚Ta'wīl' besitzt bei den Salaf zwei Bedeutungen:

- ‚Erläuterung und Verdeutlichung', gleich, ob es mit dem Offensichtlichen übereinstimmt oder nicht.
  Somit sind die Begriffe ‚Tafsīr' und ‚Ta'wīl' Synonyme. Dies meinte Muǧāhid, als er sagte, dass die Gelehrten den Ta'wīl kennen. Ebenso sagt Muḥammad Ibn Ǧarīr aṭ-Ṭabariyy in seinem Tafsīrwerk: ‚Die Aussage bezüglich des Ta'wīl der Aussage Aḷḷāhs

---

116 Az-Zarkašiyy, Al-Burhān fī ʿUlūm al-Qur'ān, Bd. 1, S. 13.

117 Ibn ʿĀšūr, At-Taḥrīr wa at-Tanwīr, Bd. 1, S. 11.

118 Ar-Rāġib al-'Aṣfahāniyy, Al-Mufradāt, S. 31.

119 Ibn Manẓūr, Lisān al-ʿArab, Bd. 11, S. 32.

ist dieses und jenes.‘ oder ‚Die Leute des Ta'wīl sind sich nicht einig bezüglich dieser 'Āyah.‘ Bei diesem und Ähnlichem meint er den Tafsīr.

- ‚Das Eintreten dessen, was mit einer Aussage beabsichtigt wurde‘. Ist es eine Aufforderung, dann bedeutet Ta'wīl die Handlung, zu welcher aufgefordert wird. Ist es eine Information, dann bedeutet Ta'wīl das Eintreten dessen.“ [...] Wenn gesagt wird: ‚Die Sonne ist aufgegangen, dann ist der Ta'wīl nach der ersten Bedeutung, dass sie aufgegangen ist. Nach der zweiten Bedeutung bezieht sich der Begriff ‚Ta'wīl‘ auf den äußeren, sichtbaren Eintritt.“[120]

Al-'Aṣfahāniyy definierte den Begriff „Ta'wīl“ wie folgt: „Die Rückführung einer Aussage zu ihrer Intention, in Form von Wissen oder Handlung.“[121]

Mit „Wissen“ ist gemeint, dass die Bedeutungen hervorgehoben werden. Und mit „Handlung“ ist der tatsächliche Eintritt gemeint.

In der Tafsīrwissenschaft ist erstere Bedeutung ausschlaggebend, nämlich die Deutung des Qur'ān.

12.1.3 Tafsīr und Ta'wīl im Vergleich

Wie bereits erwähnt, sind einige Gelehrte der Meinung, die beide Begriffe seien Synonyme. So wurde in folgender 'Āyah „Ta'wīl“ mit „Tafsīr“ gleichgesetzt. Aḷḷāh sagt:

وَمَا يَعْلَمُ تَأْوِيلَهُۥٓ إِلَّا ٱللَّهُ ۗ وَٱلرَّٰسِخُونَ فِى ٱلْعِلْمِ يَقُولُونَ ءَامَنَّا بِهِۦ كُلٌّ مِّنْ عِندِ رَبِّنَا ۗ وَمَا يَذَّكَّرُ إِلَّآ أُو۟لُوا۟ ٱلْأَلْبَٰبِ ۝٧

„Aber niemand weiß ihre Deutung [Ta'wīl] außer Aḷḷāh. Und diejenigen, die im Wissen fest gegründet sind, sagen: „Wir glauben

[120] Ibn Taimiyyah, Al-'Iklīl fī al-Mutašābih wa at-Ta'wīl, S. 25.

[121] Ar-Rāġib al-'Aṣfahāniyy, Al-Mufradāt, S. 31.

daran; alles ist von unserem Herrn." Aber nur diejenigen bedenken, die Verstand besitzen." ('Āli 'Imrān 3:7)

Ibn ʿAbbās sagte: „Ich gehöre zu denjenigen, die ihre Deutung kennen."[122]

Nach einer zweiten Ansicht gibt es zwischen den beiden Begriffen Unterschiede. Al-'Aṣfahāniyy sagt: „‚Tafsīr' ist umfassender als ‚Ta'wīl'. Dabei wird ‚Tafsīr' meistens im Zusammenhang mit Ausdrücken und Begriffen verwendet, ‚Ta'wīl' hingegen für Bedeutungen und Sätze. Daher findet man ‚Ta'wīl' eher in den Büchern Aḷḷāhs, während ‚Tafsīr' sowohl in Seinen als auch in anderen Büchern vorkommt."[123]

Als weitere Unterscheidungsansätze zwischen den beiden Begriffen wurden erwähnt:

- ‚Tafsīr' bezieht sich auf Gewisses und ‚Ta'wīl' auf Ungewisses.[124]
- ‚Tafsīr' bezieht sich auf die Erläuterung der Begriffe und ‚Ta'wīl' auf die Intention.[125]
- ‚Tafsīr' bezieht sich auf die Überlieferungen und ‚Ta'wīl' auf die Erläuterung[126]

Ibn ʿĀšūr sagt bezüglich dieser Unterscheidungen: „All dies sind Definitionen, über die man sich nicht streiten muss, allerdings deuten die Sprache und die Überlieferungen auf die erste Ansicht hin (wonach es Synonyme sind). Schließlich bildet ‚Ta'wīl' das Verbalsubstantiv von ‚awwala' also im Sinne von ‚Rückführung zum intendierten Ursprung'. Dieser beabsichtigte Ursprung ist nun sein Gehalt und das, was der Sprechende an Bedeutungen beabsichtigte. Somit stimmt dies mit dem Begriff ‚Tafsīr' überein. Allerdings

[122] Ibn Ǧarīr aṭ-Ṭabariyy, Ǧāmiʿ al-Bayān, Bd. 3, S. 183.

[123] Al-'Aṣfahāniyy, Ǧāmiʿ at-Tafāsīr, S. 47.

[124] Siehe ʿAlā' ad-Dīn al-Buḫāriyy, Kašf al-'Asrār ʿan 'Uṣūl al-Bayḏāwiyy, Bd. 1, S. 45.

[125] As-Suyūṭiyy, al-'Itqān fī ʿUlūm Al-Qur'ān, Bd. 4, S. 194

[126] Az-Zarkašiyy, al-Burhān fī ʿUlūm Al-Qur'ān, Bd. 4, S. 194

verwendet man ‚Ta’wīl‘ nur für Angelegenheiten, die nicht offensichtlich sind.“[127]

12.1.4 ’Uṣūl at-Tafsīr

Unter „’Uṣūl at-Tafsīr“ versteht man die Regeln und Grundsätze, auf denen die Tafsīrwissenschaft basiert.[128]

Der Unterschied zur Tafsīrwissenschaft ist, dass sich ’Uṣūl at-Tafsīr sich nicht mit der Erläuterung des Qur’ān beschäftigt, sondern die Werkzeuge analysiert, die dazu benötigt werden. Diese Werkzeuge werden dann in der Tafsīrwissenschaft angewandt.

„’Uṣūl at-Tafsīr“ ist eine Teildisziplin der Qur’ān-Wissenschaften, allerdings findet man in der wissenschaftlichen Literatur die Anwendung des Begriffs auch für die Qur’ān-Wissenschaften selbst.

12.2 Klassische Literatur zu ’Uṣūl at-Tafsīr

Gesonderte Werke über den ’Uṣūl at-Tafsīr sind nicht im gleichen Maße vorhanden wie über die Qur’ān-Wissenschaften.

Vielmehr werden diese Regeln und Grundsätze der Tafsīrwissenschaft in den Vorworten und Einleitungen der Tafsīrwerke behandelt. Dazu gehören z. B.:

- Das Vorwort im Tafsīr des ’Imām Ibn Kaṯīr.
- Das Vorwort im Tafsīr des ’Imām Ibn Ǧuzayy.
- Das Vorwort im Tafsīr des ’Imām Ar-Rāġib al-’Aṣfahāniyy.
- Das Vorwort im Tafsīr des ’Imām Ibn ‘Āšūr.

Auch in Werken, die sich mit den Qur’ān-Wissenschaften beschäftigen, wurde diese Teildisziplin erwähnt. So finden sich Kapitel über die Grundlagen des Tafsīr in folgenden Werken:

- Al-Burhān fī ‘Ulūm al-Qur’ān des ’Imām az-Zarkašiyy.

[127] Ibn ‘Āšūr, At-Taḥrīr wa at-Tanwīr, Bd. 1, S. 16.

[128] Al-‘Ubaid, Tafsīr al-Qur’ān al-Karīm ’Uṣūluh wa Ḍawābiṭuh S. 26.

- Al-’Itqān fī ʿUlūm al-Qur’ān des ’Imām as-Suyūṭiyy.

Daneben wird in den Tafsīrwerken auf Grundlagen und Regeln hingewiesen. Dies geschieht entweder explizit vom Verfasser selbst oder anhand der Untersuchung der Methodik des Verfassers. Zu den wichtigsten Tafsīrwerken, die eine Quelle für diese Wissenschaft darstellen, gehören:

- Tafsīr des ’Imām aṭ-Ṭabariyy.
- Tafsīr des ’Imām Ibn ʿAṭiyyah.
- Tafsīr des ’Imām Ibn ʿĀšūr.

Ausschließlich mit der Wissenschaft ’Uṣūl at-Tafsīr befassen sich u. a. folgende Werke:

- Muqaddimah fī ’Uṣūl at-Tafsīr von Ibn Taimiyyah.
- Al-Fauz al-Kabīr fī ’Uṣūl at-Tafsīr von Ad-Dahlawiyy.

12.3 Themen der Wissenschaft ’Uṣūl at-Tafsīr

Es gibt keine eindeutige Eingrenzung der Themen, mit denen sich diese Teildisziplin der Qur’ān-Wissenschaften beschäftigt, die wichtigsten davon können aber aufgelistet werden. Dazu gehören:

- Entstehungsgeschichte des Tafsīr
- Die Formen des Tafsīr
- Methoden des Tafsīr
- Die Grundsätze des Tafsīr
- Tafsīrwerke
- Der Konsens im Tafsīr
- Der Dissens im Tafsīr

12.4 Entstehungsgeschichte der Tafsīrwissenschaft

Die Tafsīrwissenschaft durchlief mehrere Phasen. Die Lebenszeit des Propheten ﷺ bildet dabei den Beginn. Als zweite Phase wird die Zeit der Ṣaḥābah betrachtet und die der Tābiʿūn stellt die dritte Phase dar;

danach begann die vierte. Im Folgenden werfen wir einen Blick auf die Charakteristika der einzelnen Phasen.

12.4.1 Der Tafsīr zur Zeit des Propheten ﷺ

Der Prophet ﷺ wurde aufgefordert, den Qur'ān zu erläutern. So sagt Aḻḻāh:

وَأَنزَلْنَآ إِلَيْكَ ٱلذِّكْرَ لِتُبَيِّنَ لِلنَّاسِ مَا نُزِّلَ إِلَيْهِمْ وَلَعَلَّهُمْ يَتَفَكَّرُونَ ﴿٤٤﴾

„Und Wir haben zu dir die Ermahnung hinabgesandt, damit du den Menschen klarmachst, was ihnen offenbart worden ist, und auf dass sie nachdenken mögen." (an-Naḥl 16:44)

Allerdings sind sich die Tafsīrwissenschaftler nicht einig, wie viel von Aḻḻāhs Buch der Prophet ﷺ erläutert hat. Es gibt zwei Ansichten:

1. Ansicht: Der Prophet ﷺ erläuterte den gesamten Qur'ān.

Die Vertreter dieser Meinung untermauerten ihre Ansicht mit folgenden Belegen:

- Die oben erwähnte 'Āyah in Sūrah an-Naḥl erwähnt die „Klarmachung". Dies gilt sowohl für die einzelnen Begriffe als auch für die Bedeutungen der 'Āyāt des gesamten Qur'ān.
- Die Überlieferung von 'Abū ʿAbdirraḥmān as-Sulamiyy. Er sagte: „Unsere Qur'ān-Lehrer berichteten uns, dass sie den Propheten ﷺ darum baten, ihnen den Qur'ān vorzutragen. Sobald sie zehn 'Āyāt gelernt hatten, lernten sie keine weiteren mehr, bis sie verstanden hatten, was daraus an Lehren zu entnehmen war. So lernten sie den Qur'ān und die Umsetzung gleichzeitig."[129]
- Die Überlieferung, wonach der Gefährte ʿUmar acht Jahre benötigte, um die Sūrah al-Baqarah zu lernen.[130] Die Argumentation lautet hier, dass diese lange Zeit darauf

[129] Siehe aṭ-Ṭabariyy, Ǧāmiʿ al-Bayān, Bd. 1, S. 80. 'Aḥmad Šākir sagte: "Die Überlieferungskette ist authentisch."

[130] Überliefert im Muwaṭṭa' des 'Imām Mālik.

hindeutet, dass er sie nicht nur memorisierte, sondern gleichzeitig lernte, sie zu verstehen.

- Und schließlich argumentierte man, dass das Ziel einer jeder Aussage deren Verständnis ist. Es ist nicht üblich, Bücher einer Wissenschaft zu lesen, ohne den Inhalt zu verstehen. Dies gilt erst recht für den Qur'ān.[131]

2. Ansicht: Der Prophet ﷺ erläuterte nur Teile des Qur'ān.

Auch diese Gelehrten haben für ihre Ansicht mehrere Belege:

- Die Überlieferung von ʿĀ'išah. Sie sagte:
  „Der Prophet ﷺ erläuterte nicht den Qur'ān, außer einige 'Āyāt, welche ihm Ǧibrīl beibrachte."[132]
- Aḷḷāh erlegte seinem Propheten ﷺ nicht auf, den gesamten Qur'ān zu erläutern, denn Seine Diener sollten sich selbst mit dem Qur'ān beschäftigen.[133]
- Hätte der Prophet ﷺ alles erläutert, würde das Bittgebet des Propheten ﷺ für Ibn ʿAbbās „Oh Aḷḷāh, gib ihm Verständnis in der Religion und bringe ihm die Deutung bei."[134] keinen Sinn ergeben. Denn alle Menschen wären dann bezüglich der Deutung gleichgestellt.[135]

Az-Zarkašiyy vertritt hierbei die Ansicht, dass der Prophet ﷺ vieles erläuterte.

Die Tafsīrwissenschaftler erwähnten mehrere Gründe, warum der Prophet ﷺ nicht den gesamten Qur'ān erläuterte:

[131] Siehe Ibn Taimiyyah, 'Uṣūl at-Tafsīr, S. 35

[132] Siehe aṭ-Ṭabariyy, Ǧāmiʿ al-Bayān, Bd. 1, S. 84. Allerdings sagte aṭ-Ṭabariyy, dass sich diese Überlieferung aufgrund einer Schwäche nicht zur Argumentation eignet.

[133] Siehe as-Suyūṭiyy, Al-'Itqān fī ʿUlūm al-Qur'ān, Bd. 2, S. 174.

[134] 'Aḥmad, ṣaḥīḥ nach al-'Albāniyy.

[135] Siehe Al-Qurṭubiyy, Al-Ǧāmiʿ li 'Aḥkām al-Qur'ān, Bd. 1, S. 33.

- Es gibt 'Āyāt, die eindeutig sind und aufgrund der Sprache keiner weiteren Erläuterung bedürfen. Az-Zarkašiyy sagt dazu: „Der gewaltige Qur'ān unterteilt sich in zwei Teile:
  1. Eindeutiges, das keiner weiteren Erläuterung bedarf. Und dies gilt für vieles.
  2. Nicht eindeutiges, welches näherer Erläuterung bedarf."[136]
- Der Prophet ﷺ erläuterte keine Angelegenheiten, deren Kenntnis Aḷḷāh allein Sich Selbst vorbehielt, wie z. B. die Wirklichkeit der Seele und der Zeitpunkt des Tages der Abrechnung etc.
- Bei manchen Angelegenheiten bringen zusätzliche Erklärungen keinen Nutzen, wie z. B. Einzelheiten mancher Geschichten im Qur'ān. Dazu gehört bspw. die Farbe des Hundes in Sūrah al-Kahf etc.

Ibn ʿAbbās unterteilte den Tafsīr in vier Arten. So sagt er: „Es gibt vier Formen des Tafsīr:

- Eine Form, welche die Araber aufgrund ihrer Sprache verstehen.
- Eine Form, bei der niemand durch Unwissenheit entschuldigt ist.
- Eine Form, welche die Gelehrten nachvollziehen.
- Eine Form, welche nur Aḷḷāh vorenthalten ist."[137]

Beim Tafsīr des Propheten ﷺ handelte es sich nicht um ausführliche Erläuterungen. Vielmehr bestand er aus folgenden Punkten:

- Erläuterung einiger Begrifflichkeiten:

So berichtete 'Ubayy Ibn Kaʿb, dass er den Propheten hörte, wie er folgende 'Āyah erläuterte:

وَأَلْزَمَهُمْ كَلِمَةَ ٱلتَّقْوَىٰ

„Und ließ sie an dem Wort der Gottesfurcht festhalten." (Al-Fatḥ 48:26)

[136] Az-Zarkašiyy, Al-Burhān fī ʿUlūm al-Qur'ān, Bd. 2, S. 184.

[137] Siehe Aṭ-Ṭabariyy, Ǧāmiʿ al-Bayān, Bd. 1, S. 75.

قَالَ: «لَا إِلَهَ إِلَّا اللَّهُ»

Er sagte: „Es gibt keinen Gott außer Aḷḷāh."[138]

- Verdeutlichung von Unklarem:

عَنْ عَدِيٍّ، قَالَ: أَخَذَ عَدِيٌّ عِقَالًا أَبْيَضَ، وَعِقَالًا أَسْوَدَ حَتَّى كَانَ بَعْضُ اللَّيْلِ نَظَرَ فَلَمْ يَسْتَبِينَا، فَلَمَّا أَصْبَحَ قَالَ يَا رَسُولَ اللَّهِ: جَعَلْتُ تَحْتَ وِسَادِي عِقَالَيْنِ، قَالَ: «إِنَّ وِسَادَكَ إِذًا لَعَرِيضٌ أَنْ كَانَ الْخَيْطُ الْأَبْيَضُ، وَالْأَسْوَدُ تَحْتَ وِسَادَتِكَ»

'Adiyy Ibn Ḥātim berichtete, dass er den Propheten ﷺ fragte: „Oh Gesandter Aḷḷāhs, was bedeutet ‚der weiße Faden vom schwarzen'? Sind es zwei Fäden?" Der Prophet ﷺ sagte: „Du hättest ein breites Kopfkissen, wenn du die beiden Fäden sehen würdest." Dann sagte er: „Nein, es ist die Dunkelheit der Nacht und die Helligkeit des Tages."[139]

- Instruktionen zur Ausführung von Allgemeinem (Tafṣīl al-Muǧmal)
  Dazu gehören die Angaben wie die einzelnen Gottesdienste, wie z. B. Gebet, Pilgerfahrt etc. auszuführen sind.
- Einschränkung von Umfassendem (Taqyīd al-Muṭlaq)
  Ein Beispiel dafür folgende 'Āyah:

فَمَن كَانَ مِنكُم مَّرِيضًا أَوْ بِهِ أَذًى مِّن رَّأْسِهِ فَفِدْيَةٌ مِّن صِيَامٍ أَوْ صَدَقَةٍ أَوْ نُسُكٍ

„Wer von euch krank ist oder ein Leiden an seinem Kopf hat, der soll Ersatz leisten mit Fasten, Almosen oder Opferung eines Schlachttieres."
(Al-Baqarah 2:196)

Der Ersatz ist in dieser 'Āyah umfassend (muṭlaq), d. h., nicht näher beschrieben. Der Prophet ﷺ aber hat ihn eingeschränkt bzw. näher erläutert. So berichtete Ka'b Ibn 'Uǧrah, dass er krank war und der Prophet ﷺ ihn besuchte und auf seinem Gesicht Läuse sah. Da fragte er ﷺ: „Ich sehe, dass du sehr angeschlagen bist. Hast du ein Schaf? Ich

---

[138] Ebd. Bd. 26, S. 104.
[139] Buḫāriyy.

sagte: „Nein.“ Er sagte: „Dann faste drei Tage oder speise sechs Arme, jeweils mit einem halben Ṣāʿ.“[140]

Damit schränkte der Prophet ﷺ das Fasten auf drei Tage und die zu speisenden Armen auf sechs Personen ein, zu je einem halben Ṣāʿ.

- Beschränkung von Allgemeinem (Taḫṣīṣ al-ʿĀm)

Im Qur'ān werden verendete Tiere zum Verzehr verboten. Aḷḷāh spricht:

حُرِّمَتْ عَلَيْكُمُ ٱلْمَيْتَةُ وَٱلدَّمُ

„Verboten ist euch (der Genuss von) Verendetem, Blut [...].“ (Al-Mā'idah 5:3)

Dieses allgemeine Verbot wurde vom Propheten ﷺ eingeschränkt. Er sagte:

أُحِلَّتْ لَنَا مَيْتَتَانِ، وَدَمَانِ. فَأَمَّا الْمَيْتَتَانِ: فَالْحُوتُ وَالْجَرَادُ، وَأَمَّا الدَّمَانِ: فَالْكَبِدُ وَالطِّحَالُ

„Uns wurden zwei Arten von Verendetem und zwei Arten von Blut erlaubt: Fische und Heuschrecken sowie Leber und Milz.“[141]

12.4.2 Der Tafsīr zur Zeit der Ṣaḥābah

Die Gefährten waren aufgrund ihrer guten Sprachkenntnisse in der Lage, den Qur'ān zu verstehen. Und wenn sie etwas nicht verstanden, wandten sie sich an den Propheten ﷺ.

12.4.2.1 Vorzüge der Ṣaḥābah

Sie besaßen Vorzüge, die sie – nach dem Propheten ﷺ –zu einer Erkenntnisquelle machen. Zu diesen Vorzügen gehört:

- Sie erlebten die Offenbarung

So sagte ʿĀ'išah: „Die Quraiš und ihre Glaubensbrüder verweilten auf der Pilgerfahrt in Muzdalifah. Man bezeichnete sie als Al-Ḥums. Der Rest der Araber hingegen blieb in ʿArafāt. Als der Islam kam, befahl

[140] Buḫāriyy.

[141] 'Aḥmad und Ibn Māǧah, ṣaḥīḥ nach 'Albāniyy.

Aḷḷāh seinem Propheten, nach ʿArafah zu pilgern und dort zu verweilen. Danach sollten sie von dort aus weiterströmen. Dies meint Aḷḷāh, wenn Er sagt:

ثُمَّ أَفِيضُوا۟ مِنْ حَيْثُ أَفَاضَ ٱلنَّاسُ وَٱسْتَغْفِرُوا۟ ٱللَّهَ ۚ إِنَّ ٱللَّهَ غَفُورٌ رَّحِيمٌ ﴿١٩٩﴾

„Hierauf strömt weiter, woher die (anderen) Menschen weiterströmen, und bittet Aḷḷāh um Vergebung. Aḷḷāh ist Allvergebend und Barmherzig." (Al-Baqarah 2:199)[142]

Al-Buḫāriyy überlieferte, dass Ibn ʿAbbās sagte: „ʿUkāẓ, Muǧinnah und Ḏul-Maǧāz waren Märkte zur Zeit der Ǧāhiliyyah. Die Leute befürchteten, zu sündigen, wenn sie in der Pilgerzeit Handel trieben. Daraufhin offenbarte Aḷḷāh bezüglich der Pilgerzeit:

لَيْسَ عَلَيْكُمْ جُنَاحٌ أَن تَبْتَغُوا۟ فَضْلًا مِّن رَّبِّكُمْ ۚ

„Es ist keine Sünde für euch, dass ihr nach Huld von eurem Herrn trachtet." (Al-Baqarah 2:198)

- Hohe Sprachkenntnisse

Ibn Ḥaǧar sagte: „Ibn at-Tīn wandte gegen Ibn Masʿūds Aussage ‚Nās' von den Ǧinn'[143] ein, ‚Nās' widerspreche dem Begriff ‚Ǧinn'. Dem wurde entgegnet, dass er vom Verb ‚nāsa', im Sinn von ‚bewegen' abgeleitet sei. Oder auch, dass es sich hier nur um eine Gegenüberstellung handele, da er bereits gesagt hatte: ‚Nās von den Menschen' und ‚Nās von den Ǧinn'. Und ach, wem widerspricht er doch nur?"

- Unversehrtheit ihrer Ansichten

Damit ist gemeint, dass es unter den Gefährten keine Sekten gab. Vielmehr vertraten sie allesamt die reine und authentische Glaubenslehre und verstanden die Religion auf richtige Art und Weise.

---

[142] Siehe Ibn Ḥaǧar al-ʿAsqalāniyy, Fatḥ al-Bārī, Bd. 8, S.35.

[143] Deutsch: Menschen bzw. Personen von den Ǧinn

12.4.2.2 **Quellen der Ṣaḥābah**

Die Quellen des Tafsīr unter den Ṣaḥābah können in zwei Kategorien aufgeteilt werden:

1. Überlieferungen
2. Denkarbeit

Die Ṣaḥābah beziehen sich also entweder auf Ḥadīṯe des Propheten ﷺ bzw. Überlieferungen anderer Quellen, oder aber stellen – wenn diese fehlen – eigene Überlegungen an.

12.4.2.2.1 Überlieferungen

Die Überlieferungen sind zweierlei:

1. Erlebtes

Dazu gehören die Offenbarungsgründe, die die Ṣaḥābah selbst miterlebten.

2. Übermitteltes

Damit ist das gemeint, was die Ṣaḥābah nicht selbst erlebten, sondern ihnen mitgeteilt wurde. Hierbei unterscheidet man drei Formen:

- Überlieferungen des Propheten ﷺ
  Dabei gibt es zwei Möglichkeiten:
  - Der Tafsīr des Propheten ﷺ erfolgte aufgrund einer Frage.

Ein Beispiel dafür ist die Überlieferung von ʾAbū Salamah Ibn ʿAbdirraḥmān. Er sagte: „ʿAbdurraḥmān Ibn ʾAbī Saʿīd al-Ḫudriyy kam zu mir. Ich fragte ihn:

كَيْفَ سَمِعْتَ أَبَاكَ يَذْكُرُ فِي الْمَسْجِدِ الَّذِي أُسِّسَ عَلَى التَّقْوَى؟ قَالَ: قَالَ أَبِي: دَخَلْتُ عَلَى رَسُولِ اللهِ صَلَّى اللهُ عَلَيْهِ وَسَلَّمَ فِي بَيْتِ بَعْضِ نِسَائِهِ، فَقُلْتُ: يَا رَسُولَ اللهِ، أَيُّ الْمَسْجِدَيْنِ الَّذِي أُسِّسَ عَلَى التَّقْوَى؟ قَالَ: فَأَخَذَ كَفًّا مِنْ حَصْبَاءَ، فَضَرَبَ بِهِ الْأَرْضَ، ثُمَّ قَالَ: «هُوَ مَسْجِدُكُمْ هَذَا» لِمَسْجِدِ الْمَدِينَةِ، قَالَ: فَقُلْتُ: أَشْهَدُ أَنِّي سَمِعْتُ أَبَاكَ هَكَذَا يَذْكُرُهُ.

‚Was hast du von deinem Vater gehört über die Moschee, die auf Gottesfurcht gegründet wurde?‘ Er antwortete: ‚Mein Vater sagte: »Ich trat beim Propheten ﷺ in eines der Häuser seiner Frauen ein und sagte: ›Oh Gesandter Aḷḷāhs! Welche der beiden Moscheen wurde auf Gottesfurcht gegründet?‹ Da nahm er

eine Handvoll Steinchen und warf sie auf den Boden und sagte: ›Es ist diese eure Mosche, die Moschee von Madīnah.‹« Ich bezeuge, dass ich deinen Vater dies sagen hörte. "'[144]

- Der Prophet ﷺ erläuterte den Qur'ān von sich aus.

Beispiel: folgende Überlieferung von 'Abū Ḏarr. Er sagte:

كُنْتُ مَعَ النَّبِيِّ صَلَّى اللهُ عَلَيْهِ وَسَلَّمَ فِي المَسْجِدِ عِنْدَ غُرُوبِ الشَّمْسِ، فَقَالَ: «يَا أَبَا ذَرٍّ أَتَدْرِي أَيْنَ تَغْرُبُ الشَّمْسُ؟» قُلْتُ: اللهُ وَرَسُولُهُ أَعْلَمُ، قَالَ: «فَإِنَّهَا تَذْهَبُ حَتَّى تَسْجُدَ تَحْتَ العَرْشِ»، فَذَلِكَ قَوْلُهُ تَعَالَى:

وَٱلشَّمْسُ تَجْرِى لِمُسْتَقَرٍّ لَّهَا ۚ ذَٰلِكَ تَقْدِيرُ ٱلْعَزِيزِ ٱلْعَلِيمِ ﴿٣٨﴾

„Ich war mit dem Propheten ﷺ während des Sonnenuntergangs in der Moschee. Da sagte er: ‚Weißt du wo die Sonne untergeht?' Ich sagte: ‚Aḷḷāh und Sein Gesandter wissen es besser.' Er sagte: ‚Sie geht, um sich unter dem Thron niederzuwerfen. Dies ist gemeint in der Aussage Aḷḷāhs:

»Und die Sonne läuft zu einem für sie bestimmten Aufenthaltsort. Das ist die Anordnung des Allmächtigen und Allwissenden.« "'(Yāsīn 36:38)

- Gegenseitige Überlieferung unter den Ṣaḥābah

Die Ṣaḥābah haben sich gegenseitig über die Erläuterung des Qur'ān befragt. So sagt Ibn ʿAbbās bezüglich der 'Āyah:

وَإِن تَظَٰهَرَا عَلَيْهِ فَإِنَّ ٱللَّهَ هُوَ مَوْلَىٰهُ وَجِبْرِيلُ وَصَٰلِحُ ٱلْمُؤْمِنِينَ ۖ وَٱلْمَلَٰٓئِكَةُ بَعْدَ ذَٰلِكَ ظَهِيرٌ ﴿٤﴾

„Und wenn ihr einander gegen ihn beisteht, so ist Aḷḷāh sein Schutzherr; und Ǧibrīl, die Rechtschaffenen von den Gläubigen, und die Engel werden darüber hinaus (ihm) Beistand sein." (At-Taḥrīm 66:)

كُنْتُ أُرِيدُ أَنْ أَسْأَلَ عُمَرَ عَنِ المَرْأَتَيْنِ اللَّتَيْنِ تَظَاهَرَتَا عَلَى رَسُولِ اللهِ صَلَّى اللهُ عَلَيْهِ وَسَلَّمَ، فَمَكَثْتُ سَنَةً، فَلَمْ أَجِدْ لَهُ مَوْضِعًا حَتَّى خَرَجْتُ مَعَهُ حَاجًّا، فَلَمَّا كُنَّا بِظَهْرَانَ ذَهَبَ عُمَرُ لِحَاجَتِهِ، فَقَالَ: أَدْرِكْنِي بِالوَضُوءِ فَأَدْرَكْتُهُ بِالإِدَاوَةِ، فَجَعَلْتُ أَسْكُبُ عَلَيْهِ المَاءَ، وَرَأَيْتُ مَوْضِعًا فَقُلْتُ: يَا أَمِيرَ المُؤْمِنِينَ، مَنِ المَرْأَتَانِ اللَّتَانِ تَظَاهَرَتَا؟ قَالَ ابْنُ عَبَّاسٍ: فَمَا أَتْمَمْتُ كَلَامِي حَتَّى قَالَ: «عَائِشَةُ، وَحَفْصَةُ»

---

[144] Muslim.

„Ich wollte ʿUmar Ibn Al-Ḫaṭṭāb über die beiden Frauen befragen, die einander gegen den Propheten ﷺ beistanden. Ich habe ihn ein Jahr lang nicht gefunden. Doch dann begab ich mich mit ihm auf die Pilgerfahrt. Als wir in Ẓahrān waren, ging er, um sein Geschäft zu verrichten und bat mich: ‚Bring mir Wasser für den Wuḍūʾ.' So brachte ich ihm einen Trinkschlauch und goss ihm Wasser. Ich nutzte die Gelegenheit und fragte ihn: ‚Oh Führer der Gläubigen, wer sind die beiden Frauen, die einander gegen den Propheten ﷺ beistanden?' Noch bevor ich meine Frage beendet hatte, sagte er: ‚ʿĀʾišah und Ḥafṣah.'"[145]

Zu dieser Form der Erläuterung gehören auch die Aussagen der Ṣaḥābah, die ein Offenbarungsereignis nicht selbst erlebt, aber überliefert haben. So äußerten sich ʾAbū Hurairah und auch Ibn ʿAbbās bezüglich der ʾĀyah:

وَأَنذِرْ عَشِيرَتَكَ ٱلْأَقْرَبِينَ ﴿٢١٤﴾

„Und warne die Nächsten deiner Sippe." (Aš-Šuʿarāʾ 26:214)

Sie erwähnten, dass der Prophet ﷺ auf den Hügel Ṣafā stieg und die Familien des Stammes Quraiš rief.[146]

Und dies, obwohl ʾAbū Hurairah den Islam erst in Madīnah annahm, und Ibn ʿAbbās wurde erst drei Jahre vor der Hiǧrah geboren. Dieses Ereignis hingegen fand in den ersten Jahren der Entsendung statt.

Solche Überlieferungen bilden eine Grundlage für das Verständnis der Religion, weil die Ṣaḥābah vollkommen vertrauenswürdig sind.

- Überlieferungen aus anderen Religionen

Eine weitere Quelle der Ṣaḥābah bildeten Aussagen der damaligen Christen und Juden. Diese Überlieferungen nennt man „ʾIsrāʾīliyyāt". Diese gelangten auf zwei Wegen zu den Ṣaḥābah:

---

[145] Al-Buḫāriyy.

[146] Al-Buḫāriyy.

1. Über Personen, wie z. B. konvertierte Christen und Juden. Dazu gehören u. a. Ibn Sallām von den Ṣaḥābah und Kaʿb al-'Aḥbār von den Tābiʿūn.
   Ein Beispiel hierfür findet man bei Ibn Muǧallaz. So sagte er: „Ibn ʿAbbās saß bei ʿAbdullāh Ibn Sallām und fragte ihn, warum Sulaymān unter all den Vögeln ausgerechnet nach dem Wiedehopf Ausschau hielt? Daraufhin sagte ʿAbdullāh Ibn Sallām: ‚Sulaymān machte einst auf einer Reise einen Halt und wusste nicht, wie weit entfernt Wasser zu finden war. So fragte er: »Wer weiß, wie weit Wasser entfernt ist?« Man antwortete ihm: »Der Wiedehopf weiß es.« Daher hielt er nach ihm Ausschau.'"[147]
2. Über Bücher. So verhielt es sich bei ʿAmr Ibn al-ʿĀṣ, der einige Bücher fand.

12.4.2.2.2 Denkarbeit

Ibn Al-'Aṯīr sagt: „Die Gefährten erläuterten den Qur'ān und hatten dabei unterschiedliche Meinungen. Deshalb sind nicht alle ihre Erläuterungen vom Propheten ﷺ, schließlich bat dieser für Ibn ʿAbbās, indem er sagte:

اللهُمَّ فَقِّهْهُ فِي الدِّينِ، وَعَلِّمْهُ التَّأْوِيلَ

„Oh Allāh gib ihm Verständnis über die Religion und bringe ihm die Deutung bei."[148]

Wäre die Deutung ausschließlich auf das Überlieferte beschränkt, welchen Sinn ergäbe dann dieses Bittgebet?"[149]

Die Überlegungen, die die Ṣaḥābah bezüglich des Tafsīr anstellten, beruhten auf folgenden Methoden:

- Tafsīr anhand des Qur'ān

---

[147] Siehe aṭ-Ṭabariyy, Ǧāmiʿ al-Bayān, Bd. 19, S. 143.

[148] 'Aḥmad, ṣaḥīḥ nach 'Albāniyy.

[149] Ibn Al-'Aṯīr, Ǧāmiʿ al-'Uṣūl, Bd. 2, S. 4.

- Tafsīr anhand der Sunnah
- Tafsīr anhand der Sprache

Diese Methoden werden später noch näher erörtert, es sollen jedoch hier einige Beispiele kurz angeschnitten werden.

So gehört bspw. zum Tafsīr anhand des Qur'ān die Erläuterung ʿUmar Ibn al-Ḫaṭṭābs zur 'Āyah:

وَإِذَا ٱلنُّفُوسُ زُوِّجَتۡ ﴿٧﴾

„Und wenn die Seelen gepaart werden." (At-Takwīr 81:)

Er sagte: „Wenn die Gleichgesinnten zusammengeführt werden." Und er erwähnte dabei Aḻḻāhs Worte:

ٱحۡشُرُواْ ٱلَّذِينَ ظَلَمُواْ وَأَزۡوَٰجَهُمۡ وَمَا كَانُواْ يَعۡبُدُونَ ﴿٢٢﴾

„Versammelt (nun) diejenigen, die Unrecht getan haben, ihre Gattinnen und das, dem sie dienten." (Aṣ-Ṣāffāt 37:22)

Ein Beispiel für die Erläuterung des Qur'ān anhand der Sunnah findet man bei 'Abū Hurairah zur 'Āyah:

وَقُرۡءَانَ ٱلۡفَجۡرِۖ إِنَّ قُرۡءَانَ ٱلۡفَجۡرِ كَانَ مَشۡهُودٗا ﴿٧٨﴾

„Und (auch) die (Qur'ān-)Lesung (in) der Morgendämmerung. Gewiss, die (Qur'ān-)Lesung (in) der Morgendämmerung wird bezeugt." (Al-'Isrā' 17:78)

anhand des Ḥadīṯ

تَفْضُلُ صَلاَةُ الجَمِيعِ صَلاَةَ أَحَدِكُمْ وَحْدَهُ، بِخَمْسٍ وَعِشْرِينَ جُزْءًا، وَتَجْتَمِعُ مَلاَئِكَةُ اللَّيْلِ وَمَلاَئِكَةُ النَّهَارِ فِي صَلاَةِ الفَجْرِ

„Der Vorzug des Gemeinschaftsgebets gegenüber dem allein verrichteten Gebet ist fünfundzwanzig Mal. Und die Engel der Nacht und die Engel des Tages versammeln sich zum Morgengebet."[150]

Der Tafsīr anhand der Sprache kommt zur Anwendung beim Vers:

---

150 Al-Buḫāriyy.

خِتَٰمُهُۥ مِسۡكٞۚ وَفِي ذَٰلِكَ فَلۡيَتَنَافَسِ ٱلۡمُتَنَٰفِسُونَ ٢٦

„Dessen Siegel Moschus ist –, und darum sollen die Wettbewerber wettkämpfen." (Al-Muṭaffifīn 83:26)

Hierzu erwähnt der Tafsīr-Gelehrte aṭ-Ṭabariyy zwei Ansichten der Ṣaḥābah über das Wort „خِتَٰمُهُ Ḫitāmuh", hier übersetzt mit „Siegel":[151]

1. Es ist zu verstehen im Sinne von „Vermischtem". Dies ist die Meinung von Ibn Mas'ūd, denn er sagte: „Es ist nicht das Letzte, sondern das Vermischte."
2. Im Sinne von „Siegel", mit der Bedeutung „das Letzte". Dies ist die Ansicht von Ibn 'Abbās. Er sagte: „Allāh hat ihnen den Wein mit Duft versehen, und das letzte was hinzugefügt wurde, ist der Moschus."

12.4.3 Tafsīr-Schulen der Ṣaḥābah

Zu den Ṣaḥābah, die sich am meisten mit dem Tafsīr beschäftigten, gehören:

- 'Aliyy Ibn 'Abī Ṭālib
- 'Abdullāh Ibn Mas'ūd
- 'Abdullāh Ibn 'Abbās
- 'Ubayy Ibn Ka'b

'Aliyy Ibn 'Abī Ṭālib gehörte zu den Gelehrten unter den Ṣaḥābah. Schließlich begleitete er den Propheten ﷺ schon als Kind. Damit war die Zeitspanne, während der er vom Propheten ﷺ lernte, sehr lang. Nach dem Tod des Propheten ﷺ war er einer der wichtigsten Referenzen der Ṣaḥābah, und da er ein langes Leben hatte, konnte man sehr lange von ihm profitieren. Da er sich erst spät mit politischen Herausforderungen auseinandersetzen musste, konnte er sich dem Wissen widmen.

[151] Siehe Aṭ-Ṭabariyy, Ǧāmi' Al-Bayān, Bd. 30, S. 106.

Die anderen drei Ṣaḥābah gründeten die wichtigsten Tafsīr-Schulen unter den Gefährten.

12.4.3.1 **Ibn Masʿūd in Al-Kūfah**

Ibn Masʿūd ist der sechste Mensch, der den Islam annahm, und nach dem Propheten ﷺ der erste, der den Qur'ān in Mekka öffentlich bekanntmachte. Er war der Gehilfe des Propheten ﷺ und erlebte ihn daher in allen Lebenssituationen. Den Qur'ān beherrschte er dermaßen, dass der Prophet ﷺ sagte:

مَنْ سَرَّهُ أَنْ يَقْرَأَ الْقُرْآنَ غضاً كَمَا أُنْزِلَ فَلْيَقْرَأْ قِرَاءَةَ ابْنِ أُمِّ عَبْدٍ

„Wer den Qur'ān so lesen möchte, wie er offenbart wurde, der möge ihn so lesen wie Ibn 'Umm ʿAbd."[152]

In der Ära ʿUmars entsandte ihn dieser in die Stadt Al-Kūfah, damit er den Menschen dort den Qur'ān beibringe.

Er selbst sagte über sich: „Bei dem, der keine Gottheit neben sich besitzt – keine 'Āyah aus dem Buche Al̤l̤āhs wurde offenbart, ohne dass ich weiß, warum sie offenbart wurde oder wo sie herabgesandt wurde. Und wüsste ich einen Ort, an dem jemand ist, der wissender ist über das Buche Al̤l̤āhs als ich, und es wäre möglich, ihn zu erreichen, dann würde ich zu ihm reisen."[153]

Zu den wichtigsten Schülern Ibn Masʿūds gehörten:

- Masrūq Ibn al-'Aǧdaʿ
- ʿAlqamah Ibn Qais an-Naḫaʿiyy
- Al-'Aswad Ibn Yazīd
- Qatādah Ibn Duʿāmah as-Sadūsiyy
- 'Abū ʿAbdirraḥmān as-Sulamiyy
- ʿAmr Ibn Šuraḥbīl

---

[152] 'Aḥmad, ṣaḥīḥ nach 'Aḥmad Šākir. (Ibn 'Umm ʿAbd ist ein Beiname Ibn Masʿūds.)

[153] Siehe Aṭ-Ṭabariyy, Ǧāmiʿ Al-Bayān, Bd. 1, S. 80.

12.4.3.2 Ibn ʿAbbās in Mekka

Er war der Cousin des Propheten ﷺ und wurde drei Jahre vor der Hiğrah geboren. Seine Tante war Maimūnah Bint al-Ḥāriṯ, die Frau des Propheten ﷺ. Ibn Masʿūd sagte über ihn: „Ein edler Erläuterer des Qur'ān ist Ibn ʿAbbās."[154] Ibn ʿUmar sagte: „Ibn ʿAbbās ist der Gelehrsamste unter den Übriggebliebenen über das, was Aḷḷāh Seinem Propheten herabsandte."[155]

Und der Prophet ﷺ sprach für ihn folgendes Bittgebet:

اللَّهُمَّ فَقِّهْهُ فِي الدِّينِ وَعَلِّمْهُ التَّأْوِيلَ

„Oh Aḷḷāh, verleihe ihm Verständnis über die Religion und Wissen in der Deutung."[156]

Der Gelehrte Ṭāwūs wurde gefragt: „Warum hast du diesen Jungen – Ibn ʿAbbās – begleitet und die großen Persönlichkeiten unter den Gefährten vernachlässigt?" Er sagte: „Ich habe siebzig Gefährten des Gesandten gesehen, und wenn sie sich in einer Angelegenheit strittig waren, folgten sie der Meinung von Ibn ʿAbbās."[157]

Zu den wichtigsten Schülern von Ibn ʿAbbās gehörten:

- Muğāhid Ibn Ğabr
- Saʿīd Ibn Ğubair
- Ṭāwūs Ibn Kaisān
- ʿAṭā' Ibn 'Abī Rabāḥ
- ʿIkrimah

12.4.3.3 'Ubayy Ibn Kaʿb in Madīnah

Er gehörte zu den 'Anṣār, nämlich dem Stamm der Ḫazrağ. Er war der erste unter den Schreibern des Propheten ﷺ in Medina und einer der

[154] Aḏ-Ḏahabiyy, Siyar 'Aʿlām an-Nubalā', Bd. 3, S. 347.

[155] Ibn Ḥağar, Al-'Iṣābah, Bd. 2, S. 332.

[156] Siehe Fußnote Nr. 148 S. 126.

[157] Ibn Ḥağar, Al-'Iṣābah, Bd. 2, S. 333.

führenden Rezitatoren. Der Prophet ﷺ sagte: „Der Wissendste beim Lesen des Qur'ān ist 'Ubayy Ibn Ka'b."[158]

'Anas Ibn Mālik berichtete, dass der Prophet ﷺ zu seinem Gefährten 'Ubayy Ibn Ka'b sagte:

إِنَّ اللَّهَ أَمَرَنِي أَنْ أَقْرَأَ عَلَيْكَ:

﴿لَمْ يَكُنِ ٱلَّذِينَ كَفَرُوا۟ مِنْ أَهْلِ ٱلْكِتَـٰبِ وَٱلْمُشْرِكِينَ مُنفَكِّينَ حَتَّىٰ تَأْتِيَهُمُ ٱلْبَيِّنَةُ ۝١﴾

قَالَ: وَسَمَّانِي لَكَ؟ قَالَ: «نَعَمْ» فَبَكَى

„Aḷḷāh hat mir befohlen, dir die Sūrah:

„Diejenigen von den Leuten der Schrift und den Götzendienern, die ungläubig sind" (Al-Bayyinah 98:1)

vorzulesen. Er sagte: „Hat mich Aḷḷāh genannt?" Der Prophet ﷺ sagte: „Ja." Da begann er zu weinen.[159]

Er starb in der Zeit des Kalifen 'Umar.

Zu seinen wichtigsten Schülern gehörten:

- 'Abū Al-'Āliyah Ar-Riyāḥiyy
- Zaid Ibn 'Aslam
- Muḥammad Ibn Ka'b Al-Quraẓiyy
- Aṭ-Ṭufail Ibn 'Ubayy Ibn Ka'b

12.4.3.4 Arten des Tafsīr der Ṣaḥābah

Man unterteilt den Tafsīr der Ṣaḥābah in zwei Kategorien:

1. Wenn es sich um nicht rational erfassbare Aspekte handelt, wie z. B. die verborgene Welt, besitzen die Aussagen der Gefährten die gleiche Gültigkeit wie die des Propheten ﷺ.
2. Handelt es sich um Angelegenheiten, die auf dem Iǧtihād, also der Denkarbeit der Ṣaḥābah basieren und nicht über Propheten ﷺ überliefert wurden, dann sind sie dessen Überlieferungen

[158] At-Tirmiḏiyy und Ibn Māǧah.

[159] 'Aḥmad.

nachzustellen. Allerdings dienen sie als wichtige Referenzen zur Erläuterung des Qur'ān. Az-Zarkašiyy sagte: „Wenn sich der Tafsīr der Ṣaḥābah auf sprachliche Aspekte bezieht, dann stellen ihre Aussagen sicherlich eine Grundlage dar, schließlich sind sie die Vorreiter der Sprache. Ebenso werden sie herangezogen, wenn sie aufgrund ihrer Erfahrungen die Anlässe erläutern."[160]

12.4.4 **Der Tafsīr zur Zeit der Tābiʿūn**

Auch die Tābiʿūn waren sehr vorsichtig bei der Deutung des Qur'ān. So tat Saʿīd Ibn Al-Musayyab so, als ob er nicht hören würde, wenn er nach dem Tafsīr einer 'Āyah gefragt wurde.[161] Ein anderes Beispiel ist Aš-Šaʿbiyy, der sagte: „Bei Aḷḷāh, es gibt keine 'Āyah, über die ich nicht nachgefragt habe, es ist aber die Rede über Aḷḷāh."[162]

Diese Aussagen weisen auf die Wichtigkeit der Achtsamkeit in Bezug auf die Erläuterung des Qur'ān ohne Wissen. Wer ihn jedoch gemäß wahrhaftigem Wissen zu erläutern vermag, dem ist dies erlaubt.[163]

12.4.4.1 **Vorreiter des Tafsīr bei den Tābiʿūn**

Zu den wichtigsten Gelehrten des Tafsīr unter den Tābiʿūn gehören:

- Muǧāhid Ibn Ǧabr
- Saʿīd Ibn Ǧubair
- ʿIkrimah
- Al-Ḥasan al-Baṣriyy
- Zaid Ibn 'Aslam
- Qatādah Ibn Diʿāmah As-Sadūsiyy
- Muḥammad Kaʿb Al-Quraẓiyy
- 'Abū 'Āliyah Ar-Riyāḥiyy

---

[160] Az-Zarkašiyy, Al-Burhān fī ʿUlūm al-Qur'ān, Bd. 2, S. 157.

[161] Ibn Taimiyyah, Muqaddimah fī 'Uṣūl at-Tafsīr, S. 112.

[162] Ebd.

[163] Ebd.

- ʿĀmir Aš-Šaʿbiyy

12.4.4.2 Methoden des Tafsīr bei den Tābiʿūn

Die Tābiʿūn folgten in ihrem Tafsīr der Methodik der Ṣaḥābah. Doch da sich inzwischen das muslimische Gebiet vergrößert hatte, kamen weitere Vorgehensweisen hinzu. Die Methoden können wie folgt aufgelistet werden:

- Tafsīr des Qur'ān anhand des Qur'ān.
- Tafsīr des Qur'ān anhand der Sunnah.
- Tafsīr des Qur'ān anhand der Aussagen der Ṣaḥābah.
- Tafsīr des Qur'ān anhand eigener Denkarbeit (Iǧtihād).
- Aussagen von Juden und Christen.
  Aufgrund der Ausdehnung des islamischen Gebiets und dem Übertritt vieler Menschen zum Islam drangen viele Berichte aus der jüdischen und christlichen Tradition ein. Da viele Geschichten im Qur'ān keine Einzelheiten wie z. B. Orte und Zeiten enthielten, wurden solche israelitische Überlieferungen herbeigezogen, um nähere Informationen über die qur'ānischen Erzählungen zu erhalten.
  Zu den Vorreitern der israelitischen Überlieferungen gehören:
  - ʿAbdul̤l̤āh Ibn Sallām
  - Kaʿb Al-'Aḥbār
  - Wahb Ibn Manabbih
  - ʿAbdulmalik Ibn Ǧuraiǧ

12.4.4.3 Wert des Tafsīr der Tābiʿūn

Bezüglich der Aussagen der Tābiʿūn gibt es drei Meinungen:

- Sie bilden keine Grundlage für den Tafsīr, haben sie doch weder direkt vom Propheten ﷺ gehört noch die Ereignisse während der Offenbarung miterlebt. Und schließlich gelten – im Gegensatz zu den Gefährten – nicht alle Tābiʿūn als vertrauenswürdig.

- Sie bilden eine Grundlage für den Tafsīr, wenn man keine andere Quelle hat. Diese Ansicht vertraten die meisten Tafsīr-Gelehrten. Der Grund ist, dass die Tābi'ūn die Erläuterungen von den Ṣaḥābah übernahmen. So sagte Muǧāhid: „Ich bin mit Ibn 'Abbās den Qur'ān von der Fātiḥah bis zum Schluss drei Mal durchgegangen, und ich habe ihn dabei bei jedem Wort angehalten, um ihn danach zu fragen."[164]
- Es ist zu unterscheiden, ob die Tābi'ūn sich über einen Tafsīr einig sind oder nicht. Der Konsens bildet hiermit eine Grundlage. Bei einem Dissens können Aussagen der Tābi'ūn jedoch nicht als Quelle genutzt werden.[165]

12.4.5 Der Tafsīr zur Zeit der Verschriftlichung

Im Zeitalter der Ṣaḥābah und der Tābi'ūn bestand der Tafsīr aus Überlieferungen, die mehrheitlich mündlich weitergegeben wurden. Doch zum Ende des ersten Jahrhunderts n. H. begann die Epoche der Verschriftlichung der islamischen Wissenschaften. Nun wurden die Ḥadīṯe nach Kapiteln und Themen geordnet und in Werke gefasst. Dabei sind unterschiedliche Phasen zu unterscheiden:

12.4.5.1 Tafsīr innerhalb von Ḥadīṯ-Sammlungen

In dieser Phase wurde der Tafsīr als Kapitel in den Ḥadīṯ-Sammlungen aufgeführt. Neben den Kapiteln „Reinheit", „Gebet", „Fasten" usw. gab es das Kapitel „Tafsīr". Separate Werke über den Tafsīr wurden noch keine verfasst. Zu den Wissenschaftlern, die in dieser Phase über den Tafsīr schrieben, gehören:

- Yazīd Ibn Hārūn As-Sulamiyy
- Šu'bah Ibn Al-Ḥaǧǧāǧ
- Wakī' Ibn Al-Ǧarrāḥ

---

164 Ibn Taimiyyah, Muqaddimah fī 'Uṣūl at-Tafsīr, S. 112.

165 Ebd.

- ʿAbd Ibn Ḥumaid

Charakteristika dieser Phase:

- Beschäftigung mit den Überlieferungsketten
- Keine gesonderte Verschriftlichung des Tafsīr
- Keine Beschränkung auf den Tafsīr des Propheten ﷺ, sondern Erwähnung der Aussagen der Ṣaḥābah und der Tābiʿūn.

12.4.5.2 **Werke mit Tafsīr als eigenständigem Thema mit Überlieferungsketten**

Nun wurde die Erläuterung als eigenständiges Thema behandelt. Daher wurden in dieser Phase eigenständige Werke über den Tafsīr verfasst. Nach Ibn Taimiyyah und Ibn Ḫillikān war der erste Verfasser ʿAbdulmalik Ibn Ǧuraiǧ. Daneben gehören zu den Vorreitern dieser Epoche:

- Ibn Māǧah
- Ibn Ǧarīr Aṭ-Ṭabariyy
- ʾAbū Bakr Al-Mundir An-Naisābūriyy
- Ibn ʾAbī Ḥātim
- Ibn Iban
- Al-Ḥākim
- Ibn Mardawaih

Charakteristika dieser Phase:

- Erwähnung der Überlieferungen des Propheten ﷺ, der Ṣaḥābah und der Tābiʿūn.
- Die Überlieferungsketten wurden in den Werken erwähnt.
- Es wurden sowohl authentische als auch nicht authentische Überlieferungen niedergeschrieben. Allerdings wurden die Überlieferungsketten erwähnt, sodass die Authentizität überprüft werden kann. Schließlich heißt es: „Wer die Überlieferungskette erwähnt, hat die Verantwortung übergeben."

- Erwähnung der israelitischen Überlieferungen.

12.4.5.3 Werke ohne Überlieferungsketten

In dieser Phase unterließen einige Autoren die Erwähnung der Überlieferungsketten. So vermischten sich authentische mit unauthentischen Überlieferungen, ohne dass sie unterschieden werden konnten. Die Ḥadīṯwissenschaft beschäftigte sich jedoch eingehend damit, sodass die Authentizität überprüft werden konnte.

Daneben beschränkte man sich in dieser Phase nicht auf die Aussagen des Propheten ﷺ, der Ṣaḥābah und der Tābi'ūn, sondern stellte eigene Überlegungen an. Diese Form des Tafsīr nennt man „At-Tafsīr bir-Ra'ī" d. h. „der Tafsīr nach eigener Überlegung". Da diese sowohl richtig als auch falsch sein kann, befassten sich die Tafsīr-Wissenschaftler damit, um zulässige von unzulässigen Überlegungen zu unterscheiden.

12.4.5.4 Werke unterschiedlicher Theologieschulen und Disziplinen

In dieser Phase entstanden Zweige des Tafsīr. Zum einen verfassten die verschiedenen Theologieschulen den Tafsīr gemäß ihrer Glaubensvorstellung. Es wurden aber auch Werke geschrieben, die auf den unterschiedlichen islamwissenschaftlichen Teildisziplinen basierten, z. B. welche, die sich mit dem Tafsīr aus islamrechtlicher Sicht befassten, wie z. B. Al-Qurṭubiyy. Andere widmeten sich der arabischen Sprache und der Rhetorik, wie z. B. 'Abī Ḥayyān. Und wieder andere stellten Logik und Philosophie in den Vordergrund wie z. B. Ar-Rāziyy. Seither sind unzählige Werke erschienen.

12.4.5.5 Wichtigste Werke in dieser Epoche

- Aṭ-Ṭabariyy: Ǧāmi' al-Qur'ān fī Tafsīr al-Qur'ān
- As-Samarqandiyy: Baḥr al-'Ulūm
- Aṯ-Ṯa'labiyy: Al-Kāf wa al-Bayān 'an Tafsīr al-Qur'ān
- Al-Nawawiyy: Ma'ālim at-Tanzīl

- Ibn ʿAṭiyyah: Al-Muḥarrar al-Waǧīz fī Tafsīr al-Kitāb al-ʿAzīz
- As-Suyūṭiyy: Ad-Durr al-Manṯūr fī at-Tafsīr bil-Ma'ṯūr
- Ibn Kaṯīr: Tafsīr al-Qur'ān
- Aṯ-Ṯaʿālibiyy: Al-Ǧawāhir al-Ḥisān fī Tafsīr al-Qur'ān
- Aš-Šaukāniyy: Fatḥ al-Qadīr
- Aš-Šanqīṭiyy: 'Aḍwā' al-Bayān fī 'Īḍāḥ Al-Qur'ān bil-Qur'ān

12.5 Vorgehensweisen beim Tafsīr

In der Literatur sind beim Tafsīr zwei Vorgehensweisen zu unterscheiden:

- Tafsīr anhand von Überlieferungen (Tafsīr bil-Ma'ṯūr)
- Tafsīr anhand von Überlegungen (Tafsīr bir-Ra'ī)

12.5.1 Tafsīr bil-Ma'ṯūr

Unter dieser Form des Tafsīr versteht man die Erläuterung des Qur'ān anhand der Überlieferungen und des Qur'ān selbst. Es werden die Ḥadīṯe des Propheten ﷺ, der Ṣaḥābah und der Tābiʿūn herangezogen.

Eigene Überlegungen, die nicht auf Überlieferungen basieren, werden bei diesem Tafsīr nicht berücksichtigt.

12.5.1.1 Bedeutung dieser Form des Tafsīr

Sie zählt zu den wichtigsten und wertvollsten Formen. Denn hier wird der Qur'ān anhand von drei Quellen erläutert:

1. anhand des Qur'ān
2. anhand der Aussagen des Propheten ﷺ
3. anhand der Aussagen der Ṣaḥābah

Somit stellt diese Form eine besondere Quelle für die Überlieferungen dar. Um vollumfänglich davon profitieren zu können, müssen jedoch Bedingungen eingehalten werden. Denn über die Zeit hinweg haben sich unauthentische Überlieferungen eingeschlichen. Dafür gibt es viele Gründe:

- Gegner des Islams haben sie eingeschmuggelt.
- Vertreter von Sekten haben damit ihre Standpunkte bekräftigt.
- Es wurden Aussagen getätigt, ohne Überlieferungsketten zu erwähnen.

Daraus folgt, dass beim Tafsīr bil-Ma'ṯūr zwischen Authentischem und Unauthentischem zu unterscheiden ist.[166]

12.5.1.2 **Nähere Betrachtung der Quellen des Tafsīr bil-Ma'ṯūr**

12.5.1.2.1 Qur'ān

Damit ist gemeint, dass der Qur'ān anhand des Qur'ān selbst erläutert wird. Hierzu sagt Ibn Taimiyyah: „Die authentischste Weise, den Qur'ān zu deuten, ist die Erläuterung des Qur'ān anhand des Qur'ān. Was an einer Stelle allgemein gehalten, wird an anderer Stelle erläutert und was an einer Stelle zusammengefasst ist, wird an anderer Stelle ausführlich dargelegt."[167]

Ein Beispiel dafür ist der Vers:

فَتَلَقَّىٰٓ ءَادَمُ مِن رَّبِّهِۦ كَلِمَٰتٍ فَتَابَ عَلَيۡهِۚ إِنَّهُۥ هُوَ ٱلتَّوَّابُ ٱلرَّحِيمُ ﴿٣٧﴾

„Da empfing Adam von seinem Herrn Worte, worauf Er ihm verzieh; wahrlich, Er ist der Allverzeihende, der Barmherzige." (Al-Baqarah 2:37)

Die Worte, die Adam empfangen hat, werden in einer anderen 'Āyah erwähnt:

قَالَا رَبَّنَا ظَلَمۡنَآ أَنفُسَنَا وَإِن لَّمۡ تَغۡفِرۡ لَنَا وَتَرۡحَمۡنَا لَنَكُونَنَّ مِنَ ٱلۡخَٰسِرِينَ ﴿٢٣﴾

„Sie sagten: ‚Unser Herr, wir haben gegen uns selbst gesündigt; und wenn Du uns nicht verzeihst und Dich unser erbarmst, dann werden wir gewiss unter den Verlierern sein.'" (Al-'A'rāf 7:23)

---

[166] Vgl. Az-Zarqāniyy, Manāhil al-'Irfān, Bd. 1, S. 493.

[167] Ibn Taimiyyah, Muqaddimah fī 'Uṣūl at-Tafsīr, S. 93.

Ein weiteres Beispiel ist die ’Āyah:

أُحِلَّتْ لَكُم بَهِيمَةُ ٱلْأَنْعَٰمِ إِلَّا مَا يُتْلَىٰ عَلَيْكُمْ غَيْرَ مُحِلِّى ٱلصَّيْدِ وَأَنتُمْ حُرُمٌ ۗ إِنَّ ٱللَّهَ يَحْكُمُ مَا يُرِيدُ ﴿١﴾

„Erlaubt ist euch jede Art des Viehs, mit Ausnahme dessen, was euch (in der Schrift) bekanntgegeben wird; nicht, dass ihr die Jagd als erlaubt ansehen dürft, während ihr pilgert; wahrlich, Aḻḻāh richtet, wie Er will.“ (Al-Mā’idah 5:1)

Diese Aussage wurde in einer anderen näher erläutert:

حُرِّمَتْ عَلَيْكُمُ ٱلْمَيْتَةُ وَٱلدَّمُ وَلَحْمُ ٱلْخِنزِيرِ وَمَآ أُهِلَّ لِغَيْرِ ٱللَّهِ بِهِۦ وَٱلْمُنْخَنِقَةُ وَٱلْمَوْقُوذَةُ وَٱلْمُتَرَدِّيَةُ وَٱلنَّطِيحَةُ وَمَآ أَكَلَ ٱلسَّبُعُ

„Verboten ist euch das Verendete sowie Blut und Schweinefleisch und das, worüber ein anderer als Aḻḻāhs Name angerufen wurde; das Erdrosselte, das zu Tode Geschlagene, das zu Tode Gestürzte oder Gestoßene und das, was Raubtiere angefressen haben.“ (Al-Mā’idah 5:3)

Ein anderes Beispiel:

يَٰٓأَيُّهَا ٱلَّذِينَ ءَامَنُوٓا۟ أَنفِقُوا۟ مِمَّا رَزَقْنَٰكُم مِّن قَبْلِ أَن يَأْتِىَ يَوْمٌ لَّا بَيْعٌ فِيهِ وَلَا خُلَّةٌ وَلَا شَفَٰعَةٌ ۗ وَٱلْكَٰفِرُونَ هُمُ ٱلظَّٰلِمُونَ ﴿٢٥٤﴾

„Oh ihr, die ihr glaubt! Spendet von dem, was Wir euch (an Gut) beschert haben, bevor ein Tag kommt, an dem es kein Handeln, keine Freundschaft und keine Fürsprache (mehr) geben wird. Die Ungläubigen sind es, die Unrecht tun.“ (Al-Baqarah 2:254)

In folgender ’Āyah wurde die Freundschaft unter Gottesfürchtigen von dieser Aussage ausgenommen:

ٱلْأَخِلَّآءُ يَوْمَئِذٍۭ بَعْضُهُمْ لِبَعْضٍ عَدُوٌّ إِلَّا ٱلْمُتَّقِينَ ﴿٦٧﴾

„Die Freunde werden an jenem Tage einer des anderen Feind sein, außer den Gottesfürchtigen.“ (Az-Zuḫruf 43:67)

Und auch eine gewisse Fürsprache wurde ausgenommen, im Vers:

وَكَم مِّن مَّلَكٍ فِى ٱلسَّمَٰوَٰتِ لَا تُغْنِى شَفَٰعَتُهُمْ شَيْـًٔا إِلَّا مِنۢ بَعْدِ أَن يَأْذَنَ ٱللَّهُ لِمَن يَشَآءُ وَيَرْضَىٰٓ ﴿٢٦﴾

„Und so mancher Engel ist in den Himmeln, dessen Fürsprache nichts nützen wird, es sei denn, nachdem Aḷḷāh dem die Erlaubnis (dazu) gegeben hat, dem Er will und der Ihm beliebt.“ (An-Naǧm 53:26)

12.5.1.2.2 Sunnah

Ibn Taimiyyah sagt: „Wenn man im Qur'ān keine Erläuterung findet, wird die Sunnah zurate gezogen. Denn sie erläutert den Qur'ān und erklärt ihn. Aš-Šāfi'iyy sagte sogar: ‚Alles, was der Gesandte Aḷḷāhs ﷺ angeordnet hat, verstand er aus dem Qur'ān.'“[168]

Und 'Aḥmad Ibn Ḥanbal sagte: „Die Sunnah erläutert den Qur'ān und erklärt ihn.“[169]

12.5.1.2.2.1 Formen der Erläuterung des Qur'ān anhand der Sunnah

Die Beziehung zwischen Qur'ān und Sunnah hat mehrere Aspekte:

1. Die Sunnah verdeutlicht Abstraktes, gibt Einzelheiten an, wie z. B. beim Gebet die Zeiten, die Anzahl der Gebetseinheiten etc.
   Sie erklärt das Unverständliche. So wurde bspw. klargemacht, dass mit dem „weißen und dem schwarzen Faden“ die Helligkeit der Morgendämmerung und die Dunkelheit gemeint ist.
   Sie differenziert allgemeine Aussagen. So wurde z. B. der Begriff „Ungerechtigkeit“ in Aḷḷāhs Rede

ٱلَّذِينَ ءَامَنُوا۟ وَلَمْ يَلْبِسُوٓا۟ إِيمَٰنَهُم بِظُلْمٍ أُو۟لَٰٓئِكَ لَهُمُ ٱلْأَمْنُ وَهُم مُّهْتَدُونَ ﴿٨٢﴾

„Die da glauben und ihren Glauben nicht mit Ungerechtigkeiten vermengen, sie sind es, die Sicherheit haben und die rechtgeleitet werden.“ (Al-'An'ām 6:82)

[168] Ibn Taimiyyah, Muqaddimah fī 'Uṣūl at-Tafsīr, S. 93.

[169] Al-Qurṭubiyy, Al-Ǧāmi' li 'Aḥkām al-Qur'ān, Bd. 1, S. 39.

durch die Anmerkung des Propheten ﷺ „es ist der Götzendienst", spezifiziert.

Sie schränkt Umfassendes ein, z. B. das Testament. Hierzu sagt Allāh:

مِنۢ بَعْدِ وَصِيَّةٍ يُوصِى بِهَآ أَوْ دَيْنٍ

„Nach Bezahlung eines etwaig gemachten Vermächtnisses oder einer Schuld." (An-Nisā' 4:11)

Dieses hier allgemein gehaltene „Vermächtnis" wurde in der Sunnah auf ein Drittel eingeschränkt.

2. Sie erläutert im Qur'ān vorkommende Begriffe, Namen und Beziehungen. Ein Beispiel dafür ist die Frage bezüglich Hārūn in der Aussage Allāhs:

يَٰٓأُخْتَ هَٰرُونَ

„Oh Schwester Hārūns" (Maryam 19:28)

In der Sunnah erklärte der Prophet ﷺ, dass damit nicht etwa der Prophet Hārūn gemeint ist. Vielmehr gaben die Leute zu jener Zeit ihren Kinder gerne Namen von Propheten.

3. Die Sunnah enthält zusätzliche Gebote, die im Qur'ān nicht erwähnt wurden, bspw. das Verbot von Seide für Männer.
4. Die Sunnah dient auch der Bestätigung des Qur'ān. So wurde bspw. das Gebot Allāhs

يَٰٓأَيُّهَا ٱلَّذِينَ ءَامَنُوا۟ لَا تَأْكُلُوٓا۟ أَمْوَٰلَكُم بَيْنَكُم بِٱلْبَٰطِلِ إِلَّآ أَن تَكُونَ تِجَٰرَةً عَن تَرَاضٍ مِّنكُمْ

„Oh Ihr Gläubigen! Bringt euch nicht untereinander in betrügerischer Weise um euer Vermögen! Anders ist es, wenn es sich um ein Geschäft handelt, das ihr in gegenseitigem übereinkommen abschließt." (an-Nisā' 4:29)

in der Sunnah bestätigt, indem der Prophet sagte:

لَا يَحِلُّ مَالُ امْرِئٍ مُسْلِمٍ إِلَّا بِطِيبِ نَفْسِهِ

„Das Vermögen einer muslimischen Person ist nur mit seiner Zustimmung erlaubt."[170]

Damit wird deutlich, wie wichtig die Sunnah zum Verständnis des Qur'ān ist.

12.5.1.2.3 Tafsīr der Ṣaḥābah

Ibn Taimiyyah sagt: „Wenn man weder im Qur'ān noch in der Sunnah etwas findet, dann verwendet man die Aussagen der Ṣaḥābah. Schließlich sind sie bewanderter als andere, denn sie haben die Herabsendung erlebt und die Zustände der Offenbarung erfahren. Ebenso besitzen ein ausgeprägtes Verständnis und richtige Kenntnis, insbesondere die Gelehrten unter ihnen."[171]

12.5.1.2.4 Tafsīr der Tābiʿūn

Ibn Taimiyyah sagt: „Wenn man weder im Qur'ān noch in der Sunnah noch bei den Ṣaḥābah eine Erläuterung findet, dann haben viele Gelehrte die Aussagen der Tābiʿūn zu Rate gezogen, wie z. B. Muǧāhid Ibn Ǧabr, denn er war hervorragend im Tafsīr. Ebenso Saʿīd Ibn Al-Musayyib, ʿIkrimah, Diener von Ibn ʿAbbās, ʿAṭā' Ibn 'Abī Rabāḥ, Al-Ḥasan Al-Baṣriyy, Masrūq Ibn Al-'Aǧdaʿ, Saʿīd Ibn Al-Musayyab, 'Abū Al-'Āliyah, Ar-Rabīʿ Ibn 'Anas, Qatādah, Aḍ-Ḍaḥḥāk Ibn Muzāḥim und viele weitere der Tābiʿūn und deren Nachfolger."[172]

Dies waren die wichtigsten Quellen des Tafsīr bil-Ma'ṯūr.

12.5.1.3 **Das Urteil bezüglich des Tafsīr bil-Ma'ṯūr**

Der Tafsīr bil-Ma'ṯūr bildet die Grundlage jedes Tafsīr. Daher ist diese Form auch anzuwenden. Dabei ist es wichtig, die Authentizität der Quellen zu berücksichtigen. Diese Form der Erläuterung zu

---

[170] Sunan ad-Dāraquṭniyy 2885. 'Albāniyy sagte: ṣaḥīḥ.

[171] Ibn Taimiyyah, Muqaddimah fī 'Uṣūl at-Tafsīr, S. 95.

[172] Ibn Taimiyyah, Muqaddimah fī 'Uṣūl at-Tafsīr, S. 102.

vernachlässigen und den Qur'ān ausschließlich aufgrund von Überlegungen zu deuten ist nicht zulässig.[173]

12.5.2 Tafsīr bir-Ra'ī

„Ra'ī" bedeutet „Meinung". Gemeint ist hier die Denkarbeit, die zum Verständnis des Qur'ān geleistet wird.

Diese Form des Tafsīr kann auf zwei Arten ausgeführt werden:

1. auf richtige Art
2. auf falsche Art

12.5.2.1 Die richtige Art des Tafsīr bir-Ra'ī

Die richtige Art, Überlegungen bezüglich des Tafsīr anzustellen ist es, den Gedanken den Qur'ān und die Sunnah zugrunde zu legen. Ebenso bedarf es der fundierten Kenntnis der arabischen Sprache und der islamischen Hermeneutik.

Einen Hinweis auf diese Art des Tafsīr bildet das Bittgebet des Propheten ﷺ für Ibn ʿAbbās:

„Oh Aḷḷāh gib ihm Verständnis über die Religion und bringe ihm die Deutung bei."[174]

Az-Zarkašiyy erwähnte, dass es für diese Form des Tafsīr unter den Ṣaḥābah unterschiedliche Ansichten gab.[175]

12.5.2.2 Das Urteil bezüglich des richtigen Tafsīr bir-Ra'ī

Die Gelehrten halten diese Form für zulässig. Sie belegen ihre Ansicht mit folgenden Argumenten:

Aḷḷāh sagt:

وَلَقَدْ يَسَّرْنَا ٱلْقُرْءَانَ لِلذِّكْرِ فَهَلْ مِن مُّدَّكِرٍ ﴿١٧﴾

[173] Vgl. Ar-Rūmiyy, Buḥūṯ fī 'Uṣūl At-Tafsīr, S. 78.

[174] Siehe Fußnote Nr. 148 S. 126.

[175] Siehe Az-Zarkašiyy, Al-Burhān fī ʿUlūm Al-Qur'ān, Bd. 2, S. 161

„Und wahrlich, Wir haben den Qur'ān zur Ermahnung leicht gemacht. Gibt es also einen, der ermahnt sein mag?" (Al-Qamar 54:17)

أَفَلَا يَتَدَبَّرُونَ ٱلْقُرْءَانَ أَمْ عَلَىٰ قُلُوبٍ أَقْفَالُهَآ ﴿٢٤﴾

„Wollen sie also nicht über den Qur'ān nachdenken, oder ist es (so), dass ihre Herzen verschlossen sind?" (Muḥammad 47:24)

Es gibt noch weitere 'Āyāt mit der Aufforderung, sich über den Qur'ān Gedanken zu machen.

Auch in der Sunnah gibt es zahlreiche Belege für diese Form des Tafsīr. Dazu gehört der oben erwähnte Ḥadīṯ. In diesem Bittgebet bat der Prophet ﷺ Aḷḷāh, Er möge dem Gefährten Ibn ʿAbbās die Deutung beibringen. Die Argumentation lautet: Wäre der Tafsīr auf Überlieferungen beschränkt, gäbe es keinen Vorteil für Ibn ʿAbbās. Denn die Überlieferungen kann jeder lernen. Daraus folgt, dass mit dem „Beibringen der Deutung" etwas anderes gemeint ist, eben der Tafsīr aufgrund von Denkarbeit.[176]

Ein weiteres Argument ist die Tatsache, dass die Gefährten beim Tafsīr zu unterschiedlichen Meinungen gelangten. Dies deutet darauf hin, dass sie unterschiedliche Überlegungen anstellten und somit zu verschiedenen Ergebnissen kamen.

Ibn Taimiyyah sagt: „Der Tafsīr aufgrund von Kenntnis in der Sprache und der Religion ist erlaubt.[177]

12.5.2.3 **Der falsche Tafsīr bir-Ra'ī**

Falsch ist es, den Tafsīr aufgrund von Überlegungen zu erarbeiten, die keine Grundlage haben, d. h., die nicht auf Wissen basieren, sondern auf persönlichen Neigungen und Meinungen. Die Mehrheit derer, die auf diese Art erläutern, sind Vertreter von Sekten. Sie versuchen, den Qur'ān so umzudeuten, dass ihre Glaubenslehren belegt werden. Ibn

[176] Vgl. Aḏ-Ḏahabiyy, At-Tafsīr wa Al-Mufassirūn, Bd. 1, S. 263.

[177] Ibn Taimiyyah, Muqaddimah fī 'Uṣūl at-Tafsīr, S. 104.

Taimiyyah sagt hierzu: „Sie vertreten gewisse Glaubenslehren und versuchen dann, den Qur'ān entsprechend ihren Vorstellungen zu verstehen. Sie können allerdings für ihre Ansichten keine Quellen angeben, weder von den Ṣaḥābah noch den Tābiʿūn noch von denjenigen, die ihnen auf richtige Weise folgen, bzw. den Vorreitern des Tafsīr."[178]

12.5.2.4 **Das Urteil bezüglich des falschen Tafsīr bir-Ra'ī**

Diese Art des Tafsīr ist unzulässig. Ibn Taimiyyah sagt: „Der Tafsīr aufgrund von bloßen Meinungen ist verboten."[179]

Belege für dieses Urteil findet man sowohl im Qur'ān als auch in der Sunnah, und auch zahlreiche Aussagen der Ṣaḥābah weisen darauf hin, dass diese Form des Tafsīr ungültig ist.

So sagt Aḷḷāh:

وَلَا تَقْفُ مَا لَيْسَ لَكَ بِهِۦ عِلْمٌ ۚ إِنَّ ٱلسَّمْعَ وَٱلْبَصَرَ وَٱلْفُؤَادَ كُلُّ أُو۟لَٰٓئِكَ كَانَ عَنْهُ مَسْـُٔولًا ﴿٣٦﴾

„Und sprich nicht über das, wovon du keine Kenntnis hast. Wahrlich, das Ohr und das Auge und das Herz – sie alle sollen zur Rechenschaft gezogen werden." (Al-'Isrā' 17:36)

Den Qur'ān aufgrund bloßer Meinungen zu erläutern ist eine Form des Sprechens ohne Wissen. Aḷḷāh sagt:

إِنَّمَا يَأْمُرُكُم بِٱلسُّوٓءِ وَٱلْفَحْشَآءِ وَأَن تَقُولُوا۟ عَلَى ٱللَّهِ مَا لَا تَعْلَمُونَ ﴿١٦٩﴾

„Er gebietet euch nur Böses und Abscheuliches, und dass ihr über Aḷḷāh sagen sollt, was ihr nicht wisset." (Al-Baqarah 2:169)

Und:

وَأَنزَلْنَآ إِلَيْكَ ٱلذِّكْرَ لِتُبَيِّنَ لِلنَّاسِ مَا نُزِّلَ إِلَيْهِمْ وَلَعَلَّهُمْ يَتَفَكَّرُونَ ﴿٤٤﴾

[178] Ebd.

[179] Ebd.

„Und zu dir haben Wir die Ermahnung hinabgesandt, auf dass du den Menschen erklärest, was ihnen hinabgesandt wurde, und auf dass sie nachdenken mögen." (An-Naḥl 16:44)

Also muss die Deutung dem entsprechen, womit der Prophet ﷺ den Qur'ān erläutert hat.

Auch in der Sunnah wird vor der Deutung ohne Wissen gewarnt. So sagte der Prophet ﷺ:

مَنْ قَالَ فِي الْقُرْآنِ بِغَيْرِ عِلْمٍ فَلْيَتَبَوَّأْ مَقْعَدَهُ مِنَ النَّارِ

„Wer über den Qur'ān etwas ohne Wissen sagt, der möge seinen Platz in der Hölle erwarten."[180]

Von den Gefährten äußerte sich hierzu u. a. 'Abū Bakr: „Welcher Boden will mich tragen und welcher Himmel will mich bedecken, wenn ich über das Buch Aḷḷāhs etwas sage, wovon ich keine Ahnung habe."[181]

Auch unter den Tābi'ūn finden sich solche Aussagen. So würde überliefert, dass Sa'īd Ibn Al-Musayyab vom Qur'ān nur erläuterte, was ihm bekannt war.[182]

Ibn Taimiyyah hob diese Haltung der Gefährten und Gelehrten hervor. Er sagte: „Diese und ähnliche Überlieferungen und sind so zu verstehen, dass sie sich in Acht nahmen vor dem vorschnellen Tafsīr ohne das entsprechende Wissen. Wer allerdings Wissen über die Sprache und die Religion besitzt, dem ist es erlaubt. Daher wurde über diese Personen vieles vom Tafsīr überliefert. Hierin besteht kein Widerspruch, schließlich sprachen sie aufgrund ihrer Kenntnis und hielten sich zurück, wenn sie kein Wissen besaßen. Dies ist die Aufgabe eines jeden Menschen. So wie es Pflicht ist, zu schweigen,

[180] At-Tirmiḏiyy.

[181] Aṭ-Ṭabariyy, Ǧāmi' Al-Bayān, Bd. 1, S. 78.

[182] Ebd. Bd. 1, S. 86

wenn man keine Kenntnis besitzt, so ist es auch Pflicht, zu sprechen, wenn man Kenntnis besitzt. Denn Aḷḷāh sagt:

لَتُبَيِّنُنَّهُۥ لِلنَّاسِ وَلَا تَكۡتُمُونَهُۥ

***‚Wahrlich, tut sie den Menschen kund und verbergt sie nicht.'* ('Āli 'Imrān 3:187)**

Und der Prophet ﷺ sagte:

مَنْ سُئِلَ عَنْ عِلْمٍ، فَكَتَمَهُ؛ أَلْجَمَهُ اللهُ بِلِجَامٍ مِنْ نَارٍ يَوْمَ الْقِيَامَةِ

‚Wer nach einer Angelegenheit gefragt wird und sie verheimlicht, den wird Aḷḷāh am Tag der Auferstehung mit einem Maulkorb aus dem Höllenfeuer festbinden.'"[183][184]

An-Nawawiyy sagte: „Es ist unzulässig, ohne Wissen den Qur'ān zu erläutern und über seine Bedeutungen zu sprechen, wenn man keine Kenntnis darüber besitzt. Die Überlieferungen hierzu sind zahlreich. Ebenso besteht darüber Konsens. Die Gelehrten hingegen dürfen ihn deuten, auch darüber besteht Konsens."[185]

An anderer Stelle sagte An-Nawawiyy: „Wer nicht zu den Leuten des Tafsīr gehört, weil er die Werkzeuge dieser Kunst nicht beherrscht, dem ist die Deutung verboten. Er darf allerdings die Aussagen der anerkannten Tafsīr-Gelehrten überliefern."[186]

12.5.3 Methoden des Tafsīr

Im Laufe der islamischen Geschichte entwickelten sich unterschiedliche Methoden des Tafsīr. War er anfangs auf Qur'ān und Sunnah sowie auf die Aussagen der Ṣaḥābah beschränkt, wurden allmählich weitere Methoden eingeführt. Grund dafür waren u. a. das Entstehen unterschiedlicher Fachrichtungen bei den Tafsīr-Gelehrten. Die Linguisten untersuchten die sprachliche Ebene, die

[183] At-Tirmiḏiyy, ṣaḥīḥ nach 'Albāniyy.

[184] Ibn Taimiyyah, Muqaddimah fī 'Uṣūl at-Tafsīr, S. 115.

[185] An-Nawawiyy, At-Tibyān fī 'Ādāb Ḥamalat Al-Qur'ān, S. 132.

[186] Ebd.

Theologen die Glaubensebene, die Rechtswissenschaftler die rechtliche, die Historiker die historische und die Philosophen die logische Ebene.

12.5.3.1 **Methodik des Tafsīr bil-Ma'ṯūr**

Es wurde bereits dargelegt, dass bei dieser Form des Tafsīr der Qur'ān, die Sunnah und die Aussagen der Ṣaḥābah und der Tābi'ūn als Quellen genutzt wird.

Dabei tauchten mit der Zeit neue Herausforderungen auf, denen man sich stellen musste, um die Authentizität des Tafsīr zu gewährleisten.

12.5.3.1.1 Al-Waḍ' – Erlogene Überlieferungen

U. a. zur Verfolgung politischer Ziele sowie zur Rechtfertigung abweichender Glaubensvorstellungen begann man, „passende" Ḥadīṯe zu erfinden.

Aber auch Feinde des Islams versuchten, die Religion durch falsche und erlogene Ḥadīṯe zu beeinflussen.

Die Ḥadīṯwissenschaft stellte sich dieser Herausforderung, übernahm es, die Authentizität der Überlieferungen zu überprüfen. Daher gehört sie zu den wichtigsten Werkzeugen des Tafsīr.

12.5.3.1.2 'Isrā'īliyyāt – Israelitische Überlieferungen

Der Qur'ān befasst sich mit vielen Geschichten der vorangegangen Völker. Dies brachte einige Tafsīr-Gelehrte dazu, die Umstände und Einzelheiten dieser Erzählungen zu erforschen. Dazu nutzten sie die 'Isrā'īliyyāt. Es handelt sich dabei um Überlieferungen aus der Thora und dem Evangelium, die sich mit diesen Geschichten befassen.

Es sind dabei drei Arten zu unterscheiden:

1. Sie stimmen mit dem Qur'ān überein.
2. Sie stehen im Widerspruch zum Qur'ān.
3. Weder stimmen sie mit dem Qur'ān überein noch widersprechen sie ihm.

Die erste Art kann als Quelle benutzt werden, da der Qur'ān sie bestätigt, wogegen die zweite natürlich abzulehnen ist, denn der Qur'ān sagt etwas anderes.

Die dritte Form kann weder bestätigt noch geleugnet werden. Sie ist allerdings als Quelle zulässig. Denn der Prophet sagte:

حَدِّثُوا عَنْ بَنِي إِسْرَائِيلَ وَلاَ حَرَجَ

„Berichtet über die Söhne Israels, es gibt dabei kein Bedenken."[187]

Allerdings dient sie nur der detaillierteren Darlegung von Geschichten, nicht als Quelle für Gebote.

12.5.3.1.3 Die Vernachlässigung der Überlieferungsketten

Zur Zeit der Ṣaḥābah wurden die Überlieferungen mit Überlieferungsketten erwähnt. Doch mit der Zeit wurden letztere weggelassen. Einerseits ging es darum, Werke kurz zu halten, denn die Überlieferungsketten sind umfangreich. Aber auch der Versuch, den Islam zu verändern, war ein Beweggrund. Und ohne Überlieferungsketten war es unmöglich, die Authentizität nachzuverfolgen. Doch auch dafür waren die Ḥadīṯ-Gelehrten gewappnet: Sie trennten die Spreu vom Weizen und deckten die Intrigen auf.

12.5.3.2 **Der normative Tafsīr**

At-Tafsīr Al-Fiqhiyy ist die Erläuterung, dir sich mit dem Fiqh, also dem islamischen Recht befasst. Das Augenmerk liegt hierbei auf den 'Āyāt, die einen normativen Charakter besitzen ('Aḥkām Al-Qur'ān). So finden sich bei jeder Rechtsschule Werke des normativen Tafsīr:

Ḥanafītische Rechtsschule:

- 'Abū Bakr Ar-Rāzī: Tafsīr 'Aḥkām Al-Qur'ān

Mālikītische Rechtsschule:

[187] Buḫāriyy.

- 'Abū Bakr Ibn Al-'Arabiyy: Tafsīr 'Aḥkām Al-Qur'ān
- Al-Qurṭubiyy: Al-Ǧāmi' li 'Aḥkām Al-Qur'ān

Šāfi'ītische Rechtsschule:

- Al-Baihaqiyy: 'Aḥkām Al-Qur'ān
- As-Suyūṭiyy: Al-'Iklīl fī Istinbāṭ At-Tanzīl

Ḥanbalītische Rechtsschule:

- Ibn Al-Ǧauziyy: Zād Al-Masīr fī 'Ilm At-Tafsīr. Dabei handelt es sich nicht um einen klassischen normativen Tafsīr. Seine rechtlichen Erläuterungen basieren allerdings auf der hanbalitischen Rechtsschule.

12.5.3.3 Der wissenschaftliche Tafsīr

Die naturwissenschaftliche Betrachtung des Qur'ān ist eine weitere Methodik des Tafsīr. Doch hier gibt es zwei Standpunkte. Einige Gelehrte vertreten die Meinung, eine naturwissenschaftliche Erläuterung des Qur'ān sei unzulässig, während andere es erlauben.

Die Befürworter des wissenschaftlichen Tafsīr belegen ihre Ansicht unter anderem mit folgender Aussage Al̤l̤āhs:

أَفَلَمْ يَنظُرُوٓاْ إِلَى ٱلسَّمَآءِ فَوْقَهُمْ كَيْفَ بَنَيْنَـٰهَا وَزَيَّنَّـٰهَا وَمَا لَهَا مِن فُرُوجٍ ٦

„Haben sie nicht zum Himmel über ihnen emporgeschaut, wie Wir ihn erbaut und geschmückt haben und dass er keine Risse aufweist?“ (Qāf 50:6)

Das Argument lautet, dass Al̤l̤āh dazu aufruft, sich mit der Schöpfung zu befassen, was im wissenschaftlichen Tafsīr getan wird.

Die Gegner kritisieren diese Methode unter anderem damit, dass sie nicht eindeutig ist, denn wissenschaftliche Theorien können widerlegt werden. Daher ist es sie nicht geeignet, den Qur'ān damit zu erläutern.

Die beiden Ansichten können durch das Einhalten der folgenden Bedingungen in Einklang gebracht werden:

- Der wissenschaftliche Tafsīr darf nicht in den Vordergrund gestellt werden. Schließlich ist der Qur'ān kein Buch über Naturwissenschaften, vielmehr ist er ein Buch zur Rechtleitung und Wegweisung.
- Die wissenschaftlichen Erläuterungen dürfen nicht als der Weisheit letzter Schluss dargelegt werden. Somit sind diese Erkenntnisse im Gegensatz zum Qur'ān selbst nicht heilig. Denn eine wissenschaftliche Theorie ist nur so lange gültig, bis sie durch eine andere widerlegt wird.[188]

12.5.3.4 **Der rationale Tafsīr**

Für diese Methode des Tafsīr gibt es mehrere Bezeichnungen. Wie bereits erwähnt, wird sie „At-Tafsīr bir-Ra'ī" genannt, was bedeutet, dass er auf Denkarbeit beruht. Den Ursprung dieser Methode findet man bei den Ṣaḥābah, die bereits damals Überlegungen anstellten, wenn sie im Qur'ān selbst oder in der Sunnah keine Erläuterung fanden.

Leider wurde diese Methode im Laufe der Zeit zunehmend von islamischen Sekten genutzt, die den Verstand der Offenbarung vorzogen.

Deshalb kam es bezüglich dieser Methode zu zwei Haltungen. Dabei wurden eben jene Argumente genutzt, die bereits bei der Erörterung des Tafsīr bir-Ra'ī in Kapitel 12.5.2 erwähnt wurden.

Zu den wichtigsten Werken des rationalen Tafsīr gehören:

- Faḫr Ar-Rāzī: Mafātīḥ Al-Ġaib
- Nāṣir Ad-Dīn Al-Baiḍāwiyy: 'Anwār At-Tanzīl w 'Asrār At-Ta'wīl
- 'Abū Al-Barakāt An-Nasafiyy: Madārik At-Tanzīl wa Ḥaqā'iq At-Ta'wīl.
- 'Abū Ḥayyān: Al-Baḥr Al-Muḥīṭ

[188] Vgl. Ar-Rūmiyy, Buḥūṯ fī 'Uṣūl At-Tafsīr, S. 99.

- 'Abū As-Su'ūd Al-'Imādiyy: 'Iršād Al-'Aql As-Salīm 'ilā Mazāyā Al-Kitāb Al-Karīm.
- Šihāb Ad-Dīn Al-'Alūsiyy: Rūḥ Al-Ma'ānī fī Tafsīr Al-Qur'ān Al-'Aẓīm wa As-Sab' Al-Maṯānī

Einige Werke gehören zu den von den Mu'tazilah verfassten, wie z. B. Al-Kaššāf von Maḥmūd Az-Zamaḫšariyy.

12.5.3.5 Der rhetorische Tafsīr

Der in arabischer Sprache offenbarte Qur'ān gilt als sprachliches Wunder. Daher befassten sich manche Tafsīr-Gelehrte mit der Rhetorik des Buches.

Dabei gab es schon zur Zeit der Ṣaḥābah Ansätze der rhetorischen Deutung, wie z. B. im Tafsīr von Ibn 'Abbās, der sich sehr oft der linguistischen Erläuterung bediente. In der Epoche der Verschriftlichung kamen die ersten Werke heraus, darunter „Maǧāz Al-Qur'ān" von Ma'mar Ibn Al-Muṯannā und „Ma'ānī Al-Qur'ān" von Al-Farrā' sowie „Naẓm Al-Qur'ān" von Al-Ǧāḥiẓ.

Zu den wichtigsten Werken, des rhetorischen Tafsīr gehört der bereits erwähnte mu'tazilītische Tafsīr von Maḥmūd Az-Zamaḫšariyy und Al-Kaššāf. Ebenso einige Werke des rationalen Tafsīr befassen sich mit der Rhetorik, wie z. B:

- Faḫr Ar-Rāzī: Mafātīḥ Al-Ġaib
- 'Abū Ḥayyān: Al-Baḥr Al-Muḥīṭ
- Nāṣir Ad-Dīn Al-Baiḍāwiyy: 'Anwār At-Tanzīl wa 'Asrār At-Ta'wīl
- 'Abū As-Su'ūd Al-'Imādiyy: 'Iršād Al-'Aql As-Salīm 'ilā Mazāyā Al-Kitāb Al-Karīm.
- Šihāb Ad-Dīn Al-'Alūsiyy: Rūḥ Al-Ma'ānī fī Tafsīr Al-Qur'ān Al-'Aẓīm wa As-Sab' Al-Maṯānī

Zu den zeitgenössischen rhetorischen Tafsīrwerken gehört der Tafsīr von Ibn 'Āšūr „At-Taḥrīr wa At-Tanwīr".

12.6 Voraussetzungen des Mufassir

Wer den Qur'ān deuten möchte, muss mehrere Voraussetzungen mitbringen. Diese können in drei Kategorien aufgeteilt werden:

1. Wissenschaftliche
2. Geistige
3. Religiöse

12.6.1 Wissenschaftliche Voraussetzungen für den Mufassir

Wer sich mit dem Tafsīr befassen möchte, muss verschiedene Kenntnisse vorweisen.

12.6.1.1 Qur'ānwissenschaften

Der Mufassir muss sich in den Qur'ānwissenschaften auskennen:

1. Die Lesarten:

Manche Lesarten haben keinen Einfluss auf den Tafsīr. Dazu gehören die phonetischen Aspekte der Rezitation, z. B., wie lange ein Buchstabe ausgesprochen wird.

Andere aber wirken sich auf den Tafsīr aus. Hierbei geht es um die unterschiedliche Aussprache und Schreibweise der Wörter. Ibn ʿĀšūr sagte: „Ich bin der Meinung, dass der Mufassir die unterschiedlichen, mehrfach überlieferten (mutawātir) Lesarten verdeutlichen muss. Denn in den Unterschieden stecken viele Bedeutungen. So gilt die zusätzliche Lesart als zusätzlicher Wortschatz des Qur'ān."[189]

2. Offenbarungsanlässe:

Auch die Wissenschaft über die Offenbarungsanlässe ist für den Mufassir unentbehrlich. Dazu sagt Ibn Daqīq Al-ʿĪd: „Die Verdeutlichung der Offenbarungsanlässe gehört zu den wichtigsten Wegen zum Verständnis der Bedeutung des Qur'ān.[190]

---

[189] Ibn ʿĀšūr, At-Taḥrīr wa At-Tanwīr, bd. 1, S. 56.

[190] As-Suyūṭiyy, Al-'Itqān fī ʿUlūm al-Qur'ān, Bd. 1, S. 108.

Aš-Šāṭibiyy sagt: „Die Unkenntnis über die Offenbarungsanlässe führt zu Unklarheiten und Missverständnissen."[191]

3. Die Geschichte des Qur'ān:

Diese Wissenschaft befasst sich mit der historischen Einbettung des Qur'ān, wurde er doch während einer Zeitspanne von dreiundzwanzig Jahren herabgesandt. Hierzu gehört der Wissenschaftszweig „mekkanische und medinensische Suren".

Anhand der Geschichte des Qur'ān kann festgestellt werden, welche 'Āyāt abrogiert wurden und es werden viele Weisheiten über den Prozess der Gesetzesbildung klar. Al-Qurṭubiyy sagt: „Der Mufassir muss in der Lage sein, die mekkanische von der medinensischen Sūrah zu unterscheiden. So kann er Aḷḷāhs Botschaft an seine Diener zu Beginn des Islams, bzw. des Aufrufs, bis zum Ende der Offenbarungen unterscheiden. Ebenso ist es ihm dadurch möglich, die anfangs auferlegten Gebote von denen zu unterscheiden, die am Ende dazukamen. Denn meistens sind es die medinensischen Verse, die die mekkanischen abrogieren, die mekkanischen aber können keine medinensischen aufheben. Schließlich wurde das Abrogierte vor dem Abrogierenden herabgesandt."[192]

Az-Zarkašiyy erwähnte in seinem Werk die Aussage der Gelehrten: „Niemandem ist es erlaubt, das Buch Aḷḷāhs zu deuten, außer er besitzt Kenntnis über An-Nāsiḫ wa Al-Mansūḫ (Abrogierendes und Abrogiertes).[193]

12.6.1.2 **Ḥadīṯwissenschaften**

Wie bereits erwähnt, ist für den Mufassir das Werkzeug der Ḥadīṯwissenschaften unerlässlich. Schließlich muss er in der Lage sein, authentische von unauthentischen Überlieferungen zu

[191] Aš-Šāṭibiyy, Al-Muwāfaqāt, Bd. 3, S. 259.

[192] Al-Qurṭubiyy, Al-Ǧāmiʿ li 'Aḥkām Al-Qur'ān, Bd. 1, S. 21.

[193] Az-Zarkašiyy, Al-Burhān fī 'Ulūm Al-Qur'ān, Bd. 2, S. 29.

unterscheiden. Der Tafsīr-Gelehrte Ibn Al-Ǧuzayy sagte: „Die Ḥadīṯwissenschaft benötigt der Mufassir aus zweierlei Gründen:

1. Viele 'Āyāt wurden in Bezug auf bestimmte Personen und zu bestimmten Anlässen zur Zeit des Propheten ﷺ offenbart, wie z. B. zu einigen Schlachten, bei gewissen Ereignissen, und wenn Fragen gestellt wurden. Anhand der Überlieferungen weiß man, wegen wem, aus welchem Grund und wann eine 'Āyah herabgesandt wurde. [...]
2. Es wurde vieles von den Erläuterungen des Propheten ﷺ überliefert. Somit ist die Kenntnis der Überlieferungen unabdingbar, denn die Aussagen des Propheten ﷺ sind allen anderen Äußerungen voranzustellen."[194]

Al-Ḥāfiẓ Al-ʿIrāqiyy sagte: „Betrachtet man gewisse Tafsīr-Werke, kommt man zum Schluss, dass es nicht erlaubt ist daraus zu zitieren. Denn sie beinhalten sowohl authentische, aber auch unauthentische Überlieferungen. Wer nicht imstande ist, sie voneinander zu unterscheiden, darf sich darauf nicht stützen. Ebenso ist zu bedenken, dass viele Tafsīr-Gelehrte nicht sehr bewandert sind in der Überlieferung. Dazu gehören Muqātil Ibn Sulaymān, Al-Kalbiyy und Aḍ-Ḍaḥḥāk Ibn Muzāḥim. Weiterhin sind viele Überlieferungen über Ibn ʿAbbās aufgrund der Schwäche der Tradenten nicht authentisch."[195]

12.6.1.3 ʿAqīdah

Ebenso wichtig ist die Kenntnis über die islamische Glaubenslehre. Denn falsche Glaubensvorstellungen führen zu falschen Deutungen des Qur'ān. Hierzu sagt Ibn Taimiyyah: „Einige haben zuerst ihre Glaubensvorstellungen etabliert und dann versucht, die Begriffe des Qur'ān dementsprechend zu deuten.

---

[194] Ibn Ǧuzayy, At-Tashīl li ʿUlūm At-Tanzīl, Bd. 1, S. 12.

[195] Vgl. Al-ʿUbaid, Tafsīr Al-Qur'ān Al-Karīm - 'Uṣūluh wa Ḍawābiṭuh, S. 137.

Andere beschränkten sich auf die Deutung des Qur'ān anhand des Verständnisses jener, die arabisch sprechen. Doch sie vernachlässigten dabei den, der ihn rezitierte, sowie den, dem er offenbart wurde und den Angesprochenen damit."

12.6.1.4 Die arabische Sprache

Da der Qur'ān auf Arabisch offenbart wurde, gehört zu den Voraussetzungen des Mufassir, dass er die arabische Sprache beherrscht, und zwar sämtliche Bereiche der arabischen Linguistik. So muss er die Bedeutungen des arabischen Wortschatzes kennen und den Aufbau der einzelnen Wörter, aber auch den Ursprung der Wörter und die von der Wortwurzel abgeleiteten Begriffe. Eine weitere Teildisziplin ist der grammatikalische Aufbau von Sätzen, und auch die Rhetorik ist eine wichtige Disziplin der arabischen Sprachelehre.

12.6.1.5 Islamisches Recht und Hermeneutik

Der Qur'ān bildet die Grundlage des islamischen Rechts. Daher muss der Mufassir die Werkzeuge der islamischen Hermeneutik beherrschen. Denn deren fehlerhafte Anwendung führt zu Fehlschlüssen. Aḍ-Ḍaḥḥāk sagte bezüglich der Aussage Aḷḷāhs:

وَلَٰكِن كُونُوا۟ رَبَّٰنِيِّـۧنَ بِمَا كُنتُمْ تُعَلِّمُونَ ٱلْكِتَٰبَ وَبِمَا كُنتُمْ تَدْرُسُونَ ﴿٧٩﴾

„Seid Gottesgelehrte mit dem, was ihr gelehrt habt und mit dem, was ihr studiert habt." ('Āli 'Imrān 3:79)

„Es ist die Pflicht jeder Person, die den Qur'ān lernt, ein Faqīh zu sein."[196]

12.6.1.6 Die Biografie des Propheten ﷺ

Die Biografie des Propheten steht für die praktische Umsetzung des Buches Aḷḷāhs. Sie dient als Quelle zum Verständnis der

[196] Al-Qurṭubiyy, Al-Ǧāmi' li 'Aḥkām Al-Qur'ān, Bd. 1, S. 22.

Offenbarungsanlässe und der Historie des Qur'ān und veranschaulicht die Umsetzung der darin erwähnten Gebote.

Dies waren die wichtigsten Wissenschaften, die ein Mufassir beherrschen muss.

12.6.2 Geistige Voraussetzungen für den Mufassir

Der Qur'ān regt zum Nachdenken an. Daher ist die geistige Fähigkeit, Überlegungen anzustellen, unabdinglich. Diese Voraussetzung erwähnten mehrere Gelehrte, wobei manche sie als Begabung bezeichneten. Doch As-Suyūṭiyy sagte: „Wenn du nun bemängelst, dass die Begabung nicht angeeignet werden kann, dann lautet die Antwort, dass es (sehr wohl) einen Weg gibt, sie zu fördern, nämlich durch Umsetzung (der Gebote) und Enthaltsamkeit."[197]

12.6.3 Religiöse Voraussetzungen für den Mufassir

In der Literatur werden mehrere Voraussetzungen erwähnt, die sich mit seiner Religiosität befassen.

An erste Stelle gehört die richtige Glaubenslehre. 'Abū Ṭālib Aṭ-Ṭabariyy sagte: „Zu den Voraussetzungen des Mufassir gehört der richtige Glaube und die Bindung an die Sunnah. Wenn seine Religiosität zweifelhaft ist und ihm in weltlichen Angelegenheiten nicht vertraut werden kann – wie steht es dann um die Religion? Wenn ihm bei weltlichen Berichten nicht vertraut werden kann, wie kann man ihm dann vertrauen, wenn er über die Geheimnisse Al̤l̤āhs berichtet?"[198]

Az-Zarkašiyy sagte: „Es ist nicht möglich, die Bedeutung der Offenbarung wahrhaftig zu erfassen noch die Geheimnisse dieses Wissens zu erkennen, wenn das Herz auf Erneuerungen oder Sünden beharrt; und auch nicht, wenn es hochmütig ist und Neigungen folgt,

[197] As-Suyūṭiyy, Al-'Itqān fī 'Ulūm Al-Qur'ān, Bd. 4, S. 216.

[198] Ebd. S. 201.

bzw., wenn die Liebe zum Diesseits überwiegt. Nicht verankerter oder schwacher Glaube sind Hindernisse."[199]

Auch Aufrichtigkeit ist eine religiöse Voraussetzung. Denn Ziel des Mufassir muss das Wohlgefallen Aḷḷāhs sein. Al-Qurṭubiyy sagte: „Der Mufassir wird keinen Nutzen erzielen, außer er beabsichtigt aufrichtig das Wohlgefallen Aḷḷāhs, sowohl während des Studiums als auch danach.

Der Student mag zu Beginn die Anerkennung und die Ehre im Diesseits im Auge haben. Doch im Laufe seines Studiums erkennt er, auf welch falsche Fährte sich sein Glaube begab. Wenn er dies bereut und seine Absicht aufrichtig zu Aḷḷāh hinwendet, wird er den Nutzen erzielen und sein Zustand wird sich bessern. Al-Ḥasan Al-Baṣriyy sagte dazu: ‚Wir begannen unseren Wissenserwerb um des Diesseits willen, doch dann zog es uns zum Jenseits.' Dies äußerte auch Sufyān At-Ṯauriyy. Ḥabīb Ibn 'Abī Ṯābit sagte: „Wir erstrebten dieses Wissen, ohne eine Absicht zu haben, doch danach kam sie.""[200]

Eine weitere Eigenschaft des Mufassir ist seine große Gottesfurcht. Er fühlt, dass Aḷḷāh ihn beobachtet! Aḷḷāh spricht:

وَٱتَّقُواْ ٱللَّهَۖ وَيُعَلِّمُكُمُ ٱللَّهُۗ وَٱللَّهُ بِكُلِّ شَيۡءٍ عَلِيمٞ ﴿٢٨٢﴾

„Und fürchtet Aḷḷāh. Und Aḷḷāh lehrt euch." (Al-Baqarah 2:282)

ʿAbduḷḷāh Ibn ʿAmr Ibn Al-ʿĀṣ sagte:

لَا يَنْبَغِي لِحَامِلِ الْقُرْآنِ أَنْ يَخُوضَ مَعَ مَنْ يَخُوضُ، وَلَا يَجْهَلُ مَعَ مَنْ يَجْهَلُ، وَلَكِنْ يَعْفُو وَيَصْفَحُ لِحَقِّ الْقُرْآنِ، لِأَنَّ فِي جَوْفِهِ كَلَامَ اللهِ تَعَالَى

„Der Träger des Qur'ān sollte nicht auf abschweifende Rede mit denen eingehen, die solche führen, ebenso wenig darf er töricht sein wie die Toren. Vielmehr sollte er - aufgrund der Rechte des Qur'ān - verzeihend und nachsichtig sein. Schließlich trägt er das Wort Aḷḷāhs in seinem Inneren."[201]

[199] Az-Zarkašiyy, Al-Burhān fī ʿUlūm Al-Qur'ān, Bd. 2, S. 180.

[200] Al-Qurṭubiyy, Al-Ǧāmiʿ li 'Aḥkām Al-Qur'ān, Bd. 1, S. 22.

[201] Ebd.

13 Hermeneutische Aspekte der Qur'ān-Wissenschaften

Die Qur'ān-Wissenschaften befassen sich nicht nur mit der Entstehungsgeschichte und den Themen des Qur'ān, sondern natürlich auch mit der Hermeneutik. Darunter ist die Methodik zu verstehen, anhand derer der Qur'ān verstanden wird. Diese Teildisziplin der Qur'ān-Wissenschaften überschneidet sich mit der Hermeneutik der islamischen Rechtswissenschaft, also des 'Uṣūl Al-Fiqh.

In diesem Kapitel sollen die wichtigsten hermeneutischen Themen behandelt werden.

13.1 Der Nasẖ - Die Abrogation

Im Gegensatz zu den Gelehrten des 'Uṣūl Al-Fiqh befassten sich nur wenige Qur'ān-Wissenschaftler mit der Definition des Nasẖ.[202]

13.1.1 Definition

13.1.1.1 Linguistische Definition

„Nasẖ" wird sprachlich für zwei Bedeutungen eingesetzt:

- Beseitigung

As-Saẖāwiyy sagt: „‚Nasẖ' im Qur'ān bedeutet ‚Beseitigung'."[203]

Dabei werden zwei Arten der Beseitigung unterschieden:

a) Beseitigung und Ersetzung

Diese Bedeutung ist in folgender Aussage Al̲l̲āhs gemeint:

﴿مَا نَنسَخْ مِنْ ءَايَةٍ أَوْ نُنسِهَا نَأْتِ بِخَيْرٍ مِّنْهَآ أَوْ مِثْلِهَآ﴾

[202] Al-Wahbiyy, Al-Masā'il Al-Muštarakah bain 'Ulūm Al-Qur'ān wa 'Uṣūl Al-Fiqh, S. 41

[203] As-Saẖāwiyy, Ǧamāl Al-Qurrā', Bd. 1, 246.

„Wenn Wir eine 'Āyah aufheben oder der Vergessenheit anheimfallen lassen, so bringen Wir eine bessere als sie oder eine gleichwertige hervor." (Al-Baqarah 2:106)

b) Beseitigung ohne Ersetzung

Dafür ist folgende 'Āyah ein Beispiel:

وَمَآ أَرْسَلْنَا مِن قَبْلِكَ مِن رَّسُولٍ وَلَا نَبِيٍّ إِلَّآ إِذَا تَمَنَّىٰٓ أَلْقَى ٱلشَّيْطَٰنُ فِىٓ أُمْنِيَّتِهِۦ فَيَنسَخُ ٱللَّهُ مَا
يُلْقِى ٱلشَّيْطَٰنُ ثُمَّ يُحْكِمُ ٱللَّهُ ءَايَٰتِهِۦ ۗ وَٱللَّهُ عَلِيمٌ حَكِيمٌ ﴿٥٢﴾

„Und Wir schickten vor dir keinen Gesandten oder Propheten, dem, wenn er etwas wünschte, Satan seinen Wunsch nicht (zu) beeinflussen (trachtete). Doch Aḷḷāh macht zunichte, was Satan einstreut. Dann setzt Aḷḷāh Seine Zeichen fest. Und Aḷḷāh ist Allwissend, Allweise. (Al-Ḥağğ 22:52)

Hier wurde das Verb „yansaḫu" – hier mit „macht zunichte" übersetzt – im Sinne von „beseitigen" ohne es zu ersetzen, benutzt.

- Vervielfältigung

„Nasḫ" hat auch die Bedeutung „Vervielfältigung", bspw. in der 'Āyah:

هَٰذَا كِتَٰبُنَا يَنطِقُ عَلَيْكُم بِٱلْحَقِّ ۚ إِنَّا كُنَّا نَسْتَنسِخُ مَا كُنتُمْ تَعْمَلُونَ ﴿٢٩﴾

„Das ist Unser Buch; es bezeugt die Wahrheit gegen euch. Wir ließen alles aufschreiben, was ihr getan hattet." (Al-Ǧāṯiyah 45:29)

Hier steht das Verb „nastansiḫu" für „vervielfältigen", hier übersetzt mit „aufschreiben". So sagt Al-Qurṭubiyy: „Dies bedeutet, dass der gesamte Qur'ān ‚mansūḫ' ist. Ich meine damit (herabkopiert) von der Wohlbewahrten Tafel zum Haus des Stolzes im Himmel der Erde."[204]

[204] Al-Qurṭubiyy, Al-Ǧāmi' li 'Aḥkām Al-Qur'ān, Bd. 2, S. 67.

13.1.1.2 **Fachspezifische Definition**

Die früheren Generationen verstanden unter „Nasḫ" auch „Bayān", „Verdeutlichung". Damit umfasst der Begriff „Nasḫ" die Differenzierung von Allgemeinem, die Einschränkung von Absolutem, die Verdeutlichung von Abstraktem sowie die Aufhebung eines Urteils. Diese letzte Bedeutung wird von den Späteren bevorzugt.

Grund für diese umfassende Betrachtung ist die Tatsache, dass jede der aufgezählten Bedeutungen eine Art Aufhebung darstellt.

Ibn Al-Qayyim sagt: „Die Bedeutung der Begriffe Nāsiḫ (Aufhebendes) und Mansūḫ (Aufgehobenes) ist bei den Salaf einerseits die gesamte Aufhebung eines Urteils - und dies entspricht der Definition der Nachkommenden –, und anderseits die Aufhebung des allgemeinen, absoluten oder offensichtlichen Gehalts (Dilalah) u. Ä. Dies geschieht durch die Differenzierung (Taḫṣīṣ) oder die Einschränkung (Taqyīd) bzw. die Übertragung des absoluten auf das eingeschränkte und dessen Erläuterung und Verdeutlichung. So bezeichnen sie sowohl Ausnahme, Bedingung wie auch Eigenschaft als „Nasḫ", da hier die offensichtliche Bedeutung aufgehoben ist."[205]

Zu den Beispielen dafür zählt die Aussage von Ibn ʿAbbās in Bezug auf den Vers:

يَٰٓأَيُّهَا ٱلَّذِينَ ءَامَنُواْ لَا تَدۡخُلُواْ بُيُوتًا غَيۡرَ بُيُوتِكُمۡ حَتَّىٰ تَسۡتَأۡنِسُواْ وَتُسَلِّمُواْ عَلَىٰٓ أَهۡلِهَاۚ ذَٰلِكُمۡ خَيۡرٞ لَّكُمۡ لَعَلَّكُمۡ تَذَكَّرُونَ ٢٧

„Oh ihr, die ihr glaubt, betretet keine anderen Wohnungen als die euren, bevor ihr nicht um Erlaubnis gebeten und ihre Bewohner gegrüßt habt." (An-Nūr 24:27)

Er sagte: „Diese ʾĀyah wurde durch folgende ʾĀyah abrogiert und eingeschränkt:

لَّيۡسَ عَلَيۡكُمۡ جُنَاحٌ أَن تَدۡخُلُواْ بُيُوتًا غَيۡرَ مَسۡكُونَةٖ فِيهَا مَتَٰعٞ لَّكُمۡۚ

[205] Ibn Al-Qayyim, ʾIʿlām Al-Muwaqqiʿīn, Bd. 1, S. 29.

,Es ist für euch keine Sünde, wenn ihr in unbewohnte Häuser eintretet, die euch von Nutzen sind. (An-Nūr 24:29)'"[206]

Ibn Al-Ǧauziyy sagte dazu: „Es handelt sich hier um eine Differenzierung (Taḫṣīṣ) und nicht um eine Abrogation."[207]

Ein weiteres Beispiel ist die über Ibn ʿAbbās überlieferte Aussage bezüglich folgender 'Āyah:[208]

وَٱلشُّعَرَآءُ يَتَّبِعُهُمُ ٱلْغَاوُۥنَ ﴿٢٢٤﴾ أَلَمْ تَرَ أَنَّهُمْ فِى كُلِّ وَادٍ يَهِيمُونَ ﴿٢٢٥﴾ وَأَنَّهُمْ يَقُولُونَ مَا لَا يَفْعَلُونَ ﴿٢٢٦﴾

„Und die Dichter - es sind die Irrenden, die ihnen folgen. Hast du nicht gesehen, wie sie verwirrt in jedem Tal umherwandeln und wie sie reden, was sie nicht tun?" (Aš-Šuʿarā' 26:224-226)

Er sagte: „Mansūḫ[209] durch den Vers:"

إِلَّا ٱلَّذِينَ ءَامَنُوا۟ وَعَمِلُوا۟ ٱلصَّـٰلِحَـٰتِ وَذَكَرُوا۟ ٱللَّهَ كَثِيرًا

„Die (sind von der Strafe) ausgenommen, die glauben und gute Werke verrichten und Aḷḷāhs des Öfteren gedenken." (Aš-Šuʿarā' 26:227)

Aš-Šāṭibiyy sagt: „Hier handelt es sich um Differenzierung von Allgemeinem. Er (Ibn ʿAbbās) bezeichnete es jedoch als Nasḫ, weil er nicht die spezielle Definition des Begriffs meinte."[210]

Auch Muǧāhid benutzte den Ausdruck Nasḫ in einer umfassenden Art. So sagte er bezüglich der Aussage Aḷḷāhs:

يَـٰٓأَيُّهَا ٱلَّذِينَ ءَامَنُوا۟ ٱتَّقُوا۟ ٱللَّهَ حَقَّ تُقَاتِهِۦ وَلَا تَمُوتُنَّ إِلَّا وَأَنتُم مُّسْلِمُونَ ﴿١٠٢﴾

„Oh ihr, die ihr glaubt, fürchtet Aḷḷāh in geziemender Furcht und sterbt nicht anders denn als Muslime." ('Āli ʿImrān 3:102)

„Sie wurde durch folgenden Vers abrogiert:

[206] Al-Buḫāriyy in Al-'Adab Al-Mufrad, ṣaḥīḥ nach 'Albāniyy.

[207] Ibn Al-Ǧauziyy, Al-Muṣaffā, S. 45

[208] Tafsīr al-Qurṭubiyy 13/153.

[209] Normalerweise „aufgehoben", da es von Nasḫ kommt.

[210] Aš-Šāṭibiyy, Al-Muwāfaqāt, Bd. 3, S. 82.

فَٱتَّقُوا۟ ٱللَّهَ مَا ٱسْتَطَعْتُمْ

‚So fürchtet Aḷḷāh, soviel ihr nur könnt.‘“ (At-Taġābun 64:16)[211]

Aš-Šāṭibiyy sagt: „Dies ist das gleiche Vorgehen. Beide 'Āyāt sind medinensisch und wurden offenbart, nachdem erklärt wurde, dass es in der Religion keine Erschwernis gibt. So wurde die Auferlegung von schwer Ertragbarem aufgehoben. Daher ist mit „fürchtet Aḷḷāh in geziemender Furcht“ gemeint, was im Rahmen des Möglichen liegt. Dasselbe bedeutet Aḷḷāhs Aussage: „So fürchtet Aḷḷāh, soviel ihr nur könnt“. Mit Nasẖ ist hier also gemeint, dass die absolute Form in Sūrah 'Āli ʿImrān durch Sūrah At-Taġābun eingeschränkt wurde.“[212]

Damit zeigt sich, wie wichtig es ist, die Begrifflichkeiten der Salaf zu unterscheiden. Denn ein falsches Verständnis der Definitionen führt zu Fehlschlüssen.

As-Saẖāwiyys Definition der Abrogation lautet: „Der Wegfall eines Gebots und Ersatz durch ein anderes, nachträgliches Gebot.“[213]

In der Literatur werden sehr viele weitere Definitionen erwähnt. Hierzu sagt Az-Zarqāniyy: „Der Nasẖ wurde wissenschaftlich auf unterschiedliche Art und Weise definiert.“[214]

Er definierte Nasẖ so: „Die Aufhebung eines religiösen Urteils aufgrund eines religiösen Belegs.“

Grund der unterschiedlichen Definitionen ist die Frage, ob es sich um die Aufhebung eines Urteils handelt, oder aber um die Aussage, dass der Zeitraum, in welchem ein Gebot gültig war, beendet ist.

---

211 Aṭ-Ṭabariyy, Ǧāmiʿ Al-Bayān, Bd. 5, S. 642.

212 Aš-Šāṭibiyy, Al-Muwāfaqāt, Bd. 3, S. 86.

213 As-Saẖāwiyy, Ǧamāl Al-Qurrā', Bd. 1, 246.

214 Az-Zarqāniyy, Manāhil Al-ʿIrfān, Bd. 2, S. 163.

13.1.2 Ist Abrogation überhaupt möglich?

Die Mehrheit der Gelehrten vertritt die Ansicht, dass die Abrogation möglich ist. Dazu sagt Ibn Al-Ǧauziyy: „Die Gelehrten sind sich einig, dass der Nasḫ sowohl rational als auch religiös nachvollziehbar ist.“[215]

Er sagte auch: „Es besteht diesbezüglich Konsens, allerdings schweiften einige wenige ab, die jedoch nicht zu beachten sind.“[216]

Die Gelehrten führen zahlreiche Belege an, u. a.:

- Die Worte Aḷḷāhs:

يَمْحُوا۟ ٱللَّهُ مَا يَشَآءُ وَيُثْبِتُ

„Aḷḷāh löscht aus und lässt bestehen, was Er will.“ (Ar-Raʿd 13:39)

Diese 'Āyah umfasst auch die Abrogation, wie es Ibn ʿAbbās sagte.[217]

- Einen deutlichen Beweis liefern Aḷḷāhs Worte:

۞مَا نَنسَخْ مِنْ ءَايَةٍ أَوْ نُنسِهَا نَأْتِ بِخَيْرٍ مِّنْهَآ أَوْ مِثْلِهَآ

„Wenn Wir eine 'Āyah aufheben oder der Vergessenheit anheimfallen lassen, so bringen Wir eine bessere als sie oder eine gleichwertige hervor.“ (Al-Baqarah 2:106)

- Und:

وَإِذَا بَدَّلْنَآ ءَايَةً مَّكَانَ ءَايَةٍ

„Und wenn Wir einen Vers an Stelle eines anderen bringen [...].“ (An-Naḥl 16:101)

- Auch während der Lebenszeit des Propheten ﷺ kam Abrogation vor, bspw. die Änderung der Gebetsrichtung zur Kaʿbah hin.

---

[215] Ibn Al-Ǧauziyy, Nawāsiḫ Al-Qur'ān, Bd. 1, S. 109.

[216] Ebd. S. 119.

[217] Al-Wahbiyy, Al-Masā'il Al-Muštarakah bain ʿUlūm Al-Qur'ān wa 'Uṣūl Al-Fiqh, S. 79.

13.1.3 Arten der Abrogation

Es gibt unterschiedliche Methoden, die Abrogation zu unterscheiden:

13.1.3.1 In Bezug auf die Rezitation und das Urteil

Hier sind drei Formen zu unterscheiden:

13.1.3.1.1 Vollständige Abrogation (Nasẖ Tām)

Ibn ʿAṭiyyah sagte: „‚Nasẖ At-Tām' bedeutet Abrogation der Rezitation und des Urteils."[218]

Dabei unterscheidet man zwei Arten:

- wörtlich bzw. sinngemäß Überliefertes

Beispiel dafür ist eine Überlieferung von ʿĀ'išah. Sie sagte: „Zum Qur'ān gehörte: ‚Zehn Mal eindeutig gestillt zu werden führt zur Unzulässigkeit.' Doch dies wurde abrogiert und auf fünf Mal verringert. So verstarb der Prophet ﷺ während sie noch rezitiert wird[219]."

- weder wörtliche noch sinngemäße Überlieferung

Dazu überlieferte Zirr Ibn Ḥubaiš: „'Ubayy Ibn Kaʿb sagte: ‚Oh Zirr, wie liest du Sūrah Al-'Aḥzāb?' Bzw. ‚Wie zählst du sie?' Ich antwortete: ‚Dreiundsiebzig 'Āyāt.' Er sagte: ‚Nur? Ich sah sie, als sie so lang war wie Sūrah Al-Baqarah. Dazu gehörte »Den älteren Mann und die ältere Frau sollt ihr steinigen, wenn sie Unzucht begehen, als Vergeltung Aḷḷāhs, und Aḷḷāh ist Stolz und Allweise.«'"[220]

Ausschlaggebend für die Abrogation in dieser Überlieferung ist der Teil der Sūrah, der nicht überliefert wurde.

---

[218] Ibn ʿAṭiyyah, Al-Muḥarrar Al-Waǧīz, S. 120.

[219] Gemeint ist, dass der abrogierte Vers von manchen, die die Abrogation nicht mitbekamen, noch rezitiert wurde.

[220] An-Nasā'iyy, ṣaḥīḥ nach 'Albāniyy.

13.1.3.1.2 Abrogation der Rezitation bei Beibehaltung des Gebots

Diese Form ist kommt selten vor. Ein Beispiel dafür ist die eben erwähnte Aussage:

الشَّيْخُ وَالشَّيْخَةُ إِذَا زَنَيَا فَارْجُمُوهُمَا الْبَتَّةَ نَكَالًا مِنَ اللهِ وَاللهُ عَزِيزٌ حَكِيمٌ

„Den älteren Mann und die ältere Frau sollt ihr steinigen, wenn sie Unzucht begehen, als Vergeltung Aḷḷāhs und Aḷḷāh ist Stolz und Allweise."[221]

D. h., dieser Vers wurde entfernt, aber das Gebot blieb bestehen.

Ein weiteres Beispiel wurde von Zaid Ibn 'Arqam überliefert. Er sagte:

لَقَدْ كُنَّا نَقْرَأُ عَلَى عَهْدِ رَسُولِ اللهِ صَلَّى اللهُ عَلَيْهِ وَسَلَّمَ " لَوْ كَانَ لِابْنِ آدَمَ وَادِيَانِ مِنْ ذَهَبٍ وَفِضَّةٍ، لَابْتَغَى إِلَيْهِمَا آخَرَ، وَلَا يَمْلَأُ بَطْنَ ابْنِ آدَمَ إِلَّا التُّرَابُ، وَيَتُوبُ اللهُ عَلَى مَنْ تَابَ

„Wir pflegten zur Zeit des Propheten ﷺ zu lesen: ‚Wenn der Sohn Adams einen Fluss aus Gold und Silber hätte, wünschte er sich einen weiteren. Und das Innere des Sohns Adams füllt ausschließlich die Erde. Doch Aḷḷāh nimmt die Reue der Bereuenden an.'"[222]

Diese Form gehört bei den 'Uṣūl-al-Fiqh-Gelehrten jedoch nicht zum Nasẖ.[223] Einige haben die Existenz solcher 'Āyāt verneint. Ibn ʿĀšūr sagt: „Meines Erachtens besteht kein Nutzen darin, die Rezitation aufzuheben und das Gebot beizubehalten."[224]

13.1.3.1.3 Die Abrogation des Gebots und die Beibehaltung der Rezitation

Dies ist die am häufigsten vorkommende Form des Nasẖ im Qur'ān und diejenige, über welche die Werke über den Nasẖ verfasst wurden. Ein Beispiel:

يَٰٓأَيُّهَا ٱلَّذِينَ ءَامَنُواْ لَا تَقْرَبُواْ ٱلصَّلَوٰةَ وَأَنتُمْ سُكَٰرَىٰ حَتَّىٰ تَعْلَمُواْ مَا تَقُولُونَ

[221] Ebd.

[222] 'Aḥmad, ṣaḥīḥ nach 'Albāniyy

[223] Al-Wahbiyy, Al-Masā'il Al-Muštarakah bain ʿUlūm Al-Qur'ān wa 'Uṣūl Al-Fiqh, S. 86.

[224] Ibn ʿĀšūr, At-Taḥrīr wa At-Tanwīr, Bd. 1, S. 663.

„Oh ihr, die ihr glaubt, nahet nicht dem Gebet, wenn ihr betrunken seid, bis ihr versteht, was ihr sprecht." (An-Nisā' 4:43)

Dieses Gebot wurde durch folgende 'Āyah aufgehoben:

يَٰٓأَيُّهَا ٱلَّذِينَ ءَامَنُوٓاْ إِنَّمَا ٱلۡخَمۡرُ وَٱلۡمَيۡسِرُ وَٱلۡأَنصَابُ وَٱلۡأَزۡلَٰمُ رِجۡسٞ مِّنۡ عَمَلِ ٱلشَّيۡطَٰنِ فَٱجۡتَنِبُوهُ لَعَلَّكُمۡ تُفۡلِحُونَ ٩٠

„Oh ihr, die ihr glaubt! Berauschendes, Glückspiel, Opfersteine und Lospfeile sind ein Gräuel, das Werk des Satans. So meidet sie, auf dass ihr erfolgreich seid." (Al-Mā'idah 5:90)

13.1.3.2 **In Bezug auf die Ersetzung**

Hier unterscheidet man zwei Formen:

- Ersetzte Abrogation
- Nicht ersetzte Abrogation

13.1.3.2.1 Ersetzte Abrogation

Diese Form des Nasẖ ist bei den Gelehrten unumstritten. Denn Aḷḷāh sagt:

۞مَا نَنسَخۡ مِنۡ ءَايَةٍ أَوۡ نُنسِهَا نَأۡتِ بِخَيۡرٖ مِّنۡهَآ أَوۡ مِثۡلِهَآۗ

„Wenn Wir eine 'Āyah aufheben oder der Vergessenheit anheimfallen lassen, so bringen Wir eine bessere als sie oder eine gleichwertige hervor." (Al-Baqarah 2:106)

Somit deutet diese 'Āyah darauf hin, dass eine abrogierte 'Āyah ersetzt wird, entweder durch eine bessere oder eine gleichwertige.

13.1.3.2.2 Nicht ersetzte Abrogation

Diese Form ist umstritten. Allerdings bejahen die meisten Gelehrten des 'Uṣūl Al-Fiqh ihre Existenz. Sie belegen es mit folgender 'Āyah:

يَٰٓأَيُّهَا ٱلَّذِينَ ءَامَنُوٓاْ إِذَا نَٰجَيۡتُمُ ٱلرَّسُولَ فَقَدِّمُواْ بَيۡنَ يَدَيۡ نَجۡوَىٰكُمۡ صَدَقَةٗۚ

„Oh ihr, die ihr glaubt, wenn ihr euch mit dem Gesandten vertraulich beraten wollt, so schickt eurer vertraulichen Beratung Almosen voraus." (Al-Muǧādilah 58:12)

Diese 'Āyah wurde durch folgende Aussage Aḷḷāhs abrogiert:

ءَأَشْفَقْتُمْ أَن تُقَدِّمُوا۟ بَيْنَ يَدَىْ نَجْوَىٰكُمْ صَدَقَـٰتٍ ۚ فَإِذْ لَمْ تَفْعَلُوا۟ وَتَابَ ٱللَّهُ عَلَيْكُمْ فَأَقِيمُوا۟ ٱلصَّلَوٰةَ وَءَاتُوا۟ ٱلزَّكَوٰةَ وَأَطِيعُوا۟ ٱللَّهَ وَرَسُولَهُۥ ۚ وَٱللَّهُ خَبِيرٌۢ بِمَا تَعْمَلُونَ ﴿١٣﴾

„Seid ihr wegen des Gebens von Almosen vor eurer vertraulichen Beratung besorgt? Nun denn, wenn ihr es nicht tut und Aḷḷāh euch in Seine Barmherzigkeit aufnimmt, dann verrichtet das Gebet und entrichtet die Zakāh und gehorcht Aḷḷāh und Seinem Gesandten. Und Aḷḷāh ist dessen wohl kundig, was ihr tut." (Al-Muǧādilah 58:13)

Die Argumentation lautet, dass in der abrogierenden 'Āyah kein Ersatz erwähnt wird.

Grund zu dieser Annahme ist die Tatsache, dass die Vertreter dieser Ansicht nur von einem Ersatz sprechen, wenn das Abrogierte durch ein neues Gebot ersetzt wird, wie z. B. bei der Änderung der Gebetsrichtung. Hier wurde die alte Qiblah zur Al-'Aqṣā Moschee durch die Qiblah zur Ka'bah ersetzt. Eine Rückführung zu dem Gebot, das vor dem abrogierten bestand, betrachten sie nicht als Ersatz.[225]

Dies kritisierte Muḥammad 'Amīn Aš-Šanqīṭiyy, indem er sagt: „Wenn einige 'Uṣūl Al-Fiqh-Gelehrte unter den Mālikīten und Šāfi'īten behaupten, Nasḫ sei ohne Ersatz möglich, was von vielen der Mehrheit zugeschrieben wird, ist zweifellos unwahr."[226]

Dann zeigte er auf, wie die oben erwähnte 'Āyah ersetzt wurde: „Nachdem die Aufforderung, vor der vertraulichen Beratung ein

[225] Siehe: Al-Ǧīzāniyy, Ma'ālim 'Uṣūl Al-Fiqh, S. 265.

[226] Aš-Šanqīṭiyy, 'Aḍwā' Al-Bayān, Bd. 3, S. 362.

Almosen vorauszuschicken, abrogiert wurde, blieb anstelle der Verpflichtung das Gebot auf freiwilliger Basis."[227]

13.1.3.3 **Verhältnis zwischen Nāsiẖ und Mansūẖ**

Was das Verhältnis zwischen Nāsiẖ und Mansūẖ angeht, werden drei Arten unterschieden:

- Leichteres wird durch Schwereres ersetzt
- Schwereres wird durch Leichteres ersetzt
- Der Ersatz ist gleichwertig

1. Leichteres durch Schwereres ersetzt

Beispiel hierfür ist der Ersatz der Freiwilligkeit des Fastens durch die Verpflichtung. So sagt Aḷḷāh:

وَعَلَى ٱلَّذِينَ يُطِيقُونَهُۥ فِدْيَةٌ طَعَامُ مِسْكِينٍ

„Und denen, die es mit großer Mühe ertragen können, ist als Ersatz die Speisung eines Armen auferlegt." (Al-Baqarah 2:184)

Diese Möglichkeit, frei zwischen Fasten und Speisen eines Armen zu wählen wurde aufgehoben und durch die Pflicht zu fasten ersetzt. Denn Aḷḷāh sagt:

فَمَن شَهِدَ مِنكُمُ ٱلشَّهْرَ فَلْيَصُمْهُ

„Wer also von euch in dem Monat zugegen ist, der soll in ihm fasten." (Al-Baqarah 2:185)

2. Schwereres wird durch Leichteres ersetzt

Dazu zählt folgende 'Āyah:

وَإِن تُبْدُوا۟ مَا فِىٓ أَنفُسِكُمْ أَوْ تُخْفُوهُ يُحَاسِبْكُم بِهِ ٱللَّهُ

„Und ob ihr kundtut, was in euren Seelen ist, oder es geheim haltet, Aḷḷāh wird euch dafür zur Rechenschaft ziehen." (Al-Baqarah 2:284)

[227] Ebd.

Diese 'Āyah wurde durch die übernächste abrogiert:

لَا يُكَلِّفُ ٱللَّهُ نَفْسًا إِلَّا وُسْعَهَا

„Aḷḷāh fordert von keiner Seele etwas über das hinaus, was sie zu leisten vermag." (Al-Baqarah 2:286)

Nach der Erschwernis in 'Āyah 284 folgt hier eine Erleichterung.

3. Gleichwertiges wird durch Gleichwertiges ersetzt

Ein Beispiel für diese Form ist die Änderung der Gebetsrichtung.

13.1.4 Mittel der Abrogation

Abrogation kann durch unterschiedliche Mittel stattfinden. Einerseits abrogiert der Qur'ān den Qur'ān. Zum anderen kann die Sunnah durch die mehrfach überlieferte (mutawātir) Sunnah abrogiert werden. Bei diesen beiden Möglichkeiten besteht unter den Gelehrten ein Konsens. Ibn ʿAṭiyyah sagt: „Der Qur'ān wird durch den Qur'ān abrogiert und die Sunnah durch die (mutawātir überlieferte) Sunnah. Daneben können einfach überlieferte durch einfach überlieferte Ḥadīṯe abrogiert werden. Über all dies besteht Übereinkunft."[228]

13.1.4.1 Abrogation des Qur'ān durch die Sunnah

Für diese weitere Möglichkeit, nämlich die Abrogation des Qur'ān durch die mutawātir überlieferte Sunnah, besteht unter den Gelehrten ein Dissens. Dabei vertritt die Mehrheit der Gelehrten des 'Uṣūl Al-Fiqh die Ansicht, dass sie möglich ist. Einige ihrer Argumente:

- Sowohl der Qur'ān als auch die mutawātir überlieferte Sunnah gehören zur Offenbarung.
- Es ist eine Tatsache, dass einiges aus dem Qur'ān durch die mutawātir überlieferte Sunnah abrogiert wurde.

Auf der anderen Seite vertreten einige Gelehrte, unter ihnen Aš-Šāfiʿiyy, 'Aḥmad Ibn Ḥanbal, Ibn Al-Ǧauziyy, Ibn Qudāmah und Ibn

[228] Ibn ʿAṭiyyah, Al-Muḥarrar Al-Wağīz, S. 120.

Taimiyyah, die Ansicht, dass Abrogation des Qur'ān durch die Sunnah nicht möglich ist.

Folgendes sind ihre Belege:

﴿مَا نَنسَخْ مِنْ ءَايَةٍ أَوْ نُنسِهَا نَأْتِ بِخَيْرٍ مِّنْهَآ أَوْ مِثْلِهَآ﴾

„Wenn Wir eine 'Āyah aufheben oder der Vergessenheit anheimfallen lassen, so bringen Wir eine bessere als sie oder eine gleichwertige hervor." (Al-Baqarah 2:106)

Ihre Argumentation lautet, dass die Sunnah weder gleichwertig noch besser ist als der Qur'ān.

Ebenso belegen sie die Ansicht mit der 'Āyah:

قُلْ مَا يَكُونُ لِيٓ أَنْ أُبَدِّلَهُۥ مِن تِلْقَآيِٕ نَفْسِيٓ ۖ إِنْ أَتَّبِعُ إِلَّا مَا يُوحَىٰٓ إِلَيَّ ۖ

„Sprich: ‚Es steht mir nicht zu, ihn aus eigenem Antrieb zu ändern. Ich folge nur dem, was mir offenbart wurde.'" (Yunus 10:15)

Und mit der Aussage Aḷḷāhs:

يَمْحُوا۟ ٱللَّهُ مَا يَشَآءُ وَيُثْبِتُ ۖ وَعِندَهُۥٓ أُمُّ ٱلْكِتَٰبِ ﴿٣٩﴾

„Aḷḷāh löscht aus und lässt bestehen, was Er will, und bei Ihm ist die Urschrift des Buches." (Ar-Ra'd 13:39)

Diese beiden 'Āyāt – so lautet ihr Argument – weisen darauf hin, dass nur Aḷḷāh Derjenige ist, Der den Qur'ān herabsendet oder ändert. Niemand anderes ist dazu befugt.[229]

Nach Az-Zarqāniyy ist die Abrogation durch die Sunnah zwar möglich, aber nicht existent. So sagt er: „Der Abrogation des Qur'ān durch die Sunnah steht weder rational noch religiös etwas entgegen. Allerdings gibt es keine solche Fälle, da die entsprechenden Überlieferungen nicht authentisch sind."[230]

[229] Aš-Šāfi'iyy, Ar-Risālah, S. 107.

[230] Az-Zarqāniyy, Manāhil Al-'Irfān, Bd. 2, S. 122.

Die Diskussion über die Möglichkeit der Abrogation des Qur'ān anhand der Sunnah ist somit theoretischer Art. Es stellt sich jedoch die Frage, wie die Belege der Befürworter mit der Argumentation der Gegner in Einklang gebracht werden können. Dies soll an folgendem Beispiel dargelegt werden.

Aḷḷāh sagt:

كُتِبَ عَلَيْكُمْ إِذَا حَضَرَ أَحَدَكُمُ ٱلْمَوْتُ إِن تَرَكَ خَيْرًا ٱلْوَصِيَّةُ لِلْوَٰلِدَيْنِ وَٱلْأَقْرَبِينَ بِٱلْمَعْرُوفِ حَقًّا عَلَى ٱلْمُتَّقِينَ ﴿١٨٠﴾

„Es ist euch vorgeschrieben, dass, wenn sich bei einem von euch der Tod einstellt, sofern er Gut hinterlässt, den Eltern und den Verwandten auf geziemende Art ein Vermächtnis gemacht wird. Dies ist eine Verpflichtung gegenüber den Gottesfürchtigen." (Al-Baqarah 2:180)

Dieser 'Āyah steht folgender Ḥadīṯ gegenüber:

إِنَّ اللَّهَ قَدْ أَعْطَى لِكُلِّ ذِي حَقٍّ حَقَّهُ، فَلَا وَصِيَّةَ لِوَارِثٍ

„Aḷḷāh gab jedem Rechte-Inhaber sein Recht, daher ist das Vermächtnis für einen Erben nicht gültig."[231]

Die Befürworter des Nasḫ des Qur'ān durch die Sunnah sehen diesen Ḥadīṯ als Nāsiḫ. Die Gegner sind der Ansicht, dass die 'Āyah durch eine andere 'Āyah abrogiert wurde. Nämlich die 'Āyah über das Erbrecht.[232] Denn als der Prophet ﷺ im Ḥadīṯ sagte: „Aḷḷāh gab jedem Rechte-Inhaber sein Recht", meinte er die 'Āyah.

So zeigt sich, dass die Diskussion keine praktische Auswirkung hat, denn schlussendlich sind sich beide Parteien in der Umsetzung des Gebots einig.

[231] 'Abū Dāwūd, ṣaḥīḥ nach 'Albāniyy.

[232] An-Nisā' 4:11.

13.1.4.2 Abrogation der Sunnah durch den Qur'ān

Diese Thematik wird in der Literatur der Qur'ānwissenschaften eher selten erörtert,[233] ist sie doch nicht so strittig, wie die zuvor erwähnte. So gehen die meisten Gelehrten davon aus, dass diese Form des Nasḫ möglich ist. Aš-Šanqīṭiyy sagt: „Über diese Angelegenheit, darf es keinen Dissens geben."[234]

Allerdings gab es tatsächlich Gelehrte, die anderer Ansicht waren. So werden Aš-Šāfiʿiyy zwei Ansichten zugeschrieben. In einer davon hielt er es für unzulässig. Auch 'Aḥmad Ibn Ḥanbal machte diesbezüglich mehrere Aussagen, eine davon ablehnend.

Die Beispiele für diese Form des Nasḫ sind zahlreich:

Die Änderung der Qiblah geschah aufgrund folgender 'Āyah:

قَدْ نَرَىٰ تَقَلُّبَ وَجْهِكَ فِي ٱلسَّمَآءِۖ فَلَنُوَلِّيَنَّكَ قِبْلَةً تَرْضَىٰهَاۚ فَوَلِّ وَجْهَكَ شَطْرَ ٱلْمَسْجِدِ ٱلْحَرَامِۚ
وَحَيْثُ مَا كُنتُمْ فَوَلُّواْ وُجُوهَكُمْ شَطْرَهُۥ

„Wir sehen, wie dein Gesicht sich dem Himmel suchend zukehrt, und Wir werden dich nun zu einer Qiblah wenden, mit der du zufrieden sein wirst. So wende dein Gesicht in Richtung der heiligen Moschee, und wo immer ihr auch seid, wendet eure Gesichter in ihre Richtung." (Al-Baqarah 2:144)

Ebenso untersagte der Qur'ān die Verrichtung des Todesgebets für Nichtmuslime, nachdem der Prophet ﷺ es für ʿAbdullāh Ibn 'Ubayy Ibn Salūl verrichtet hatte. Allāh sagt hierzu:

وَلَا تُصَلِّ عَلَىٰٓ أَحَدٍ مِّنْهُم مَّاتَ أَبَدًا وَلَا تَقُمْ عَلَىٰ قَبْرِهِۦٓۖ إِنَّهُمْ كَفَرُواْ بِٱللَّهِ وَرَسُولِهِۦ وَمَاتُواْ وَهُمْ
فَٰسِقُونَ ﴿٨٤﴾

[233] Al-Wahbiyy, Al-Masā'il Al-Muštarakah bain ʿUlūm Al-Qur'ān wa 'Uṣūl Al-Fiqh, S. 106.

[234] Aš-Šanqīṭiyy, Muḏakkiratu 'Uṣūl Al-Fiqh, S. 84.

„Und bete nie für einen von ihnen, der stirbt, noch stehe an seinem Grabe; (denn) sie glaubten nicht an Aḷḷāh und an Seinen Gesandten, und sie starben als Frevler." (At-Taubah 9:84)

13.1.4.3 Abrogation des Qur'ān durch Konsens

Diese Form des Nasẖ ist nach Mehrheit der Gelehrten nicht zulässig. Grund dafür ist die Tatsache, dass der Konsens erst nach dem Tod des Propheten ﷺ eintrat.

Die Qur'ān-Wissenschaftler befassten sich in ihren Werken weniger mit dieser Thematik, im Gegensatz zu den Gelehrten des 'Uṣūl Al-Fiqh.[235]

Ibn ʿAṭiyyah sagt dazu: „Wenn wir einen Konsens finden, der einer Aussage widerspricht, dann wissen wir, dass er auf einer Aussage basiert, die abrogiert, uns aber unbekannt ist."[236]

13.1.4.4 Abrogation des Qur'ān durch Analogieschluss (Qiyās)

Für die Mehrheit der Gelehrten ist diese Form des Nasẖ unzulässig. Denn der Qiyās wird angewandt, wenn keine entsprechenden religiösen Texte (des Qur'ān bzw. der Sunnah) vorhanden sind. Somit ist Qiyās als abrogierendes Mittel unlogisch.

'Abū Al-Walīd Al-Bāğiyy sagt: „Die Mehrheit der Gelehrten des Fiqh und des 'Uṣūl Al-Fiqh ist der Ansicht, dass der Nasẖ durch Qiyās unzulässig ist."[237]

In der Literatur werden für diesen Fall keine Beispiele erwähnt.[238]

Bei allen oben erwähnten Formen der Abrogation gilt, dass sie zur Zeit des Propheten ﷺ stattfinden mussten. Hierzu sagt Ibn ʿAṭiyyah: „Dies

[235] Al-Wahbiyy, Al-Masā'il Al-Muštarakah bain ʿUlūm Al-Qur'ān wa 'Uṣūl Al-Fiqh, S. 110.

[236] Ibn ʿAṭiyyah, Al-Muḥarrar Al-Wağīz, S. 121.

[237] Al-Bāğiyy, 'Iḥkām Al-Fuṣūl, S. 429.

[238] Al-Wahbiyy, Al-Masā'il Al-Muštarakah bain ʿUlūm Al-Qur'ān wa 'Uṣūl Al-Fiqh, S. 112.

alles gilt für die Lebenszeit des Propheten. Für die Zeit nach seinem Tod besteht der Konsens, dass der Nasẖ nicht möglich ist.“[239]

13.1.5 Gegenstände der Abrogation

Das einzige, was abrogiert werden kann, sind Gebote. Daher sind weder Glaubensinhalte noch qur'ānische Geschichten Gegenstände des Nasẖ. As-Saẖāwiyy sagt: „Der Nasẖ bezieht sich ausschließlich auf die Gebote.“[240]

An-Naḥḥās sagt: „Es ist nicht zulässig, dass der Nasẖ den Tauḥīd Aḷḷāhs, Seine Namen und Eigenschaften oder Seine Informationen über das Vergangene oder das Zukünftige, betrifft.“[241]

Aš-Šāṭibiyy sagt: „Die allgemeinen Grundsätze der Ḍarūriyyāt (Notwendigkeiten), Ḥāǧiyyāt (Bedürfnisse) und Taḥsīniyyāt (nicht Essenzielles) wurden nicht abrogiert. Vielmehr kommt der Nasẖ bei Details vor.“[242]

13.1.6 Anzahl der abrogierten 'Āyāt

Die Qur'ān-Wissenschaftler beschäftigten sich intensiv mit der Zählung der abrogierten 'Āyāt. In der folgenden Tabelle ist eine Auflistung der unterschiedlichen Resultate.

Anzahl der 'Āyāt	Wissenschaftler
246	Ibn Ḫuzaimah
214	Ibn Ḥazm
134	An-Naḥḥās
213	Hibatuḷḷāh Ibn Salām
210	Ibn Barakāt

[239] Ibn ʿAṭiyyah, Al-Muḥarrar Al-Waǧīz, S. 121.

[240] As-Saẖāwiyy, Ǧamāl Al-Qurrā', Bd. 1, S. 248.

[241] An-Naḥḥās, An-Nāsiẖ wa Al-Mansūẖ, S. 264.

[242] Aš-Šāṭibiyy, Al-Muwāfaqāt, Bd. 3, S. 88.

66	Abdulqāhir Al-Baġdādiyy
297	Ibn Al-ʿArabiyy
247	Ibn Al-Ǧauziyy
250	As-Saḫāwiyy
20	As-Suyūṭiyy
218	Al-Karmiyy
252	Ibn ʿAqīlah Al-Makkiyy
200	Makkiyy Ibn ’Abī Ṭālib
5	Ad-Dahlawiyy
293	Muṣṭafā Zaid
22	Muḥammad Az-Zarqāniyy
9	ʿAbdul̤l̤āh Aš-Šanqīṭiyy

Bei dieser Auflistung ist zu beachten, dass die Autoren diese Zahlen nicht immer vertreten. So bestätigte Ibn Al-Ǧauziyy von den 247 ’Āyāt, die er aufzählte nur 22, und Dr. Muṣṭafā Zaid nur sechs von den aufgezählten 293.

Dr. ʿAbdul̤l̤āh Aš-Šanqīṭiyy zählte folgende Verse auf:

1. ’Āyah:

وَعَلَى ٱلَّذِينَ يُطِيقُونَهُۥ فِدْيَةٌ طَعَامُ مِسْكِينٍ

„Und denen, die es mit großer Mühe ertragen können, ist als Ersatz die Speisung eines Armen auferlegt.“ (Al-Baqarah 2:184)

Sie wurde durch die folgende abrogiert:

شَهْرُ رَمَضَانَ ٱلَّذِىٓ أُنزِلَ فِيهِ ٱلْقُرْءَانُ هُدًى لِّلنَّاسِ وَبَيِّنَٰتٍ مِّنَ ٱلْهُدَىٰ وَٱلْفُرْقَانِ ۚ فَمَن شَهِدَ مِنكُمُ ٱلشَّهْرَ فَلْيَصُمْهُ

„Der Monat Ramadan ist es, in dem der Qur'ān als Rechtleitung für die Menschen herabgesandt worden ist und als klarer Beweis der Rechtleitung und der Unterscheidung. Wer also von euch in dem Monat zugegen ist, der soll in ihm fasten." (Al-Baqarah 2:185)

2. 'Āyah:

وَٱلَّذِينَ يُتَوَفَّوْنَ مِنكُمْ وَيَذَرُونَ أَزْوَٰجًا وَصِيَّةً لِّأَزْوَٰجِهِم مَّتَٰعًا إِلَى ٱلْحَوْلِ غَيْرَ إِخْرَاجٍ

„Und diejenigen von euch, die abberufen werden und Gattinnen zurücklassen, sollen ihren Gattinnen Versorgung für ein Jahr vermachen, ohne dass sie vertrieben werden." (Al-Baqarah 2:240)

Sie wurde durch folgenden Vers abrogiert:

„Und diejenigen von euch, die abberufen werden und Gattinnen hinterlassen - so sollen diese (mit sich) selbst vier Monate und zehn (Tage) abwarten." (Al-Baqarah 2:234)

3. 'Āyah:

يَسْـَٔلُونَكَ عَنِ ٱلْخَمْرِ وَٱلْمَيْسِرِ ۖ قُلْ فِيهِمَآ إِثْمٌ كَبِيرٌ وَمَنَٰفِعُ لِلنَّاسِ وَإِثْمُهُمَآ أَكْبَرُ مِن نَّفْعِهِمَا ۗ

„Sie befragen dich über Berauschendes und Glücksspiel. Sprich: ‚In beiden liegt großes Übel und Nutzen für die Menschen. Doch ihr Übel ist größer als ihr Nutzen.'" (Al-Baqarah 2:219)

4. 'Āyah:

وَمِن ثَمَرَٰتِ ٱلنَّخِيلِ وَٱلْأَعْنَٰبِ تَتَّخِذُونَ مِنْهُ سَكَرًا وَرِزْقًا حَسَنًا ۗ إِنَّ فِى ذَٰلِكَ لَءَايَةً لِّقَوْمٍ يَعْقِلُونَ ﴿٦٧﴾

„Und von den Früchten der Dattelpalmen und den Beeren macht ihr euch Rauschtrank und gute Speise. Wahrlich, darin liegt ein Zeichen für die Leute, die Verstand haben. (An-Naḥl 16:67)

5. 'Āyah:

يَٰٓأَيُّهَا ٱلَّذِينَ ءَامَنُوا۟ لَا تَقْرَبُوا۟ ٱلصَّلَوٰةَ وَأَنتُمْ سُكَٰرَىٰ حَتَّىٰ تَعْلَمُوا۟ مَا تَقُولُونَ

„Oh die ihr glaubt, nähert euch nicht dem Gebet, während ihr trunken seid, bis ihr wisst, was ihr sagt." (an-Nisā' 4:43)

Alle drei vorangegangenen Verse wurden durch folgende 'Āyah abrogiert:

يَٰٓأَيُّهَا ٱلَّذِينَ ءَامَنُوٓاْ إِنَّمَا ٱلۡخَمۡرُ وَٱلۡمَيۡسِرُ وَٱلۡأَنصَابُ وَٱلۡأَزۡلَٰمُ رِجۡسٞ مِّنۡ عَمَلِ ٱلشَّيۡطَٰنِ فَٱجۡتَنِبُوهُ لَعَلَّكُمۡ تُفۡلِحُونَ ﴿٩٠﴾

„Oh ihr, die ihr glaubt! Berauschendes, Glückspiel, Opfersteine und Lospfeile sind ein Gräuel, das Werk des Satans. So meidet sie, auf dass ihr erfolgreich seid." (An-Nisā' 4:90)

6. 'Āyah:

وَٱلَّٰتِي يَأۡتِينَ ٱلۡفَٰحِشَةَ مِن نِّسَآئِكُمۡ فَٱسۡتَشۡهِدُواْ عَلَيۡهِنَّ أَرۡبَعَةٗ مِّنكُمۡۖ فَإِن شَهِدُواْ فَأَمۡسِكُوهُنَّ فِي ٱلۡبُيُوتِ حَتَّىٰ يَتَوَفَّىٰهُنَّ ٱلۡمَوۡتُ أَوۡ يَجۡعَلَ ٱللَّهُ لَهُنَّ سَبِيلٗا ﴿١٥﴾ وَٱلَّذَانِ يَأۡتِيَٰنِهَا مِنكُمۡ فَـَٔاذُوهُمَاۖ فَإِن تَابَا وَأَصۡلَحَا فَأَعۡرِضُواْ عَنۡهُمَآۗ إِنَّ ٱللَّهَ كَانَ تَوَّابٗا رَّحِيمًا ﴿١٦﴾

Und diejenigen von euren Frauen, die das Abscheuliche begehen, – bringt vier Zeugen von euch gegen sie. Wenn sie (es) bezeugen, dann haltet sie im Haus fest, bis der Tod sie abberuft oder Aḷḷāh ihnen einen (Aus)weg schafft. Und die beiden von euch, die es begehen, – züchtigt sie. Wenn sie dann bereuen und sich bessern, so lasst von ihnen ab. Gewiss, Aḷḷāh ist Reue-Annehmend und Barmherzig. (an-Nisā' 4:16-16)

Diese beiden Verse wurden zum einen durch folgende 'Āyah abrogiert:

ٱلزَّانِيَةُ وَٱلزَّانِي فَٱجۡلِدُواْ كُلَّ وَٰحِدٖ مِّنۡهُمَا مِاْئَةَ جَلۡدَةٖۖ

„Eine Frau und ein Mann, die Unzucht begehen, geißelt jeden von ihnen mit hundert Hieben." (An-Nūr 24:)

Und zum anderen durch die 'Āyah, deren Rezitation aufgehoben wurde:

„Den älteren Mann und die ältere Frau sollt ihr steinigen, wenn sie Unzucht begehen, als Vergeltung Aḻḻāhs, und Aḻḻāh ist Stolz und Allweise.“[243]

7. ’Āyah:

يَٰٓأَيُّهَا ٱلنَّبِيُّ حَرِّضِ ٱلۡمُؤۡمِنِينَ عَلَى ٱلۡقِتَالِۚ إِن يَكُن مِّنكُمۡ عِشۡرُونَ صَٰبِرُونَ يَغۡلِبُواْ مِاْئَتَيۡنِۚ وَإِن يَكُن مِّنكُم مِّاْئَةٞ يَغۡلِبُوٓاْ أَلۡفٗا مِّنَ ٱلَّذِينَ كَفَرُواْ بِأَنَّهُمۡ قَوۡمٞ لَّا يَفۡقَهُونَ ٦٥

„Oh Prophet, sporne die Gläubigen zum Kampf an! Wenn es unter euch zwanzig Standhafte gibt, werden sie zweihundert besiegen. Und wenn es unter euch hundert gibt, werden sie Tausend von denen, die ungläubig sind, besiegen, weil sie Leute sind, die nicht verstehen.“ (Al-’Anfāl 8:65)

Diese ’Āyah wurde durch folgende abrogiert:

„Jetzt (aber) hat Aḻḻāh es euch leicht gemacht. Er weiß ja, dass in euch Schwaches (angelegt) ist. Wenn es nun unter euch hundert Standhafte gibt, werden sie zweihundert besiegen, und wenn es unter euch Tausend gibt, werden sie Zweitausend besiegen, mit Aḻḻāhs Erlaubnis. Aḻḻāh ist mit den Standhaften.“ (Al-’Anfāl 8:66)

8. ’Āyah:

يَٰٓأَيُّهَا ٱلَّذِينَ ءَامَنُوٓاْ إِذَا نَٰجَيۡتُمُ ٱلرَّسُولَ فَقَدِّمُواْ بَيۡنَ يَدَيۡ نَجۡوَىٰكُمۡ صَدَقَةٗۚ ذَٰلِكَ خَيۡرٞ لَّكُمۡ وَأَطۡهَرُۚ

„Oh die ihr glaubt, wenn ihr mit dem Gesandten vertraulich sprechen wollt, dann gebt schon vor eurem vertraulichen Gespräch ein Almosen. Das ist besser und reiner für euch. [...]“ (Al-Muǧādilah 58:12)

Sie wurde abrogiert durch die Aussage Aḻḻāhs:

ءَأَشۡفَقۡتُمۡ أَن تُقَدِّمُواْ بَيۡنَ يَدَيۡ نَجۡوَىٰكُمۡ صَدَقَٰتٖۚ

---

[243] An-Nasā’iyy, ṣaḥīḥ nach ’Albāniyy.

„Scheut ihr davor, schon vor eurem vertraulichen Gespräch Almosen zu geben? […]" (Al-Muǧādilah 58:13)

Dies ist die einzige Stelle, bei der sich die Gelehrten einig sind, dass es um einen Nasẖ handelt.

9. 'Āyah:

يَٰٓأَيُّهَا ٱلْمُزَّمِّلُ ۝١ قُمِ ٱلَّيْلَ إِلَّا قَلِيلًا ۝٢ نِّصْفَهُۥٓ أَوِ ٱنقُصْ مِنْهُ قَلِيلًا ۝٣ أَوْ زِدْ عَلَيْهِ وَرَتِّلِ ٱلْقُرْءَانَ تَرْتِيلًا ۝٤

„Oh du Eingehüllter, steh (zum Gebet) die (ganze) Nacht auf – bis auf einen kleinen Teil, ihre Hälfte, oder verringere sie um einen kleinen Teil oder füge etwas hinzu. Und trage den Qur'ān wohlgeordnet vor." (Al-Muzzammil 73:1-4)

Diese Verse wurden durch die letzte 'Āyah der gleichen Sūrah abrogiert:

۞إِنَّ رَبَّكَ يَعْلَمُ أَنَّكَ تَقُومُ أَدْنَىٰ مِن ثُلُثَيِ ٱلَّيْلِ وَنِصْفَهُۥ وَثُلُثَهُۥ وَطَآئِفَةٌ مِّنَ ٱلَّذِينَ مَعَكَ ۚ وَٱللَّهُ يُقَدِّرُ ٱلَّيْلَ وَٱلنَّهَارَ ۚ عَلِمَ أَن لَّن تُحْصُوهُ فَتَابَ عَلَيْكُمْ ۖ فَٱقْرَءُوا۟ مَا تَيَسَّرَ مِنَ ٱلْقُرْءَانِ ۚ

„Gewiss, dein Herr weiß, dass du etwas weniger als zwei Drittel der Nacht (zum Gebet) aufstehst, oder die Hälfte oder ein Drittel davon, und (ebenso) ein Teil von denjenigen, die mit dir sind. Und Aḷḷāh setzt das Maß der Nacht und des Tages fest. Er weiß, dass ihr es nicht erfassen würdet. Da wandte Er Sich euch zu und erließ es euch. So lest (bei Nacht), was euch vom Qur'ān leichtfällt." (Al-Muzzammil 73:20)

Dies sind die wichtigsten Themen, welche die Qur'ān-Wissenschaftler in Bezug auf den Nasẖ behandelt haben. Daneben haben sich die Gelehrten des 'Uṣūl Al-Fiqh mit weiteren Aspekten dieser Wissenschaft beschäftigt.[244]

[244] Siehe Neil Bin Radhan, Grundlagen des Fiqh, ISBN 978-3-943812-10-7, Darulkitab Verlagshaus.

13.2 Muḥkam wa Mutašābih - Eindeutiges und Mehrdeutiges

Aḷḷāh lässt uns wissen, dass es in Seinem Buch sowohl Eindeutiges wie auch Mehrdeutiges gibt:

هُوَ ٱلَّذِىٓ أَنزَلَ عَلَيْكَ ٱلْكِتَٰبَ مِنْهُ ءَايَٰتٌ مُّحْكَمَٰتٌ هُنَّ أُمُّ ٱلْكِتَٰبِ وَأُخَرُ مُتَشَٰبِهَٰتٌ ۖ فَأَمَّا ٱلَّذِينَ فِى قُلُوبِهِمْ زَيْغٌ فَيَتَّبِعُونَ مَا تَشَٰبَهَ مِنْهُ ٱبْتِغَآءَ ٱلْفِتْنَةِ وَٱبْتِغَآءَ تَأْوِيلِهِۦ ۗ وَمَا يَعْلَمُ تَأْوِيلَهُۥٓ إِلَّا ٱللَّهُ ۗ وَٱلرَّٰسِخُونَ فِى ٱلْعِلْمِ يَقُولُونَ ءَامَنَّا بِهِۦ كُلٌّ مِّنْ عِندِ رَبِّنَا ۗ وَمَا يَذَّكَّرُ إِلَّآ أُو۟لُوا۟ ٱلْأَلْبَٰبِ ۝٧

„Er ist es, Der das Buch (als Offenbarung) auf dich herabgesandt hat. Dazu gehören eindeutige Verse - sie sind der Kern des Buches - und andere, mehrdeutige. Was aber diejenigen angeht, in deren Herzen (Neigung zum) Abschweifen ist, so folgen sie dem, was davon mehrdeutig ist, im Trachten nach Irreführung und im Trachten nach ihrer Missdeutung. Aber niemand weiß ihre Deutung außer Aḷḷāh. Und diejenigen, die im Wissen fest gegründet sind, sagen: „Wir glauben daran; alles ist von unserem Herrn.“ Aber nur diejenigen bedenken, die Verstand besitzen.“ ('Āli 'Imrān 3:7)

13.2.1 Definition

13.2.1.1 Linguistische Definition

Al-Muḥkam ist vom Verb „'aḥkama“ abgeleitet. Grundsätzlich ist damit „perfektionieren“ bzw. „vollenden“ gemeint. Die Wortwurzel ḥ-k-m bedeutet ursprünglich „unterbinden“, „festhalten“, „zurückhalten“.[245]

Al-Mutašābih ist vom Verb „šabaha“, „ähneln“, abgeleitet.[246]

[245] Ibn Fāris, Mu'ğam Maqāyīs Al-Luġah, S. 258.

[246] Ar-Rāġib Al-'Aṣfahāniyy, Mufradāt 'Alfāẓ Al-Qur'ān, S. 443.

13.2.1.2 Fachspezifische Definition

Die in der Literatur erwähnten Definitionen können auf zwei Ansichten zusammengefasst werden:

1. Ansicht: Muḥkam ist alles, bei dem die Bedeutung klar ist, sei sie offensichtlich oder gedeutet. Mutašābih hingegen ist das, was Aḷḷāh vorenthält.

Zum Mutašābih gehört damit die verborgene Welt, wie bspw. der Tag der Auferstehung.

Ihre Deutung obliegt allein Aḷḷāh. Nach dieser Ansicht muss bei der Rezitation des Verses 7 von Sūrah 'Āli 'Imrān nach den Worten Aḷḷāhs: „Aber niemand weiß ihre Deutung außer Aḷḷāh" angehalten werden.

Nach dieser Ansicht betreffen die mehrdeutigen 'Āyāt keine Gebote, sondern die 'Aqīdah.

2. Ansicht: Al-Muḥkam bedarf keiner Deutung, Al-Mutašābih hingegen muss gedeutet werden.

Nach dieser Meinung ist mit „Ta'wīl" - im erwähnten Vers mit „Deutung" übersetzt - „Erläuterung" gemeint, weshalb nach dieser Ansicht bei der Rezitation der erwähnten 'Āyah Aḷḷāhs Satz „Aber niemand weiß ihre Deutung außer Aḷḷāh" mit dem darauffolgenden „und diejenigen, die im Wissen fest gegründet sind" in einem Atemzug verbunden werden darf.[247]

13.2.2 Weisheit hinter mehrdeutigen 'Āyāt

Die Weisheiten hinter den Mutašābih können je nach Definition in zwei Arten unterteilt werden.

13.2.2.1 Unter der Prämisse, dass Entschlüsselung möglich ist

Falls über die Mutašābih Wissen zu erlangen ist, können darin folgende Weisheiten liegen:

[247] Al-Wahbiyy, Al-Masā'il Al-Muštarakah bain 'Ulūm Al-Qur'ān wa 'Uṣūl Al-Fiqh, S. 193.

- Die Gelehrten werden motiviert, die Tiefen des Qur'ān zu ergründen.
- Die Stellung der Gelehrten gegenüber den Unwissenden wird hervorgehoben.

Az-Zarkašiyy sagt: „Die ehrenvollen Seelen streben sehnsüchtig nach dem Wissen und dem Erlangen von Kenntnis."[248] ʿAlā' Ad-Dīn Al-Buḫāriyy sagt: „Wäre alles eindeutig, würde sich die Prüfung und die Erlangung des Lohns für die Anstrengung beim Wissenserwerb erübrigen. Und wäre alles unverständlich und verborgen, gäbe es keine Kenntnis. Daher ließ Er manches klar und deutlich und einiges verborgen, damit man anhand des Deutlichen durch Überlegung zum Verständnis des Verborgenen gelangt. [...] Ihr Lohn entspricht ihrer Denkarbeit und ihre Stellung ihrem Wissen. So zeigt sich der Wert derer, die im Wissen gefestigt sind."[249]

- Als Prüfung für die Menschen.

Die Gläubigen zweifeln nicht am Qur'ān. Denn wo man nicht imstande ist, das Mehrdeutige auf das Eindeutige zu übertragen, sagt man: „Wir glauben daran; alles ist von unserem Herrn", wenn die Bedeutung unklar ist. Doch diejenigen, in deren Herzen Neigung zum Abschweifen ist, folgen dem Mehrdeutigen. Davon spricht Aḷḷāh auch in folgender 'Āyah:

۞إِنَّ ٱللَّهَ لَا يَسۡتَحۡيِۦٓ أَن يَضۡرِبَ مَثَلٗا مَّا بَعُوضَةٗ فَمَا فَوۡقَهَاۚ فَأَمَّا ٱلَّذِينَ ءَامَنُواْ فَيَعۡلَمُونَ أَنَّهُ ٱلۡحَقُّ
مِن رَّبِّهِمۡۖ وَأَمَّا ٱلَّذِينَ كَفَرُواْ فَيَقُولُونَ مَاذَآ أَرَادَ ٱللَّهُ بِهَٰذَا مَثَلٗاۘ يُضِلُّ بِهِۦ كَثِيرٗا وَيَهۡدِي بِهِۦ كَثِيرٗاۚ
وَمَا يُضِلُّ بِهِۦٓ إِلَّا ٱلۡفَٰسِقِينَ ٢٦

„Aḷḷāh schämt Sich nicht, ein Gleichnis auch nur mit einer Mücke oder mit etwas darüber (hinaus) zu prägen. Was nun diejenigen angeht, die glauben, so wissen sie, dass es die Wahrheit von ihrem Herrn ist. Was

[248] Az-Zarkašiyy, Al-Burhān, Bd. 2, 75.

[249] Ebd.

aber diejenigen angeht, die ungläubig sind, so sagen sie: „Was will denn Aḻḻāh damit als Gleichnis?" Er lässt damit viele in die Irre gehen und leitet viele damit recht, doch lässt Er damit nur die Frevler in die Irre gehen." (Al-Baqarah 2:26)

Und auch in den folgenden Versen thematisiert Aḻḻāh diese Angelegenheit:

وَإِذَا مَآ أُنزِلَتْ سُورَةٌ فَمِنْهُم مَّن يَقُولُ أَيُّكُمْ زَادَتْهُ هَٰذِهِۦٓ إِيمَٰنًا ۚ فَأَمَّا ٱلَّذِينَ ءَامَنُوا۟ فَزَادَتْهُمْ إِيمَٰنًا
وَهُمْ يَسْتَبْشِرُونَ ﴿١٢٤﴾ وَأَمَّا ٱلَّذِينَ فِى قُلُوبِهِم مَّرَضٌ فَزَادَتْهُمْ رِجْسًا إِلَىٰ رِجْسِهِمْ وَمَاتُوا۟ وَهُمْ
كَٰفِرُونَ ﴿١٢٥﴾

„Wenn eine Sūrah (als Offenbarung) herabgesandt wird, dann gibt es unter ihnen manche, die sagen: „Wem von euch hat dies(e Sūrah) seinen Glauben vermehrt?" Was nun diejenigen angeht, die glauben, so hat sie ihren Glauben vermehrt, und sie freuen sich über die frohe Botschaft. Was aber diejenigen angeht, in deren Herzen Krankheit ist, so fügt sie ihrem Gräuel noch (weiteren) Gräuel hinzu, und sie sterben als Ungläubige." (At-Taubah 9:124-125)

13.2.2.2 **Unter der Prämisse, dass Entschlüsselung unmöglich ist**

Nach dieser Ansicht versteht man unter Mutašābih das, was nur Aḻḻāh kennt, d. h. Aspekte der verborgenen Welt. Darin liegen u. a. folgende Weisheiten:

- Aḻḻāh zeigt die Wichtigkeit des Glaubens an das Verborgene auf:

الٓمٓ ﴿١﴾ ذَٰلِكَ ٱلْكِتَٰبُ لَا رَيْبَ ۛ فِيهِ ۛ هُدًى لِّلْمُتَّقِينَ ﴿٢﴾ ٱلَّذِينَ يُؤْمِنُونَ بِٱلْغَيْبِ وَيُقِيمُونَ ٱلصَّلَوٰةَ
وَمِمَّا رَزَقْنَٰهُمْ يُنفِقُونَ ﴿٣﴾

„'Alif-Lām-Mīm Dieses Buch, an dem es keinen Zweifel gibt, ist eine Rechtleitung für die Gottesfürchtigen, die an das Verborgene glauben, das Gebet verrichten und von dem, womit Wir sie versorgt haben, ausgeben."

Ibn ʿĀšūr sagt: „Von allen Aspekten des Glaubens wird hier ausschließlich der Glaube an das Verborgene erwähnt, da dieser die Grundlage darstellt für den Glauben an die Wahrhaftigkeit dessen, was die Gesandten über die Existenz Aḷḷāhs und der hohen Welt berichteten. Ein Mensch, der daran glaubt, widmet sich der Botschaft der Gesandten und betrachtet das, was sie über Aḷḷāh übermitteln. Dies erleichtert es ihm, die Belege nachzuvollziehen."[250]

Der Qur'ān behandelt die Glaubenslehre und eine der wichtigsten Grundlagen des Glaubens ist der Glaube an das Verborgene. Daher ist es undenkbar, dass der Qur'ān diese Thematik vernachlässigt, vielmehr wird sie oft erwähnt.

13.2.2.2.1 Gibt es im Qur'ān Ausdrücke ohne Bedeutung?

Eine weitere Angelegenheit, die unter diese Thematik fällt, ist die Frage, ob im Qur'ān Ausdrücke vorhanden sind, die keine Bedeutung haben. Dem ist nicht so! Denn:

- Der Qur'ān wurde auf Arabisch offenbart. Darauf weisen mehrere 'Āyāt hin, wie z. B.:

إِنَّآ أَنزَلْنَٰهُ قُرْءَٰنًا عَرَبِيًّا لَّعَلَّكُمْ تَعْقِلُونَ ﴿٢﴾

„Wir haben es als einen arabischen Qur'ān hinabgesandt, auf dass ihr begreifen möget." (Yūsuf 12:2)

Ibn Ǧarīr Aṭ-Ṭabariyy sagte: „Anhand der Belege wird deutlich, dass von Aḷḷāh, majestätisch ist Sein Lob, jeden Gesandten zu seinem Volk mit dessen eigener Sprache schickte. Jedes Buch, das Er einem Propheten hinabsandte und jede Botschaft, die er einem Volk zukommen ließ, war in dessen Sprache verfasst. So wurde auch das Buch Aḷḷāhs, das Er unserem Propheten ﷺ herabsandte, in seiner Sprache offenbart. Da nun seine Sprache Arabisch war, ist der Qur'ān arabisch. Dies wird im Qur'ān bekräftigt."[251]

---

[250] Ibn ʿĀšūr, At-Taḥrīr wa At-Tanwīr, Bd. 1, S. 230.

[251] Aṭ-Ṭabariyy, Ǧāmiʿ Al-Bayān, Bd. 1, 12.

- Die Gelehrten sind sich einig, dass es im Qur'ān keine Begriffe, keine Worte gibt, die keine Bedeutung haben. Denn dies geziemt niemandem, der einen Verstand besitzt. Dies gilt erst recht für Aḷḷāh.

Ibn Al-ʿIrāqiyy sagt: „Offensichtlich bezieht sich diese Fragestellung auf Ausdrücke mit unbekannter Bedeutung. Ausdrücke ohne Bedeutung hingegen sind nach Übereinkunft nicht vorhanden."[252]

Ibn Taimiyyah sagt: „Der Dissens besteht bezüglich der Frage, ob Er etwas spricht, das nicht verständlich ist. Es ist ein großer Unterschied, dem Sprechenden den Sinn des Gesprochenen abzusprechen oder dem Angesprochenen das Verständnis."[253] Er sagt auch: „Kein Muslim sagte je, dass Aḷḷāh ohne Sinn spricht."[254]

13.2.2.2.2 Die Attribute Aḷḷāhs

Eine sehr kontrovers diskutierte Angelegenheit sind die Attribute Aḷḷāhs. So gehen manche davon aus, dass die Eigenschaften Aḷḷāhs nicht verständlich sind bzw. nicht zum Offenkundigen gehören. Daher bestätigen sie keine Bedeutungen, bzw. deuten die Namen um.

'Ahl As-Sunnah wa Al-Ǧamāʿah vertreten die Ansicht, dass alle Eigenschaften Aḷḷāhs eindeutig und deshalb verständlich sind. Beweise dafür sind:

- Der Qur'ān wurde auf Arabisch offenbart und jedes arabische Wort enthält eine Bedeutung, und der Qur'ān muss demgemäß gedeutet werden. Dabei ist zu berücksichtigen, dass nichts und niemand Aḷḷāh ähnlich ist.
- Aḷḷāh fordert uns im Qur'ān an mehreren Stellen auf, über Sein Buch nachzusinnen. Dies bedeutet u. a., über die Bedeutungen der

[252] Al-ʿIrāqiyy, Al-Ġaiṯ Al-Hāmiʿ, Bd. 1, S. 106.

[253] Ibn Taimiyyah, Maǧmūʿ Al-Fatāwā, Bd. 13, S. 286.

[254] Ebd. S. 286.

Wörter zu reflektieren. Dabei wurde nichts ausgeschlossen. So sagt Aḷḷāh:

كِتَٰبٌ أَنزَلْنَٰهُ إِلَيْكَ مُبَٰرَكٌ لِّيَدَّبَّرُوٓاْ ءَايَٰتِهِۦ وَلِيَتَذَكَّرَ أُوْلُواْ ٱلْأَلْبَٰبِ ﴿٢٩﴾

„(Dies ist) ein gesegnetes Buch, das Wir zu dir hinabgesandt haben, damit sie über seine Zeichen nachsinnen und damit diejenigen bedenken, die Verstand besitzen."

So haben die Gelehrten den gesamten Qur'ān studiert und erläutert. Muǧāhid sagte: „Ich habe mit Ibn ʿAbbās den gesamten Qur'ān drei Mal durchgenommen, vom Beginn bis zum Ende. Dabei hielt ich ihn bei jeder 'Āyah auf, um ihn danach zu fragen."[255]

Andere Theologieschulen vertreten die Ansicht, die 'Āyāt, die sich mit den Attributen Aḷḷāhs befassen, gehörten zu den Mutašābihāt. Az-Zarkašiyy sagt: „Jene (die umdeuten) fühlten sich dazu gedrängt, da sie die Wörter nicht nach der offensichtlichen Bedeutung verstehen durften. Schließlich gibt es die Belege, wonach jede Ähnlichkeit mit dem Schöpfer sowie, Ihm einen Körper zuzuschreiben, unmöglich ist. Die Erörterung dieser Angelegenheiten birgt gewaltige Gefahren."[256]

Dieser Ansicht folgten viele, unter anderem Ar-Rāzī und Az-Zarkašiyy, so auch As-Suyūṭiyy.

Die dritte Herangehensweise nennt man „Tafwīḍ", vom Verb „fawwaḍa", überlassen. Darunter ist zu verstehen, dass die Bedeutung Aḷḷāh überlassen wird.

Die 'Ahl As-Sunnah wa Al-Ǧamāʿah hingegen bestätigen die Eigenschaften samt ihrer Bedeutung, ohne sie umzudeuten. 'Imām Mālik sagte dazu, sich auf ein Beispiel beziehend: „Der Istiwā' ist bekannt, die Art und Weise ist unbekannt, der Glaube daran ist Pflicht und die Frage danach ist eine Bidʿah."[257]

---

[255] Ibn Ǧarīr Aṭ-Ṭabariyy, Ǧāmiʿ Al-Bayān, Bd. 1, S. 85.

[256] Az-Zarkašiyy, Al-Burhān, Bd. 2, S. 80.

[257] Al-Lālakā'iyy, Šarḥ 'Uṣūl Ahl-As-Sunnah, Bd. 3, S.441.

Dieses Thema wird in der Literatur über die ʿAqīdah eingehend erörtert.[258]

13.3 Ḥaqīqah und Maǧāz - Wirklichkeit und Metapher

13.3.1 Definition

13.3.1.1 Linguistische Definition

Ar-Rāġib Al-'Aṣfahāniyy sagt: „Der Begriff ‚Ḥaqīqah' wird teils für existierende, beständige Dinge angewandt. Dazu gehört die Aussage des Propheten ﷺ zu Ḥāriṯ:

إِنَّ لِكُلِّ حَقٍّ حَقِيقَةً، فَمَا حَقِيقَةُ إِيمَانِكَ؟

‚Jede Wahrheit besitzt eine Wirklichkeit, was ist also die Wirklichkeit deines Glaubens?'[259]

D. h. ‚was beweist, dass deine Behauptung wahr ist?' [...] Manchmal wird er für den Glauben benutzt [...] und ab und zu für Handlungen bzw. Aussagen. Man sagt also: ‚Die Handlung jemandes hat eine Wirklichkeit', wenn diese Person nicht aus Augendienerei handelt. ‚Seine Aussage hat eine Wirklichkeit', wenn er keine Ausrede benutzt. Er wird aber auch für den umgekehrten Fall angewandt, nämlich wenn man Ausreden sucht."[260]

Der Begriff „Ḥaqīqah" wird auf zwei Arten benutzt:

- Für die Wirklichkeit einer Sache. So sagt man bspw.: „Die Wirklichkeit des Menschen ist, dass er ein sprechendes Lebewesen ist."
- Als Gegensatz zur Metapher

[258] Siehe Fathy Eid, Der Glaube an die Namen und Eigenschaften Aḷḷāhs, S. 277, ISBN 978-3-943812-07-7, Darulkitab Verlagshaus.

[259] ʿAbdurrazzāq in seinem Werk und Al-Baihaqiyy in Šuʿab Al-'Īmān 10107. Mursal nach Ibn Raǧab.

[260] Ar-Rāġib Al-'Aṣfahāniyy, Al-Mufradāt, S. 247.

„Maǧāz" bedeutet sprachlich „Überquerung".[261]

13.3.1.2 Fachspezifische Definition

Von „Ḥaqīqah" spricht man, wenn ein Begriff gemäß seiner grundsätzlichen Bedeutung verstanden wird. Im Gegensatz dazu wird „Maǧāz" definiert als eine „zweite Bedeutung eines Ausdrucks aufgrund eines Zusammenhangs".[262]

13.3.2 Unterscheidung von Ḥaqīqah und Maǧāz

Ob etwas Ḥaqīqah oder Maǧāz ist wird erkannt:

- durch Sprachgelehrte
- bei Ḥaqīqah durch Abwesenheit eines Hinweises. Denn der Maǧāz bedarf eines Hinweises, damit von der grundsätzlichen Bedeutung auf die alternative Bedeutung geschlossen werden kann.

13.3.3 Existenz des Maǧāz im Qur'ān

Diese Frage wurde in der islamischen Theologie sehr kontrovers diskutiert. Dabei können zwei Ansichten unterschieden werden:

13.3.3.1 Nichtanerkennung des Maǧāz in der Sprache

Diese Ansicht vertreten 'Abū 'Isḥāq Al-'Isfarāyīniyy, 'Abū ʿAliyy Al-Fārisiyy, Ibn Taimiyyah, Ibn Al-Qayyim und Muḥammad Al-'Amīn Aš-Šanqīṭiyy.[263]

Ihrer Meinung nach existiert im Qur'ān kein Maǧāz.

Zu ihren Argumenten gehört, dass die ersten Generationen nicht auf so etwas hinwiesen. Des Weiteren führten sie an, dass – wenn die Behauptung, dass es Maǧāz gäbe, zuträfe – die Bedeutungen der Wörter vorher hätten festgelegt werden müssen. Doch dies wurde nie überliefert. Ibn Taimiyyah sagt: „Demnach müsste eine Gruppe von

[261] Ebd. S. 211.

[262] Al-Wahbiyy, Al-Masā'il Al-Muštarakah bain ʿUlūm Al-Qur'ān wa 'Uṣūl Al-Fiqh, S. 278.

[263] Al-Wahbiyy, Al-Masā'il Al-Muštarakah bain ʿUlūm Al-Qur'ān wa 'Uṣūl Al-Fiqh, S. 287.

Weisen sich getroffen haben, um die Bedeutungen festzulegen, sodass dieses und jenes eine bestimmte Bedeutung hat. Doch es ist uns nicht bekannt, dass je jemand vor 'Abū Hāšim Ibn Al-Ǧubbā'iyy, dies behauptet hätte."[264]

13.3.3.2 Nichtanerkennung des Maǧāz im Qur'ān und Anerkennung in der Sprache

Diese Meinung vertreten einige Mālikīten, Šāfiʿīten und Ḥanbalīten, sowie Dāwūd Aẓ-Ẓāhiriyy.[265]

Sie wurde mit folgenden Argumenten belegt:

Die Anerkennung des Maǧāz im Qur'ān führt dazu, Lügen zu bestätigen. Schließlich kann eine Stadt nicht gefragt werden und die Mauer hat keinen Willen. Angespielt wird damit auf die Aussage Aḷḷāhs:

﴿وَسْـَٔلِ ٱلْقَرْيَةَ ٱلَّتِى كُنَّا فِيهَا وَٱلْعِيرَ ٱلَّتِىٓ أَقْبَلْنَا فِيهَا ۖ وَإِنَّا لَصَـٰدِقُونَ ﴿٨٢﴾﴾

„Frag die Stadt, in der wir waren, und die Karawane, mit der wir angekommen sind. Wir sagen gewiss die Wahrheit'." (Yusuf 12:82)

Auf diesen Einwand wurde allerdings entgegnet, dass bei der Metapher Hinweise zur alternativen Bedeutung vorhanden seien, was ist bei einer Lüge nicht der Fall ist.

Auf das Argument, die Bestätigung des Maǧāz impliziere die Unfähigkeit des Sprechenden – was in Bezug auf Aḷḷāh unzulässig ist – wurde geantwortet, dass der Maǧāz vielmehr die rhetorische Brillanz des Sprechers belege.[266]

---

[264] Ibn Taimiyyah, Al-'Īmān, S. 82.

[265] Al-Wahbiyy, Al-Masā'il Al-Muštarakah bain ʿUlūm Al-Qur'ān wa 'Uṣūl Al-Fiqh, S. 288.

[266] Al-Wahbiyy, Al-Masā'il Al-Muštarakah bain ʿUlūm Al-Qur'ān wa 'Uṣūl Al-Fiqh, S. 279.

13.3.3.3 Anerkennung des Maǧāz in der Sprache und im Qur'ān

Diese Ansicht vertreten die meisten Gelehrten, so z. B. 'Aḥmad Ibn Ḥanbal, Ibn Qutaibah und Al-Ḫaṭīb Al-Baġdādiyy.

Ihr Beleg ist, dass dies von den Arabern mehrfach überliefert wurde.

Daneben gibt es noch eine weitere Meinung, nämlich, dass der Maǧāz nur außerhalb von Qur'ān und Sunnah vorhanden ist.

13.3.3.4 Sprachlicher vs. inhaltlicher Dissens

Bei all diesen Ansichten bleibt die Frage offen, ob sich der Dissens auf die wörtliche Bedeutung des Begriffs bezieht und somit keine Auswirkung hat, oder ob es um den Inhalt geht.

Einige Gelehrte der 'Ahl As-Sunnah wa Al-Ǧamāʿah haben die Existenz des Maǧāz im Qur'ān abgelehnt, damit die Tür zur Umdeutung der Eigenschaften Al̤l̤āhs geschlossen wird. Daher schrieb Ibn Al-Qayyim ein Kapitel: „Das Zerbrechen des dritten Götzen, den die Ǧahmiyyah aufstellte, um die Wirklichkeiten der Namen und Eigenschaften zu leugnen, nämlich der Maǧāz."[267]

Ibn Raǧab sagt: „Diejenigen Gelehrten, die den Maǧāz abstritten, taten dies, damit er kein Grund wird, um die Wirklichkeiten und Bedeutungen des Qur'ān und der Sunnah abzulehnen."[268]

Ibn Qudāmah ging davon aus, dass es sich hierbei nur um einen Dissens bezüglich des Begriffs handelt. Er zählte mehrere Beispiele für den Maǧāz auf und sagte dazu: „Dies alles gehört zum Maǧāz, denn es handelt sich um die Anwendung eines Ausdrucks auf eine andere Art. Wer dies bestreitet, der redet sich nur heraus. Wer es hingegen annimmt und sagt, er nenne es nicht „Maǧāz", dann handelt es sich um einen Dissens, bei dem der Meinungsunterschied keine Auswirkung hat."[269]

---

[267] Ibn Al-Qayyim, Aṣ-Ṣawāʿiq Al-Mursalah, Bd. 2, S. 632.

[268] Ibn Raǧab, Aḏ-Ḏail ʿalā Ṭabaqāt Al-Ḥanābilah, Bd. 1, S. 174.

[269] Ibn Qudāmah, Rauḍah An-Nāẓir, Bd. 1, S. 273.

Zu den Beispielen der Umdeutung der Eigenschaften anhand des Maǧāz gehört das Attribut der Hand. Diese Eigenschaft wurde umgedeutet als „Gabe". Doch dies ist unzulässig, denn Aḷḷāh erwähnte die Hände im Dual. So sagt Aḷḷāh:

قَالَ يَٰٓإِبۡلِيسُ مَا مَنَعَكَ أَن تَسۡجُدَ لِمَا خَلَقۡتُ بِيَدَيَّۖ أَسۡتَكۡبَرۡتَ أَمۡ كُنتَ مِنَ ٱلۡعَالِينَ ﴿٧٥﴾

„Er sagte: „Oh 'Iblīs, was hat dich davon abgehalten, dich vor dem niederzuwerfen, was Ich mit Meinen beiden Händen erschaffen habe?" (Ṣād 38:75)

Im Arabischen wird der Begriff „Hand" im Dual nicht als Metapher benutz.

Selbst wenn dies im Arabischen möglich wäre, bliebe die Frage, welcher Grund diese Umdeutung legitimiert. Diejenigen, die den Maǧāz bei diesem Beispiel befürworten, tun dies aufgrund der falschen Glaubenslehre, die sie vertreten, nämlich eben der Behauptung, die Bestätigung der Eigenschaften Aḷḷāhs bringe die Gleichsetzung Aḷḷāhs mit seinen Geschöpfen mit sich. 'Ahl As-Sunnah wa Al-Ǧamā'ah hingegen bestätigen die Eigenschaften Aḷḷāhs, jedoch immer unter der Grundvoraussetzung, dass sie in keiner Weise mit denen der Geschöpfe verglichen werden dürfen.

Ein weiteres Argument ist die Tatsache, dass auch die Ṣaḥābah diesen Begriff – wie alle anderen Eigenschaften Aḷḷāhs – nicht umgedeutet haben, obwohl er in Qur'ān und Sunnah so oft erwähnt wird. Somit handelt es doch um einen inhaltlichen Dissens.

13.4 Muǧmal und Mubayyan – Abstrahierung und Konkretisierung

13.4.1 Definition

13.4.1.1 Linguistische Definition

Der Begriff „Muǧmal" ist vom Verb „'aǧmala", „ansammeln" bzw. „aneignen" abgeleitet.[270]

Ar-Rāġib Al-'Aṣfahāniyy erklärte „Mubayyan" wie folgt: „Al-Bayān bedeutet ‚etwas aufdecken bzw. enthüllen'."[271] Demnach bedeutet das davon abgeleitete Wort „Mubayyan" „(das) Enthüllte".

13.4.1.2 Fachspezifische Definition

As-Suyūṭiyy definierte Muǧmal wie folgt: „Muǧmal ist das, dessen Bedeutung unklar ist."[272]

„Mubayyan" wird als „grundsätzlich Konkretes" definiert. Ar-Rāzī sagt dazu: „Es ist die grundsätzliche Information, die keiner Erklärung bedarf."[273]

Beispiele für den Muǧmal

Aḷḷāh sagt:

ثُمَّ لْيَقْضُوا۟ تَفَثَهُمْ وَلْيُوفُوا۟ نُذُورَهُمْ وَلْيَطَّوَّفُوا۟ بِٱلْبَيْتِ ٱلْعَتِيقِ ﴿٢٩﴾

„Hierauf sollen sie ihre Ungepflegtheit beenden, ihre Gelübde erfüllen und den Umlauf um das alt(ehrwürdig)e Haus vollziehen." (Al-Ḥaǧǧ 22:29)

Der Ausdruck „al-ʿAtīq", hier mit „alt(ehrwürdig)" übersetzt, ist abstrakt, hat er doch mehrere Bedeutungen: „alt", „der Befreite" und „der Großzügige". Die 'Āyah wurde mit all diesen Bedeutungen

---

[270] Ibn Manẓūr, Lisān Al-ʿArab, Bd. 6, 686.

[271] Ar-Rāġib Al-'Aṣfahāniyy, Mufradāt Al-Fāẓ Al-Qur'ān.

[272] As-Suyūṭiyy, Al-'Itqān, Bd. 4, S. 1426.

[273] Ar-Rāzī, Al-Maḥṣūl, Bd. 3, 150.

erläutert. Doch eine andere 'Āyah konkretisierte die Bedeutung, nämlich wo Aḷḷāh sagt:

إِنَّ أَوَّلَ بَيْتٍ وُضِعَ لِلنَّاسِ لَلَّذِى بِبَكَّةَ مُبَارَكًا وَهُدًى لِّلْعَٰلَمِينَ ﴿٩٦﴾

„Das erste[274] (Gottes)haus, dass für die Menschen gegründet wurde, ist wahrlich dasjenige in Bakkah, als ein gesegnetes (Haus) und eine Rechtleitung für die Weltenbewohner." ('Āli 'Imrān 3:96)

13.4.2 Existenz des Muǧmal im Qur'ān und Sunnah

Az-Zarkašiyy sagt: „Er existiert gemäß der richtigen Ansicht sowohl im Qur'ān als auch in der Sunnah."[275] Dāwūd Aẓ-Ẓāhiriyy widersprach dem.[276]

13.4.3 Das Urteil bezüglich des Mubayyan

Aš-Šāṭibiyy unterteilte den Mubayyan in zwei Arten:

- Mubayyan durch den Gesandten ﷺ: Aḷḷāh sagt:

بِٱلْبَيِّنَٰتِ وَٱلزُّبُرِ ۗ وَأَنزَلْنَآ إِلَيْكَ ٱلذِّكْرَ لِتُبَيِّنَ لِلنَّاسِ مَا نُزِّلَ إِلَيْهِمْ وَلَعَلَّهُمْ يَتَفَكَّرُونَ ﴿٤٤﴾

„(Wir haben sie gesandt) mit den klaren Beweisen und den Büchern der Weisheit. Und Wir haben zu dir die Ermahnung hinabgesandt, damit du den Menschen klar machst, was ihnen offenbart worden ist, und auf dass sie nachdenken mögen." (An-Naḥl 16:44)

Hierzu gibt es kein Meinungsunterschied.

- Mubayyan durch die Ṣaḥābah

Hierbei unterscheidet man zwei Formen, und zwar, ob unter den Ṣaḥābah Konsens besteht oder nicht. Ein Beispiel für ersteres ist die Übereinkunft darüber, dass die Ganzkörperwaschung aufgrund von Geschlechtsverkehr Pflicht ist, auch wenn keine Ejakulation stattfand.

274 Und deshalb das alte.

275 Az-Zarkašiyy, Al-Baḥr Al-Muḥīṭ, Bd. 43.

276 Ebd.

Auch wenn keine Übereinstimmung besteht, sollte die Ansicht der Ṣaḥābah zu Rate gezogen werden. Schließlich kannten sie sich mit der arabischen Sprache bestens aus, haben die Offenbarungsanlässe miterlebt und verstanden daher die Bedeutungen am besten.[277]

13.5 ʿĀm und Ḫāṣ - Umfassendes und Einschränkendes

13.5.1 Definition

13.5.1.1 Linguistische Definition

Der Ausdruck „ʿĀm" ist vom Verb „ʿamma", „umfassen" abgeleitet. Man sagt „ʿamma", wenn etwas alle Teile umfasst.

„Ḫāṣ" ist vom Verb „ḫaṣṣa", „einschränken" abgeleitet.[278]

13.5.1.2 Fachspezifische Definition

Von den Qurʾān-Wissenschaftlern befassten sich nur As-Suyūṭiyy und Ibn ʿUqailah Al-Makkiyy mit der Definition.[279] Nach As-Suyūṭiyy ist „ʿĀm" „ein Ausdruck, der ohne Einschränkung alles umfasst, das ihm entspricht."[280]

Damit steht „ʿĀm" für Begriffe, die alle Bestandteile eines Ausdrucks umfassen. Wenn bspw. „Mann" als Oberbegriff für alle Männer benutzt wird, ist es ein ʿĀm. Wird aber mit dem Begriff „Mann" eine bestimmte Person bezeichnet, handelt sich nicht um einen allgemeinen Begriff.

Beispiele für ʿĀm:

- Die Aussage Allāhs

يَٰٓأَيُّهَا ٱلنَّاسُ

---

[277] Aš-Šāṭibiyy, Al-Muwāfaqāt, Bd. 3, S. 251.

[278] Siehe Muḫtār Aṣ-Ṣiḥāḥ, S. 467.

[279] Al-Wahbiyy, Al-Masāʾil Al-Muštarakah bain ʿUlūm Al-Qurʾān wa ʾUṣūl Al-Fiqh, S. 454.

[280] As-Suyūṭiyy, Al-ʾItqān, Bd. 2, S. 41.

„Oh ihr Menschen" (Al-Baqarah 2:21)

umfasst jeden einzelnen Menschen, ohne Ausnahme.

- Und wenn Al̤l̤āh sagt:

وَلَا يَظۡلِمُ رَبُّكَ أَحَدٗا ﴿٤٩﴾

„Und dein Herr tut niemandem Unrecht." (Al-Kahf 18:49)

ist „niemand" ein ʻĀm, denn auch hier sind alle Menschen gemeint.

„Ḫāṣ" wurde definiert als „Einschränkung des Allgemeinen auf einen Teilaspekt, aufgrund eines Hinweises."[281]

13.5.2 Allgemeine Ausdrücke ('Alfāẓ Al-ʻUmūm)

Ausdrücke, welche auf Allgemeines hinweisen, können in folgende Kategorien aufgeteilt werden:

13.5.2.1 Wörter mit bestimmtem Artikel:

Dazu gehören:

- Der Plural, wie bspw. „die muslimischen Männer und die muslimischen Frauen" in folgender 'Āyah:

إِنَّ ٱلۡمُسۡلِمِينَ وَٱلۡمُسۡلِمَٰتِ

„Gewiss, die muslimischen Männer und die muslimischen Frauen" (Al-'Aḥzāb 33:35)

- Oberbegriffe, wie z. B. „Verkauf" in folgender 'Āyah:

وَأَحَلَّ ٱللَّهُ ٱلۡبَيۡعَ

„Doch hat Al̤l̤āh den Verkauf erlaubt und das Zinsnehmen verboten." (Al-Baqarah 2:275)

Damit ist jede Form des Verkaufs gemeint.

- Der Singular. Wenn bspw. Al̤l̤āh in folgendem Vers sagt:

[281] Al-Wahbiyy, Al-Masā'il Al-Muštarakah bain ʻUlūm Al-Qur'ān wa 'Uṣūl Al-Fiqh, S. 494.

إِنَّ ٱلْإِنسَٰنَ لَفِى خُسْرٍ ﴿٢﴾

„Der Mensch befindet sich wahrlich in Verlust.“ (Al-ʿAṣr 103:2)

meint Er alle Menschen. Daher sagt Er danach „außer denjenigen, die glauben und rechtschaffene Werke tun.“

13.5.2.2 Die Genitivverbindung mit determinierten Wörtern

Sollte eine der drei oben erwähnten Wortarten in einer Genitivverbindung mit einem bestimmten Nomen verbunden sein, deutet auch dies auf das Allgemeine hin. Ein Beispiel dafür ist Aḷḷāhs Aussage:

وَإِن تَعُدُّواْ نِعْمَتَ ٱللَّهِ لَا تُحْصُوهَآ

„Wenn ihr die Gunst Aḷḷāhs aufzählen wolltet, könntet ihr sie nicht erfassen.“ (ʾIbrāhīm 14:34)

Hier wird das Wort „Gunst“ im Singular erwähnt, es steht aber zusammen mit dem Namen „Aḷḷāh“ in einer Genitivverbindung. Dies weist auf Allgemeinheit hin, d. h. auf alle unerfassbaren Gunsterweise Aḷḷāhs insgesamt.

13.5.2.3 Wörter, die für eine Bedingung stehen

Darunter fallen u. a. in folgenden ʾĀyāt die Wörter:

- „Wer“ (arab. „man“) – so sagt Aḷḷāh:

  وَمَن يَتَوَكَّلْ عَلَى ٱللَّهِ فَهُوَ حَسْبُهُۥٓ

  „Und wer sich auf Aḷḷāh verlässt, dem ist Er seine Genüge.“ (Aṭ-Ṭalāq 65:3)

  Hier steht „wer“ für jeden, der diese Bedingung erfüllt.

- „Was“ (arab. „mā“), ein Beispiel hierfür ist die Aussage Aḷḷāhs:

  وَمَا تَفْعَلُواْ مِنْ خَيْرٍ يَعْلَمْهُ ٱللَّهُ

  „Und was ihr an Gutem tut, Aḷḷāh weiß es.“ (Al-Baqarah 2:197)

Hier beinhaltet das Wort „was" alles Gute.

13.5.2.4 **Fragepronomen**

Dazu gehören unter anderem:

- „Welcher" (arab. „'ayyu"), wie in folgender 'Āyah:

أَيُّكُمْ يَأْتِينِي بِعَرْشِهَا قَبْلَ أَن يَأْتُونِي مُسْلِمِينَ ﴿٣٨﴾

„Welcher von euch bringt mir ihren Thron, bevor sie als (Aḷḷāh) Ergebene zu mir kommen?" (An-Naml 27:38)

Az-Zarkašiyy sagt: „Daher antwortete ihm jeder, dass er ihn bringen wolle."[282]

- „Wann" (arab. „matā"), wie in Aḷḷāhs Worten:

حَتَّىٰ يَقُولَ ٱلرَّسُولُ وَٱلَّذِينَ ءَامَنُوا۟ مَعَهُۥ مَتَىٰ نَصْرُ ٱللَّهِ ۗ أَلَآ إِنَّ نَصْرَ ٱللَّهِ قَرِيبٌ ﴿٢١٤﴾

„Bis dass der Gesandte und diejenigen, die mit ihm glaubten, sagten: ‚Wann kommt Aḷḷāhs Sieg?' Aber wahrlich, Aḷḷāhs Sieg ist nahe." (Al-Baqarah 2:214)

Hier deutet das Fragewort „Wann" auf die Allgemeinheit bezüglich der Zeit hin, also zu welcher Zeit auch immer.

13.5.2.5 **Relativpronomen**

Es gibt unterschiedliche Formen von Relativpronomen. Dazu gehört z. B. „man" („wer"). Aḷḷāh sagt:

أَلَمْ تَرَ أَنَّ ٱللَّهَ يَسْجُدُ لَهُۥ مَن فِى ٱلسَّمَٰوَٰتِ وَمَن فِى ٱلْأَرْضِ

„Siehst du nicht, dass sich vor Aḷḷāh (jeder) niederwirft, wer in den Himmeln und wer auf der Erde ist." (Al-Ḥaǧǧ 22:18)

Mit dem Ausdruck „wer" ist „jeder" gemeint.

---

[282] Az-Zarkašiyy, Al-Baḥr Al-Muḥīṭ, Bd. 2, S. 242.

13.5.2.6 Ausdrücke der Bestätigung

Darunter gehört z. B. „kull" („jeder"). Es handelt sich dabei um die ausdrucksvollsten Mittel der Verallgemeinerung. Ein Beispiel dafür ist die Aussage Aḷḷāhs:

كُلُّ نَفْسٍ ذَآئِقَةُ ٱلْمَوْتِ

„Jede Seele wird den Tod kosten." (ʾĀli ʿImrān 3:185)

Das heißt, dass ausnahmslos jede Seele betroffen ist.

13.5.3 Auf Allgemeinheit hinweisender Satzbau

Neben den erwähnten Ausdrücken und Wörtern kann auch die Art des Satzbaus auf Allgemeinheit hinweisen. Dazu gibt es u. a. folgende Regel:

Ein unbestimmtes Wort, im Kontext einer Verneinung, einer Bedingung oder eines Verbots deutet auf Allgemeinheit hin.

13.5.3.1 Im Kontext einer Verneinung

وَلَا يُحِيطُونَ بِشَيْءٍ مِّنْ عِلْمِهِۦٓ

„Sie aber umfassen nichts von Seinem Wissen" (Al-Baqarah 2:255)

„Šayʾ" (Ding) ist hier indeterminiert, wird durch „lā" verneint und bedeutet deshalb „nichts". Daher handelt es sich um einen allgemeinen Ausdruck.

13.5.3.2 Im Kontext einer Bedingung

وَإِنْ أَحَدٌ مِّنَ ٱلْمُشْرِكِينَ ٱسْتَجَارَكَ

„Und wenn jemand von den Götzendienern dich um Schutz bittet." (at-Taubah 9:6)

Der Begriff „Götzendiener" ist unbestimmt und wird nach einer Konjunktion der Bedingung erwähnt, nämlich „wenn". Somit sind die Polytheisten insgesamt gemeint.

13.5.3.3 Im Kontext eines Verbots

وَلَا تُطِعْ مِنْهُمْ ءَاثِمًا أَوْ كَفُورًا ﴿٢٤﴾

***„Und gehorche von ihnen keinem Sündhaften oder sehr Undankbaren."* (Al-'Insān 76:24)**

„Keinem Sündhaften und sehr Undankbaren" umfasst hier die Gesamtheit aller, die unter diese Kategorien fallen.

13.5.4 Formen des ʿĀm

Das Allgemeine wird auf zwei Arten verwendet:

- Für Allgemeines
- Für Konkretes

Ein Beispiel für ersteres ist folgende 'Āyah:

وَمَا مِن دَآبَّةٍ فِي ٱلْأَرْضِ إِلَّا عَلَى ٱللَّهِ رِزْقُهَا

***„Und es gibt kein Tier auf der Erde, ohne dass Aḷḷāh sein Unterhalt obläge."* (Hūd 11:6)**

Aš-Šāfiʿiyy sagt: „Dies ist allgemeingültig, sodass es keine Ausnahme gibt."[283]

Manchmal wird im Qur'ān allerdings auch ein anscheinend allgemeingültiger Ausdruck verwendet, wenn konkret nur eine/s/r gemeint ist. Ein Beispiel dafür ist die Aussage Aḷḷāhs:

ٱلَّذِينَ قَالَ لَهُمُ ٱلنَّاسُ إِنَّ ٱلنَّاسَ قَدْ جَمَعُواْ لَكُمْ فَٱخْشَوْهُمْ

***„Diejenigen, zu denen die Menschen sagten: ‚Die Menschen haben (sich) bereits gegen euch versammelt; darum fürchtet sie!'"* (Al-Baqarah 2:173)**

[283] Aš-Šāfiʿiyy, Ar-Risālah, S. 54.

Hier steht der Ausdruck „die Menschen“ im Plural, obwohl nur einer dies sagte, nämlich Naʿīm Ibn Masʿūd bzw. ein Wüstenaraber aus Ḫuzāʿah.[284]

13.5.5 Anwendungen des ʿĀm

Es gibt viele Anwendungen für dieses Thema im Qur'ān. Zwei davon sollen hier als Beispiele dienen:

13.5.5.1 Maskuline Begriffe im Qur'ān

Im Qur'ān werden oft maskuline Wörter verwendet, die nicht auf Männer beschränkt sind, vielmehr sind im Arabischen – wie in vielen anderen Sprachen – im männlichen Plural die Frauen automatisch oft miteingeschlossen. Ein Beispiel dafür ist der Begriff „Al-Muslimīn“, d. h. die Muslime. Das Wort ist männlich, aber auch die muslimischen Frauen sind damit gemeint. Allerdings ist diese Angelegenheit unter den Gelehrten strittig.

Die Mehrheit ist der Meinung, dass die Frauen nur mitgemeint sind, wenn dafür ein Beleg vorliegt, ebenso wie die Männer in femininen Begriffen nur aufgrund eines Hinweises miteinbezogen sind.[285]

Andere Gelehrte hingegen vertreten die Ansicht, dass grundsätzlich auch Frauen eingeschlossen sind, es sei denn, ein Hinweis deutet darauf hin, dass ausschließlich Männer gemeint sind.

Ibn Qayyim sagt hierzu: „Im Brauch des Gesetzgebers hat sich festgesetzt, dass Gebote, die mit maskulinen Begriffen verbunden sind, nicht aber mit femininen, sowohl Männer als auch Frauen umfassen.“[286]

Als Belege wurden unter anderem folgende 'Āyah genannt:

قُلْنَا ٱهْبِطُوا۟ مِنْهَا جَمِيعًا ۖ

[284] Siehe Aṭ-Ṭabariyy, Ǧāmiʿ Al-Bayān, Bd. 3, S. 532.

[285] As-Suyūṭiyy, Al-'Itqān, Bd. 4, S. 1425.

[286] Ibn Qayyim, 'Iʿlām Al-Muwaqqiʿīn, Bd. 1, S. 73.

„Wir sagten: Geht alle fort von ihm, dem Paradiesgarten." (Al-Baqarah 2:38)

Hier steht das Verb in maskuliner Konjugation, doch ist es unstrittig, dass auch Ḥawwā' (Eva) damit gemeint ist.

Schlussendlich handelt es sich hier um einen sprachlichen und nicht um einen inhaltlichen Dissens, denn alle Religionsgelehrten sind sich einig, dass Frauen durch Aufforderungen an die Männer ebenso aufgefordert sind, solange kein Hinweis darauf deutet, dass ein Gebot nur den Männern gilt.[287]

13.5.5.2 An den Propheten ﷺ gerichtete Rede

Ein weiteres Thema ist die Frage, inwieweit die an den Propheten ﷺ gerichtete Rede die Gesamtheit der Muslime umfasst. Ibn 'Āšūr sagt dazu: „Alles, wozu der Prophet ﷺ aufgefordert wurde, ist für die gesamte 'Ummah zur Umsetzung empfohlen, außer die Dinge, die sie unterlassen sollen, wie z. B. das kontinuierliche Fasten."[288]

Ibn Taimiyyah sagt: „Die Mehrheit der Gelehrten vertritt die Meinung, dass Aḷḷāhs Aufforderungen an den Propheten ﷺ, etwas umzusetzen oder zu unterlassen, für seine 'Ummah Vorbildfunktion hat, solange es keinen Hinweis dafür gibt, dass ausschließlich er aufgefordert ist."[289]

Ein Beleg dafür ist Aḷḷāhs Aussage:

فَأَقِمْ وَجْهَكَ لِلدِّينِ حَنِيفًا ۚ

„So richte dein Gesicht aufrichtig zur Religion hin als Anhänger des rechten Glaubens." (Ar-Rūm 30:30)

Denn diese Aufforderung gilt nicht nur dem Propheten ﷺ, sondern allen Muslimen.

[287] Al-Wahbiyy, Al-Masā'il Al-Muštarakah bain 'Ulūm Al-Qur'ān wa 'Uṣūl Al-Fiqh, S. 481.

[288] Ibn 'Āšūr, At-Taḥrīr wa At-Tanwīr, Bd. 9, S. 242.

[289] Ibn Taimiyyah, Mağmū' Al-Fatāwā, Bd. 22, S. 322.

13.5.6 **Ursachen für Einschränkungen und Ausnahmen**

Darunter versteht man, aufgrund welcher Ursachen allgemeine Ausdrücke eingeschränkt bzw. Ausnahmen geschaffen werden können. Dabei unterscheiden die Qur'ān-Wissenschaftler zwei Arten:

- Mit dem Kontext zusammenhängende Ursachen
- Eigenständige Ursachen

13.5.6.1 **Kontextuale Ursachen**

As-Suyūṭiyy erwähnte in seinem Werk fünf derartige Ursachen[290]:

1. Die Ausnahme:

Ein Beispiel dafür ist der Vers:

وَمَن يَفْعَلْ ذَٰلِكَ يَلْقَ أَثَامًا ﴿٦٨﴾ يُضَٰعَفْ لَهُ ٱلْعَذَابُ يَوْمَ ٱلْقِيَٰمَةِ وَيَخْلُدْ فِيهِۦ مُهَانًا ﴿٦٩﴾ إِلَّا مَن تَابَ

„Wer das tut, hat die Folge der Sünde zu erleiden; die Strafe wird ihm am Tag der Auferstehung vervielfacht, und ewig wird er darin in Schmach bleiben, außer demjenigen, der bereut." (Al-Furqān 25:68-70)

Dabei sind folgende Bedingungen zu beachten:

- Die Ausnahme und das Ausgenommene müssen im selben Kontext erwähnt werden, und zwar ohne Unterbrechung und ohne, dass eine andere Rede eingefügt wird.
- Was nach dem Begriff „außer" erwähnt wird, muss mit dem, was davorsteht, zusammenhängen.

2. Die Bedingung:

Ein Beispiel hierfür ist folgende 'Āyah:

كُتِبَ عَلَيْكُمْ إِذَا حَضَرَ أَحَدَكُمُ ٱلْمَوْتُ إِن تَرَكَ خَيْرًا ٱلْوَصِيَّةُ

„Vorgeschrieben ist euch, wenn sich einem von euch der Tod naht, sofern er Gut hinterlässt, ein Vermächtnis zu treffen." (Al-Baqarah 2:180)

---

[290] As-Suyūṭiyy, Al-'Itqān, Bd. 4, S. 1417 ff.

Hier wurde mit der Aussage „sofern er Gut hinterlässt" eine Bedingung für das Vermächtnis gestellt.

3. Beschreibung

Beispiel:

وَرَبَٰٓئِبُكُمُ ٱلَّٰتِي فِي حُجُورِكُم مِّن نِّسَآئِكُمُ ٱلَّٰتِي دَخَلۡتُم بِهِنَّ

„Eure Stieftöchter, die sich im Schoß eurer Familie befinden von euren Frauen, zu denen ihr eingegangen seid." (An-Nisā' 4:23)

Ibn ʿĀšūr sagt: „Dies ist eine Einschränkung bezüglich des Verbots der [Eheschließung] mit den Stieftöchtern. So ist eine Stieftochter erst verboten, wenn der Beischlaf mit ihrer Mutter vollzogen wurde und nicht schon durch die bloße Eheschließung."[291]

4. Begrenzung

Ein Beispiel dafür sind die Worte Allāhs:

وَلَا تَقۡرَبُوهُنَّ حَتَّىٰ يَطۡهُرۡنَ

„So haltet euch von den Frauen während der Monatsblutung fern, und kommt ihnen nicht nahe, bis sie rein sind." (Al-Baqarah 2:222)

Hier wurde das Gebot durch die Reinheit begrenzt.

13.5.6.2 **Eigenständige Ursachen**

Hiermit sind Konkretisierungen gemeint, in denen keine allgemeinen Ausdrücke erwähnt wurden.

Dies kann u. a. in einer gesonderten 'Āyah geschehen, wie z. B.:

وَٱلۡمُطَلَّقَٰتُ يَتَرَبَّصۡنَ بِأَنفُسِهِنَّ ثَلَٰثَةَ قُرُوٓءٖ

„Geschiedene Frauen sollen (mit sich) selbst drei Zeitabschnitte abwarten." (Al-Baqarah 2:222)

Dieses allgemeine Gebot wurde in einer anderen 'Āyah konkretisiert:

[291] Ibn ʿĀšūr, At-Taḥrīr wa At-Tanwīr, Bd. 28, S. 299.

وَأُوْلَٰتُ ٱلْأَحْمَالِ أَجَلُهُنَّ أَن يَضَعْنَ حَمْلَهُنَّ

„Diejenigen, die schwanger sind – ihre Frist ist (erreicht), wenn sie mit dem niederkommen, was sie (in ihren Leibern) tragen." (Aṭ-Ṭalāq 65:4)

Ein Beispiel aus der Sunnah ist die Aussage des Propheten ﷺ:

لَا تُنْكَحُ الْمَرْأَةُ عَلَى عَمَّتِهَا وَلَا خَالَتِهَا

„Eine Frau darf nicht gemeinsam mit ihrer Tante väterlicherseits oder mütterlicherseits geheiratet werden."[292]

Dieser Ḥadīṯ schränkt folgende Aussage Aḷḷāhs ein:

وَأُحِلَّ لَكُم مَّا وَرَآءَ ذَٰلِكُمْ

„Erlaubt ist euch, was darüber hinausgeht." (An-Nisā' 4:24)

Neben ʿAm und Ḫāṣ gibt es weitere Faktoren, die in den Werken des 'Uṣūl Al-Fiqh näher erläutert werden. Dasselbe gilt für weitere hermeneutische Aspekte, wie Muṭlaq/Muqayyad und Manṭūq/Mafhūm.

Möge Aḷḷāh dieses Werk annehmen.

Amen Dali

[292] Al-Buḫāriyy.

14 Glossar

14.1 A

ʿĀmm	Allgemeine Aussage, die alle sprachlich denkbaren Einzelbeispiele umfasst. Gegenstück zu Ḫāṣṣ.
’Amṯāl	Mehrzahl von Maṯāl
ʿAqīdah	Islamische Überzeugung
’Aṣl	Grundsatz, Grundregel; das, worauf sich ein Vertrag grundsätzlich bezieht, wie z. B. ein Grundstück, jedoch nicht die Pflanzen darauf.
’Āyah	Ein „Vers“ aus dem Qur’ān
’Āyāt	Plural von ’Āyah

14.2 D

Daʿwah	Menschen nach Vorbild des Propheten ﷺ zum Weg des ’Islām einladen.
Dilalah	Sprachlicher Gehalt

14.3 F

Farḍ	Pflicht, auch „Rukn“
Farḍ Kifāyah	Kollektivpflicht
Fiqh	Wissenschaft der Kenntnis um die praxisbezogenen

	Regelungen und deren detaillierten Belege.

14.4 G

Ǧāhiliyyah	Zeit der Unwissenheit. Gemeint ist die Epoche nach Jesus und vor der Entsendung des Propheten Muḥammad ﷺ.

14.5 H

Ḥasan	Authentisch, schön. Auch: bestimmte Stufe der Authentizität von Ḥadīṯen, die zum Argumentieren ausreicht.
Hiǧrah	Auswanderung nach Madīnah zur Zeit des Propheten und vor der Eroberung Makkahs.

14.6 I

Iǧtihād	Sich nach den Grundregeln des Fiqh Mühe geben, einen Ḥukm herauszufinden. Denkarbeit.
’Iḥsān	Aḷḷāh dienen, als ob man Ihn sieht.
ʿIlm	Wissen.
’Īmān	„Glaube“. Islamisch versteht man darunter alle guten Taten des Herzens, der Zunge und aller anderen Körperteile.

’Isnād	Überlieferungskette eines Ḥadīṯ. Synonym für Sanad.
’Isrā’īliyyāt	Israelitische Überlieferungen, Aussagen der damaligen Christen und Juden.

14.7 M

Mabādi’ al-ʿUlūm	Grundsätze der Wissenschaft
Mansūḫ	Durch Nasḫ aufgehobener Offenbarungstext.
Maṯāl	Gleichnis
Mufassir	Qur’ānausleger
Muhāǧir(ūn)	Die Ausgewanderten; damit sind die von Makkah nach Madīnah ausgewanderten Muslime gemeint.
Muḥkam	Eindeutiges.
Muqayyad	Eingeschränkt, Gegenstück zu muṭlaq.
Mursal	In der Ḥadīṯwissenschaft steht der Begriff für eine Überlieferung eines Tābiʿiyy, die er dem Propheten ﷺ zuschreibt.
Mutašābih	Mehrdeutiges.
Mutawātir	So werden Überlieferungen bezeichnet, die bestimmte Bedingungen erfüllt haben, wodurch sie hundertprozentig

	gesichert sind. Diese Tatsache nennt man „Tawātur“.
Mutawātir-Qirā'ah	Eine qur'ānische Lesart, die die Bedingungen einer authentischen (mutawātir) Lesart (Qirā'ah) erfüllt.
Muṭlaq	Absolut, uneingeschränkt, Gegenstück zu muqayyad.

14.8 N

Nāsiḫ	Aufhebendes
Nuzūl al-Qur'ān	Herabsendung des Qur'ān

14.9 S

Ṣaḥābah	Plural von Ṣaḥābiyy.
Ṣaḥābiyy	Jemand, der den Propheten ﷺ als Muslim getroffen hat und als Muslim verstarb.
Sanad	Siehe „'Isnād“.

14.10 T

Tābiʿiyy	Ein Muslim der Generation nach den Ṣaḥābah, der mindestens einen Ṣaḥābiyy getroffen hat.
Tābiʿūn	Plural von „Tābiʿiyy“.
Tafsīr	Qur'ānexegese
Taḫṣīṣ	Differenzierung
Taqyīd	Einschränkung

Taurāh	Thora
Tawātur	Siehe „mutawātir“
Tradent	Überlieferer

14.11 U

ʿUlūm	Plural von ʿIlm
’Uṣūl	Plural von ’Aṣl.
’Uṣūl al-Fiqh	Wissenschaft über die allgemeinen Grundregeln des Fiqh, wie man davon profitiert und wer davon Nutzen haben kann, Rechtshermeneutik.

14.12 W

Wuḍū’	Rituelle Gebetswaschung.

15 Transliteration der arabischen Schriftzeichen

In unseren Büchern verwenden wir für die Transliteration der arabischen Schriftzeichen die von der Deutschen Morgenländischen Gesellschaft (DMG) entwickelte Umschrift. Folgende Tabelle erläutert die Laute, die in Schreibweise und/oder Aussprache vom Deutschen abweichen:

Buchst.	Aussprache
ʾ	Kehlkopfverschlusslaut wie im Deutschen vor Vokalen üblich, allerdings nie geschrieben (Bsp.: das ʾAuto)
ā	langes a
ṯ	stimmloses englisches th wie in „think“
ǧ	stimmhaftes dsch
ḥ	scharfes, „gehecheltes“ h (stimmloser Rachen-Reibelaut)
ḫ	am Zäpfchen gebildetes ch wie in „ach“
ḏ	stimmhaftes englisches th wie in „this“ (dh)
š	deutsches sch
ṣ	dunkles, "dickes", am Obergaumen gebildetes s, das den nachfolgenden Vokal dunkel macht.
ḍ	dunkles, "dickes" am Obergaumen gebildetes d, das den nachfolgenden Vokal dunkel macht.
r	Zungen-r (wie im Bayrischen)
z	stimmhaftes s
ṭ	dunkles, "dickes" am Obergaumen gebildetes t, das den nachfolgenden Vokal dunkel macht.
ẓ	stimmhaftes, dunkles, "dickes" englisches th, das den nachfolgenden Vokal dunkel macht.
ʿ	stimmhafter Rachen-Reibelaut
ġ	Gaumen-r

q	am Zäpfchen gebildetes, dunkles, "dickes" k
ḷ	Dunkles, „dickes“ l
ū	langes u
ī	langes i

Die hier nicht aufgeführten Buchstaben werden gleich oder ähnlich wie im Deutschen ausgesprochen.

16 Folgende Werke wurden bereits veröffentlicht

Wie lernt man den edlen Qur'ān auswendig?

Scheich Dr. Yaḥyā al-Ġauṯāniyy

'Alifbā – Qur'ān lesen lernen für Anfänger

Neil Bin Radhan

Islamisches Grundwissen für Anfänger

Neil Bin Radhan

Fiqh vereinfacht

nach Scheich Šanqīṭiyy

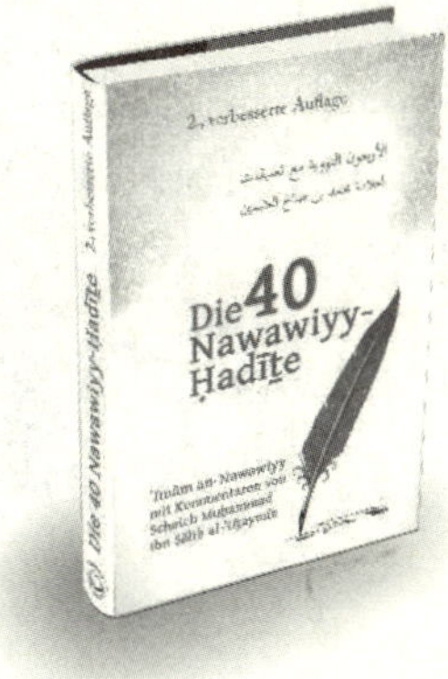

Die 40 Nawawiyy-Ḥadīṯe mit Erläuterung

nach al-ʿUṯaymīn

Einführung in die Grundlagen des Fiqh

Neil Bin Radhan

Folgende Werke wurden bereits veröffentlicht

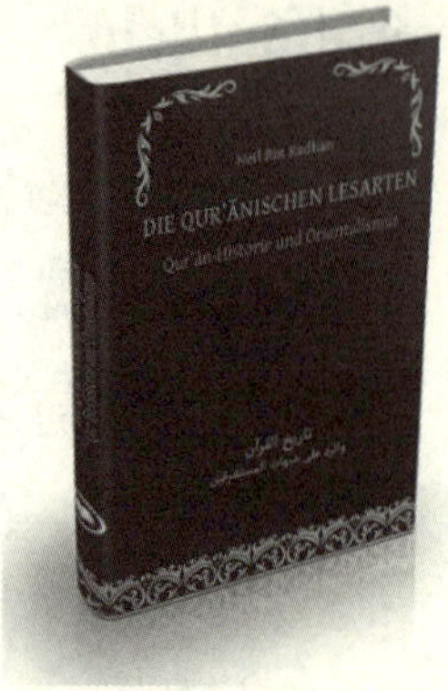

Die qur'ānischen Lesarten -

Qur'ān-Historie und Orientalismus

Neil Bin Radhan

Tafsīr des Qur'ān

Scheich as-Sa'diyy

Sunan Abi Dawud

Eine der sechs berühmten Hadith-Sammlung des Islam in 5 Bänden!

Tadschwidwissenschaft

Qur'ān lesen lernen für Fortgeschrittene

Neil Bin Radhan

Uns hat keiner gefragt

- eine Gruppe von Autorinnen

Wie genieße ich das Gebet? Eine Anleitung zur Demut

Amen Dali

Und noch weitere Werke, die Sie auf unserer Homepage sehen können: www.darulkitab.de